☐ **Ich bestelle das Kombi-Abo von Le Monde diplomatique für 60 € (12 Ausgaben Zeitung, App und Audio)**
Das Abo verlängert sich nach Ende des Bezugszeitraums zum dann gültigen, regulären Preis, derzeit 60 € (Auslandsporto zzgl.), wenn es nicht drei Wochen vor Ablauf gekündigt wird. Mir ist bekannt, dass ich diese Bestellung ohne Begründung innerhalb von 14 Tagen schriftlich bei der LMd-Aboabteilung • PF 610229 • 10923 Berlin widerrufen kann. Zur Fristwahrung genügt die rechtzeitige Absendung.

Lieferadresse ☐ Frau ☐ Herr

Name

Straße

PLZ | Ort

Telefon

E-Mail

Rechnungsadresse ☐ Frau ☐ Herr

Name

Straße

PLZ | Ort

Telefon

E-Mail

Ich bezahle ☐ **per SEPA-Lastschriftmandat** ☐ **gegen Rechnung**

taz Verlags- und Vertriebs GmbH • Friedrichstraße 21 • 10969 Berlin • Gläubiger Identifikationsnummer DE92 0020 0000 0116 99. **SEPA-Lastschriftmandat** • Ich ermächtige die taz Verlags- und Vertriebs GmbH, Zahlungen von meinem Konto mittels Lastschrift einzuziehen. Zugleich weise ich mein Kreditinstitut an, die von der taz Verlags- und Vertriebs GmbH auf mein Konto gezogenen Lastschriften einzulösen. **Hinweis** • Ich kann innerhalb von acht Wochen, beginnend mit dem Belastungsdatum, die Erstattung des belasteten Betrages verlangen. Es gelten dabei die mit meinem Kreditinstitut vereinbarten Bedingungen.

Bank

BIC

IBAN

Datum

Unterschrift

taz Verlags- und Vertriebs GmbH • Friedrichstraße 21 • 10969 Berlin • abo-lmd@taz.de • T (030) 25 90 22 11

Bitte frankieren, falls Marke zur Hand

Deutsche Post
ANTWORT

Le Monde diplomatique
Aboservice
Postfach 61 02 29
10923 Berlin

☐ **Ich bestelle das Kurzabo Digital von Le Monde diplomatique für 4,50 € (3 Ausgaben ePaper, App und Audio).**
Das Abo verlängert sich nach Ende des Bezugszeitraums zum dann gültigen, regulären Preis, derzeit 40,80 €, wenn es nicht drei Wochen vor Ablauf gekündigt wird.
Wir werden Sie rechtzeitig mit einem Brief an den Kündigungstermin erinnern. Mir ist bekannt, dass ich diese Bestellung ohne Begründung innerhalb von 14 Tagen schriftlich bei der LMd-Aboabteilung • PF 610229 • 10923 Berlin widerrufen kann. Zur Fristwahrung genügt die rechtzeitige Absendung.

Lieferadresse ☐ Frau ☐ Herr

Name

Straße

PLZ | Ort

Telefon

E-Mail

Rechnungsadresse ☐ Frau ☐ Herr

Name

Straße

PLZ | Ort

Telefon

E-Mail

Ich bezahle ☐ **per SEPA-Lastschriftmandat** ☐ **gegen Rechnung**

taz Verlags- und Vertriebs GmbH • Friedrichstraße 21 • 10969 Berlin • Gläubiger Identifikationsnummer DE92 0020 0000 0116 99. **SEPA-Lastschriftmandat** • Ich ermächtige die taz Verlags- und Vertriebs GmbH, Zahlungen von meinem Konto mittels Lastschrift einzuziehen. Zugleich weise ich mein Kreditinstitut an, die von der taz Verlags- und Vertriebs GmbH auf mein Konto gezogenen Lastschriften einzulösen. **Hinweis** • Ich kann innerhalb von acht Wochen, beginnend mit dem Belastungsdatum, die Erstattung des belasteten Betrages verlangen. Es gelten dabei die mit meinem Kreditinstitut vereinbarten Bedingungen.

Bank

BIC

IBAN

Datum

Unterschrift

taz Verlags- und Vertriebs GmbH • Friedrichstraße 21 • 10969 Berlin • abo-lmd@taz.de • T (030) 25 90 22 11

Bitte frankieren, falls Marke zur Hand

Deutsche Post
ANTWORT

Le Monde diplomatique
Aboservice
Postfach 61 02 29
10923 Berlin

☐ **Ich abonniere die Edition Le Monde diplomatique zum Preis von 9,50 € pro Ausgabe (2 Hefte jährlich).**
Das Abo kann zum jeweils nächsten Heft gekündigt werden. Die Rechnungslegung erfolgt pro Ausgabe, versandkostenfrei im Inland, Ausland zzgl. Versandkosten. Mir ist bekannt, dass ich diese Bestellung ohne Begründung innerhalb von 14 Tagen schriftlich bei der LMd-Aboabteilung • PF 610229 • 10923 Berlin widerrufen kann. Zur Fristwahrung genügt die rechtzeitige Absendung.

Lieferadresse ☐ Frau ☐ Herr

Name

Straße

PLZ | Ort

Telefon

E-Mail

Rechnungsadresse ☐ Frau ☐ Herr

Name

Straße

PLZ | Ort

Telefon

E-Mail

Ich bezahle ☐ **per SEPA-Lastschriftmandat** ☐ **gegen Rechnung**

taz Verlags- und Vertriebs GmbH • Friedrichstraße 21 • 10969 Berlin • Gläubiger Identifikationsnummer DE92 0020 0000 0116 99. **SEPA-Lastschriftmandat** • Ich ermächtige die taz Verlags- und Vertriebs GmbH, Zahlungen von meinem Konto mittels Lastschrift einzuziehen. Zugleich weise ich mein Kreditinstitut an, die von der taz Verlags- und Vertriebs GmbH auf mein Konto gezogenen Lastschriften einzulösen. **Hinweis** • Ich kann innerhalb von acht Wochen, beginnend mit dem Belastungsdatum, die Erstattung des belasteten Betrages verlangen. Es gelten dabei die mit meinem Kreditinstitut vereinbarten Bedingungen.

Bank

BIC

IBAN

Datum

Unterschrift

taz Verlags- und Vertriebs GmbH • Friedrichstraße 21 • 10969 Berlin • abo-lmd@taz.de • T (030) 25 90 22 11

Bitte frankieren, falls Marke zur Hand

Deutsche Post
ANTWORT

Le Monde diplomatique
Aboservice
Postfach 61 02 29
10923 Berlin

Autorinnen in diesem Heft

- Julien Baldassarra ist Journalist.
- Philippe Baqué ist Journalist und Filmemacher.
- Sabrina Belbachir ist Journalistin und schreibt für die Lokalzeitung *Petit ZPL* von Palaiseau und der Gemeinde Paris-Saclay.
- André Bellon saß von 1981 bis 1993 als Abgeordneter der Sozialisten in der französischen Nationalversammlung und fungierte dort als Vorsitzender des Auswärtigen Ausschusses.
- Hacène Belmessous ist Autor von »Le Grand Paris du séparatisme social. Il faut refonder le droit à la ville pour tous«, Paris (Post-éditions) 2015.
- Marie Bénilde ist Journalistin und Autorin von »On achète bien les cerveaux. La publicité et les médias«, Paris (Raisons d'agir) 2007.
- Laurent Bonelli ist Dozent für Politikwissenschaft an der Universität Paris-Nanterre und mit Fabien Carrié Co-Autor von »La Fabrique de la radicalité. Une sociologie des jeunes djihadistes français«, Paris (Seuil) 2018.
- Benoît Bréville ist Redakteur bei *Le Monde diplomatique,* Paris.
- Philippe Descamps ist Redakteur bei *Le Monde diplomatique,* Paris.
- Jean-Michel Dumay ist Journalist.
- Margot Dupont (Pseudonym) ist leitende Angestellte bei Sanofi.
- Gatien Elie ist Lehrer für Geschichte und Geografie.
- Rick Fantasia ist Professor für Soziologie am Smith College, Northampton, Massachusetts.
- Sébastien Fontenelle ist Journalist und zusammen mit Aymeric Elluin Autor von »Ventes d'armes, une honte française«, Paris (Le Passager clandestin) 2021.
- Alain Garrigou ist emeritierter Professor für Politikwissenschaften an der Universität Paris-Nanterre.
- Raphaël Godechot ist Journalist und schreibt für die Lokalzeitung *Petit ZPL* von Palaiseau und der Gemeinde Paris-Saclay.
- François Graner ist zusammen mit Raphaël Doridant Autor von »L'État français et le génocide des Tutsis au Rwanda«, Marseille (Agone Survie) 2020.
- Serge Halimi ist Direktor von *Le Monde diplomatique,* Paris.
- Jeremy Harding ist Redakteur bei der *London Review of Books.* Er lebt in Frankreich.
- Margot Hemmerich ist Journalistin und Mitglied des Kollektivs Singulier.
- Veronica Horwell ist Journalistin.
- Manfred Kriener ist Umweltjournalist und Autor.
- Mathilde Larrère ist Dozentin für Zeitgeschichte an der Universität Gustave-Eiffel.
- Lucile Leclair ist Journalistin und Autorin von »Hold-up sur la terre«, Paris (Seuil) 2022.
- Anna Lerch ist Redakteurin bei *Le Monde diplomatique,* Berlin.
- Maëlle Mariette ist Journalistin.
- Clémentine Méténier ist Journalistin.
- Arezki Metref ist Journalist und Autor des Romans »Rue de la nuit«, Algier (Koukou) 2019.
- Denis Fernandez Recatala (gest. 2013) war Journalist und Schriftsteller.
- Pierre Rimbert ist Redakteur bei *Le Monde diplomatique,* Paris.
- Alain Ruscio ist Historiker.
- Adam Shatz ist Redakteur bei der *London Review of Books.*
- Lucie Tourette ist Journalistin und Autorin.

Das nächste Heft der **Edition Le Monde diplomatique** erscheint im Herbst 2022

Auf den Barrikaden Das Protestjahrzehnt 2011–2021

Bestellen Sie einzelne Hefte oder gleich ein Abo auf monde-diplomatique.de

Impressum • Edition Le Monde diplomatique N° 31 • 2022

Le Monde diplomatique, Berlin

Redaktionsadresse:
Friedrichstraße 21, 10969 Berlin
T +49 (0)30 259 02-276, F +49 (0)30 259 02-676

monde-diplomatique.de

Redaktion: Anna Lerch (v. i. S. d. P.), Dorothee D'Aprile, Katharina Döbler, Jakob Farah, Niels Kadritzke,
Korrektur: Stefan Mahlke, Franziska Özer

Umschlag: Ulrike Sindlinger
Bildredaktion: Karoline Bofinger
Infografik und Gestaltung: Adolf Buitenhuis

Verlagsadresse:
taz Verlags- und Vertriebs GmbH
Friedrichstraße 21, 10969 Berlin
T +49 (0)30 259 02-0

Anzeigen: Daniela Lipka, dlipka@monde-diplomatique.de
T +49 (0)30 25 902-965

Vertrieb: Ute Keilhauer, vertrieb@taz.de

Le Monde diplomatique, Paris

Redaktionsadresse:
1-3, avenue Stephan-Pichon, 75013 Paris
T +33 1 539 496-01, F +33 1 539 496-26

www.monde-diplomatique.fr

Gründer: Hubert Beuve-Méry
Direktor: Serge Halimi
Chefredakteur: Benoît Bréville
Stellv. Chefredakteur: Akram Belkaïd, Renaud Lambert
Redaktion: Martine Bulard, Mona Chollet, Philippe Descamps, Evelyne Pieillier, Hélène Richard, Pierre Rimbert, Anne-Cécile Robert
Dokumentation: Olivier Pironet

Verlagsadresse:
Le Monde Publicité S. A.,
133, avenue des Champs-Élysées, 75409 Paris Cédex 08

ISSN (Print) 1864-3876 • ISBN (Print) 978-3-937683-98-0
ISSN (eBook) 2511-6819 • ISBN (eBook) 978-3-937683-99-7

taz genossenschaft

Die deutsche Ausgabe von *Le Monde diplomatique* geht auf eine Initiative der taz Genossenschaft im Jahr 1994 zurück. Mehr über die Genossenschaft erfahren Sie unter: **taz.de/genossenschaft**

Druck: möller druck, Ahrensfelde
Gedruckt auf 100 % Recyclingpapier
Printed in Germany

PRESSE & BUCH IM BAHNHOF

Erhältlich in den Bahnhofs- und Flughafenbuchhandlungen in Deutschland

Editorial

Liberté, Égalité, Fragilité?

Von Anna Lerch

In Frankreich steht im Frühjahr 2022 mal wieder eine Präsidentschaftswahl an, bei der sich linke Wähler:innen im zweiten Wahlgang höchstwahrscheinlich nur zwischen dem größeren und dem kleineren Übel werden entscheiden können. Denn die Linke ist zersplittert und chancenlos wie nie, daran konnte auch die von Aktivist:innen organisierte Online-Vorwahl (primaire populaire) nichts ändern. Und rechts von Emmanuel Macron machen sich gleich mehrere Kandidat:innen warm, die sich in ihrer rassistischen Hetze und ihren chauvinistischen Reflexen gegenseitig übertreffen *(siehe Seite 13)*. Wer 2002 schweren Herzens Jacques Chirac wählte, um Jean-Marie Le Pen zu verhindern, und 2017 Macron seine Stimme gab, um dessen Tochter Marine Le Pen nicht in den Élysée-Palast einziehen sehen zu müssen, muss sich dieses Mal auf ein ähnliches Szenario einstellen. Nur dass neben Marine Le Pen diesmal noch der rechtsextreme Journalist und ehemalige *Figaro*-Kolumnist Éric Zemmour angetreten ist und auch die konservative Bewerberin Valérie Pécresse auf den Zug des identitären Rassismus aufgesprungen ist.

Auch in den meisten Medien haben sich die Debatten weit nach rechts verschoben. Auf dem Sender CNews durfte Éric Zemmour zwischen Oktober 2019 und September 2021 quasi täglich zur besten Sendezeit seine Tiraden ablassen; dreimal haben ihn Gerichte bereits wegen Volksverhetzung verurteilt. Seine mediale Dauerpräsenz verdankt er unter anderem Vincent Bolloré, einem der einflussreichsten Unternehmer des Landes, der in den letzten Jahren systematisch Medienhäuser aufgekauft hat *(siehe Seite 16)*. Eine gefährliche Tendenz: Neun Milliardäre kontrollieren mehr als 90 Prozent der privaten Medien.

Kein Wunder, dass unter solchen Umständen die Grundsätze von Freiheit und Gleichheit fragil geworden sind und sich eine immer größere Zahl von Menschen politisch nicht mehr repräsentiert fühlt. Bei den letzten Regionalwahlen blieben beim ersten Wahlgang zwei Drittel der Wähler den Urnen fern *(siehe Seite 6)*. Und im Herbst 2018 speiste sich die Bewegung der Gilets jaunes (Gelbwesten), die größte Protestbewegung der letzten Jahrzehnte, maßgeblich aus der Wut über die sozioökonomischen Ungleichheiten *(siehe Seite 22)*. Unter den Angestellten und Arbeiter:innen glaubt angesichts immer neuer Sparmaßnahmen und immer schlechterer Arbeitsbedingungen kaum noch jemand an das Märchen von der »Mittelschicht«, zu der angeblich alle früher oder später gehören *(siehe Seite 18)*.

Die zunehmende Konzentration von Reichtum und Produktionsmitteln kennzeichnet auch andere Bereiche der französischen Wirtschaft, etwa den Agrarsektor. Ob Getreideland in der Auvergne oder Reisfelder in der Camargue – immer größere Flächen fallen dem sogenannten Landgrabbing zum Opfer *(siehe Seite 70)*. Was hier angebaut wird, wird in vielen Fällen industriell weiterverarbeitet, um dann im Kühlregal der *grandes surfaces,* den riesigen Supermärkten an den Stadträndern *(siehe Seite 72)* zu landen. Frankreich ist die größte Agrarnation der EU, doch im

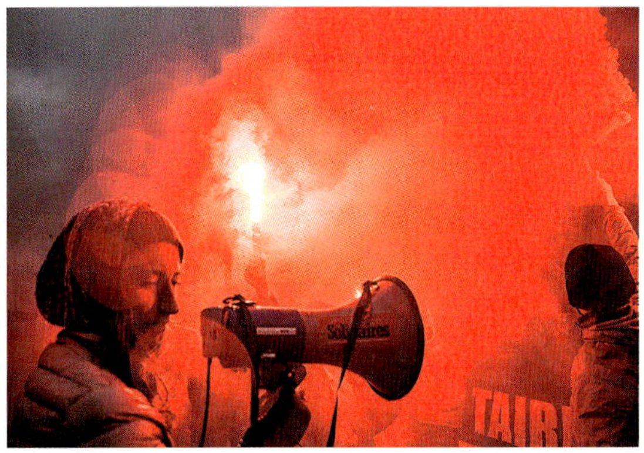

Kundgebung gegen Eric Zemmour, Paris, Dez. 2021.
NOEMIE COISSAC | HANS LUCAS/PICTURE ALLIANCE

Land des *Guide Michelin* und der Haute Cuisine *(siehe Seite 62)* ist nicht jeder wie »Gott in Frankreich«. Im Gegenteil – laut dem Wohlfahrtsverband Secours Populaire ist jede:r Fünfte:r sogar von Ernährungsunsicherheit betroffen; kann zum Beispiel das Schulessen der Kinder nicht bezahlen, muss regelmäßig auf frisches Obst und Gemüse oder sogar auf ganze Mahlzeiten verzichten *(siehe Seite 66)*.

Die Coronapandemie hat – wie überall auf der Welt – auch in Frankreich die soziale Ungleichheit weiter verschärft. Im europäischen Vergleich waren die Lockdowns in Frankreich zudem besonders hart und wurden von den Behörden rigide kontrolliert *(siehe Seite 26)*. Migrantische Communitys, die überdurchschnittlich häufig Polizeigewalt erfahren und in prekären Jobs arbeiten, traf es doppelt – so etwa die algerischen Kabylen im Pariser Stadtteil Ménilmontant, die vielfach im von Schließungen besonders betroffenen Gastgewerbe tätig sind *(siehe Seite 102)*.

Heißt es nach fünf Jahren Macron, zwei Jahren Pandemie und der Allgegenwart rechter Demagogie also: Futur perdu? Mögen die Aussichten gerade noch so düster sein – Frankreich ist und bleibt das Land der Revolution, der Pariser Commune, des Mai 68, der Generalstreiks und der Gelbwesten-Bewegung. Egal wie die Wahl ausgeht, es wird nur eine Frage der Zeit sein, bis die Französinnen und Franzosen wieder für ein besseres Leben auf die Straße gehen. La lutte continue.

Der verhüllte Arc de Triomphe

Vom 18. September bis 3. Oktober 2021 war das Pariser Wahrzeichen, das Napoleon I. 1806 nach der Schlacht von Austerlitz in Auftrag gegeben hatte, in 25 000 Quadratmeter silbrigen Stoff gehüllt. Über 70 Gebäudekletter:innen waren daran beteiligt, sie zu entrollen und mit 3000 Metern roter Schnur zu befestigen. Die Idee dazu stammt von dem Künstlerpaar Christo und Jeanne-Claude. Bereits 1962 fertigte Christo eine Fotomontage des verpackten Triumphbogens an, um dieses steingewordene Symbol imperialer Macht in ein sinnliches Objekt zu verwandeln, das »im Wind lebendig wird und das Licht reflektiert«.

ETHAN GLADING | ALAMY

Inhalt

FOTO UMSCHLAG
Place du Trocadéro, Paris, Juni 2019. XINHUA/DPA/PICTURE ALLIANCE

12 Prozent Wahlbeteiligung in Clichy-sous-Bois

Vielsagende Enthaltung – warum immer weniger Menschen wählen gehen

ELIOT BLONDET | ABACA/PICTURE ALLIANCE

Ministerpräsident Jean Castex (Mitte), Clichy-sous-Bois, Juli 2021.

Von Alain Garrigou

Den typischen Nichtwähler hat man in Frankreich lange als »Angler« verspottet, der auf dem Land lieber seinem beschaulichen Hobby nachgeht als seiner vornehmen Pflicht zu wählen. Dabei wissen die wenigsten, dass dieses Klischee auf einen notorischen Wahlverächter zurückgeht – den Schriftsteller Octave Mirbeau, der seiner Leserschaft ans Herz legte, den Wahltag lieber zum Angeln zu nutzen, als den Stimmzettel auszufüllen.[1]

Mittlerweile übersteigt die Zahl der Nichtwählerinnen und Nichtwähler in Frankreich die der Angler und auch die der Jäger. Sie ist sogar höher als die der gesamten Landbevölkerung. Bei den Regionalwahlen im Juni 2021 waren die Nichtwähler so zahlreich, dass sie plötzlich im Rampenlicht standen. Die Beteiligung beim ersten Wahlgang betrug nur 33,27 Prozent. Zwei Drittel der Wahlberechtigten blieben den Urnen fern, womit der lange Abwärtstrend in einen neuen Negativrekord mündete.

Ist dies etwa der Beginn einer neuen Ära, in der die Wahlsieger kaum noch demokratisch legitimiert sein werden? Aber wie hoch muss eigentlich die Wahlbeteiligung sein, um diesem Anspruch gerecht zu werden? In den Analysen unmittelbar nach der Wahl wird dieser Gradmesser demokratischer Bürgerbeteiligung stets als Erstes unter die Lupe genommen.

Und wie zu erwarten, überbieten sich die Vormittagskommentatoren mit Unmutsäußerungen: »Es scheint fast so, dass sich Frankreich daran gewöhnt, an der eigenen Demokratie zu kranken – mit Bürgern, die das wichtigste demokratische Merkmal, den Stimmzettel, verschmähen«, stichelte etwa der Kommentator Patrick Roger (*Le Monde*, 21. Juni 2021).

Genauso schnell wie die Empörung hochkocht, verpufft sie jedoch auch wieder, als wenn Wahlabstinenz nur eine Ausnahmeerscheinung ist und man nun seine ganze Aufmerksamkeit dem »nützlichen« Teil des Wahlvorgangs widmen kann: den abgegebenen Stimmen. Aber besteht eine Wahl nicht gerade genau darin, Vertreterinnen und Vertreter zu wählen? Mit anderen Worten: Ist es wirklich so normal, »seine Stimme« einer oder einem Unbekannten zu übertragen, um sie oder ihn Dinge entscheiden zu lassen, von denen man heute noch gar nichts weiß?

Nach jeder Abstimmung wird genau analysiert, wie verschiedene Teile der Bevölkerung gewählt oder auch nicht gewählt haben. Die Frankreichkarten der Analysten, die nach den Regionalwahlen von 2021 über die Bildschirme flimmerten, kündeten somit nicht einfach nur vom allgemeinen Desinteresse der Stimmberechtigten. Sie zeigten auch die Unterschiede zwischen den einzelnen Départements und Bevölkerungsgruppen.

In den Départements mit einem hohen Anteil an Geringverdienern lag der Anteil der Nichtwähler am höchsten. Er betrug 75,78 Prozent in Seine-Saint-Denis, 73,28 Prozent in Moselle und 72,79 Prozent in Val-d'Oise. Betrachtet man die Kommunen, also die kleinste administrative Einheit, sticht die soziale Dimension der Wahlenthaltung noch deutlicher ins Auge. In zahlreichen Gemeinden blieben mehr als vier Fünftel der Wahlberechtigten den Urnen fern – in Vaulx-en-Velin etwa waren es 88,3, in Clichy-sous-Bois 88 Prozent und 84,4 Prozent in Givors.

In ländlich geprägten Départements wie Lozère (51,57 Prozent), Aveyron (56,17 Prozent) und Gers (55,32 Prozent) war die Wahlenthaltung hingegen weniger stark ausgeprägt. Und nur in Korsika wurden mehr Wähler registriert als Nichtwähler (42,32 Prozent). Damit sind die vorwiegend auf dem Land angesiedelten Angler endgültig vom Verdacht befreit, für die niedrige Wahlbeteiligung verantwortlich zu sein.

Dass die Wahlenthaltung unter den Frauen mit 72 Prozent höher ausgefallen ist als unter den Männern (59 Prozent), hat offenbar auch etwas mit den ungleichen Chancen der Geschlechter in der Politik zu tun. Und diese Erklärung trifft auch für den überdurchschnittlich hohen Anteil der Nichtwähler in der Arbeiterschicht zu.

Inwieweit die verschiedenen Altersgruppen den Urnen ferngeblieben sind, wurde durch weniger genaue Umfragen ermittelt. Trotzdem lässt sich sagen, dass die altbekannte »Glockenkurve« – geringe Wahlbeteiligung bei Jungwählerinnen und Jungwählern, hohe Beteiligung der Erwerbstätigen und ein sinkendes Interesse unter den Rentnerinnen und Rentnern – offenbar einem neuen Muster weicht.

Während nur wenige Rentnerinnen und Rentner der Wahl fernbleiben, ist der Anteil der jungen Nichtwählerinnen und Nichtwähler sehr hoch, was zukünftig auf einen weiteren Rückgang der Wahlbeteiligung hindeuten könnte. Hinzu kommt, dass immer mehr Jüngere die Stimmabgabe einfach nicht mehr als geeignetes Ausdrucksmittel ihres politischen Willens betrachten.

Diese Korrelationen liefern aber noch keine Erklärung. Glaubt man den Aussagen einzelner Wählerinnen und Befragten, hat die hohe Wahlenthaltung mit einem allgemeinen Misstrauen zu tun, dass man gegenüber Politikerinnen und Politikern, aber auch Institutionen hegt. Diese Interpretation wird auch von den Umfragen gestützt, denn die Meinungsforscher haben nur zu Menschen Zugang, die aufgrund einer vergleichsweise starken Politisierung dazu tendieren, sich auf solche Gründe zu berufen.

In den heute vorherrschenden Online-Umfragen erklären umso mehr Befragte, sicher zur Wahl gehen zu wollen, je »spontaner« die Stichprobe der Teilnehmer, das sogenannte Access Panel, gebildet wird. Mit anderen Worten: Das Access Panel setzt sich aus Freiwilligen zusammen, die sich aus politischem Interesse zur Teilnahme bereit erklären – oder weil sie die ihnen versprochene Belohnung bekommen wollen.

Dass die Befragten gegenüber einem Meinungsforschungsinstitut, das an einer hohen Wahlbeteiligung interessiert ist und ihnen eine Belohnung für die Teilnahme an der Umfrage anbietet, erklären könnten, sie gingen nicht zur Wahl, ist eine geradezu absurde Annahme.

All dies führt auch dazu, dass die Medien die Stimmenthaltung der Nichtwähler als aktive Entscheidung präsentieren. Dabei ist es häufig gar keine bewusste Handlung, sondern vielmehr Ausdruck bloßer Inaktivität. Die Betroffenen denken oft nicht einmal an die Wahl. In der Berichterstattung heißt es dann zum Beispiel, die Nichtwähler hätten »sich entschieden, nicht zur Wahl zu gehen, weil in den Medien zu wenig vermittelt wurde, was auf dem Spiel steht«, wie der Politologe Arnaud Mercier mutmaßt.

Blickt man auf die Geschichte des allgemeinen Wahlrechts zurück, erscheint die hohe Wahlbeteiligung paradox. Denn die Wähler, anfangs ausschließlich männlich, waren sich natürlich bewusst, dass zwischen den meisten von ihnen und den Abgeordneten eine große soziale und kulturelle Kluft bestand. Letztere setzten sich in der Regel aus Grundbesitzern und Freiberuflern wie Anwälten und Ärzten zusammen. Dank der Einführung der allgemeinen Schulpflicht und im Zuge der Angleichung der Lebensverhältnisse ist diese Kluft geschrumpft. Auch der oft ehrerbietige Ton, den etwa die französischen Bauern im 19. Jahrhundert gegenüber ihren Abgeordneten anschlugen, ist längst nicht mehr üblich.

Die Vorstellung, dass an der Urne allein darüber entschieden wird, ob die Parteiprogramme oder politischen Angebote der Kandidatinnen und Kandidaten den Wählererwartungen entsprechen, verkennt die Tatsache, dass die Wahlmotivation zum großen Teil in horizontalen Beziehungen entsteht – in Familienbanden, Freundschaften und Alltagsgesprächen.

Die geografische und soziale Mobilität hat diese lokal verankerten Bindungen teilweise geschwächt und gleichzeitig die Rolle der Medien aufgewertet. Wer sich heute zur Wahl stellt, kennt die eigenen Wählerinnen und Wähler vor allem aus den Umfragen – und weniger vom persönlichen Gespräch an der Haustür, auf dem Markt oder im Café. Da verwundert es nicht, dass der Anteil der Nichtwählerinnen und Nichtwähler in den am stärksten urbanisierten Départements an der Peripherie der Großstädte am höchsten ist.

Die Kandidatinnen und Kandidaten sind dort kaum bekannt oder werden einfach ignoriert, was auch mit den zwischenmenschlichen Beziehungen zu tun hat; entweder kennt man sich gar nicht mehr oder kommuniziert nur sporadisch und virtuell. Der Kontakt zwischen den Menschen, die im selben Wahlbezirk registriert sind, nimmt ab. Das Gespräch unter Bekannten, das lange eine entscheidende Rolle für die Herausbildung einer eigenen Meinung und die Wahlmotivation gespielt hat, ist seltener geworden.

Es mangelt an physischer Nähe und – bei den Kommunalwahlen – an einem gemeinsamen Thema. Auf der Beziehungsebene gelingt es den Kandidatinnen und Kandidaten anscheinend kaum noch, das Wahlvolk mit Plakaten, Programmen oder Talkshow-Auftritten zu motivieren.

Das Gleichgewicht der repräsentativen Demokratie beruhte lange Zeit auf einem für beide Seiten gewinnbringenden Austausch: Die eine Seite erhielt Macht und Mandate, die andere gewann an staatsbürgerlicher Würde. Doch für Wählerinnen und Wähler mit politischem Anspruch haben Wahlen stets etwas Unbefriedigendes: Einerseits haben sie nur sporadisch die Gelegenheit, einen Vertreter oder eine Vertreterin zu bestimmen, die sie dann nicht mehr kontrollieren können. Und andererseits sollen sie sich Mandatsträgern anvertrauen, die in ihren Augen nicht besser qualifiziert sind als sie selbst.

Kein Wunder, dass es viele vernünftiger finden, sich für direktere und regelmäßigere Formen der politischen Willensäußerung einzusetzen – oder sich dem zwar unaufwendigen, aber als nutzlos wahrgenommenen Wahlprozess einfach zu entziehen. Die alte Hypothese, wonach die Wähler ihre Gunst immer sparsamer verteilen werden, scheint sich von Wahl zu Wahl mehr zu bewahrheiten.[2] Auch die Präsidentschaftswahlen 2022 könnten eine historisch niedrige Wahlbeteiligung mit sich bringen.

Aus dem Französischen von Markus Greiß

1 Octave Mirbeau, *La Grève des électeurs*, Paris (L'Herne, coll. Carnets) 2014 (1. Ausgabe 1888).

2 Siehe *Le Vote et la Vertu. Comment les Français sont devenus électeurs*, Paris (Presses de Sciences Po) 1992.

Erstmals erschienen in *Le Monde diplomatique* vom September 2021. Leicht aktualisiert.

RF
RF
RF
RF
RF

La République, c'est moi

Die Verfassung der Fünften Republik verleiht dem Staatsoberhaupt eine große Machtfülle – auf Kosten der Demokratie

Von André Bellon

Ob man ihn als »republikanischen Monarchen« sieht oder als »Wächter institutioneller Stabilität«, der französische Staatspräsident ist der »Eckstein« im institutionellen Gefüge der französischen Verfassung vom 4. Oktober 1958. Am Ende der Vierten Republik (1946–1958) hatte es eine leidenschaftliche Debatte darüber gegeben, welche Institutionen für Frankreich am geeignetsten wären. Am Ende setzte sich die Konzeption von General Charles de Gaulle durch.

Zwei Dinge machten einen tiefen Eindruck auf de Gaulle: die Machtlosigkeit des Staatspräsidenten Albert Lebrun angesichts der Ereignisse von 1940, die mit dem Blitzsieg der Nazi-Wehrmacht endeten, und der rasche Zusammenbruch der Institutionen der Dritten Republik. Das erklärt de Gaulles Bestreben, die Kontinuität des Staats gegen die Unwägbarkeiten des politischen Lebens und internationalen Geschehens abzusichern. Deshalb legte er Wert darauf, dass der Staatspräsident eine längere Amtszeit hat als die Abgeordneten (bis 2002 waren es sieben statt fünf Jahre) und mit eigenen Machtbefugnissen ausgestattet ist. Unter diesen Prämissen wurde Charles de Gaulle erster Präsident der Fünften Republik.

Die Verfassung der Fünften Republik enthält einerseits Schlüsselelemente des parlamentarischen Systems – so ist die Regierung gegenüber dem Parlament verantwortlich –, macht aber andererseits auch Anleihen beim Präsidialsystem. In den Kompetenzbereich des Élysée-Chefs fällt unter anderem die Abhaltung von Referenden, die Ernennung des Ministerpräsidenten und die Auflösung des Parlaments. Dass der Staatspräsident auch für die Außenpolitik zuständig ist, ergab sich hingegen erst im Lauf der Zeit.

In den Debatten von 1958 übten François Mitterrand, Pierre Mendès-France und die Kommunistische Partei Frankreichs heftige Kritik an der neuen Verfassung, die sie als »caesaristisch« geißelten. Ihr Widerstand richtete sich vor allem gegen die Notstandsbestimmungen in Artikel 16, gegen die Unterordnung der Volksvertretung unter den Staatspräsidenten, die sich vor allem darin zeigt, dass das Staatsoberhaupt nicht der parlamentarischen Kontrolle unterliegt, seinerseits aber das Parlament auflösen kann. Dieses Ungleichgewicht führte lange Zeit später zum Phänomen der Kohabitation: Der Staatschef kann auch dann im Amt bleiben, wenn der Wähler seiner Partei eine Abfuhr erteilt hat.

Nach der Verfassung von 1958 wurde der Präsident noch von einem Wahlkollegium (collège électoral) gewählt. Erst 1962 machte de Gaulle den damals heftig umstrittenen Vorschlag, den Staatspräsidenten durch allgemeine und unmittelbare Wahlen zu legitimieren. In den Augen de Gaulles erforderten die starken politischen Befugnisse des Staatspräsidenten eine Wahl durch alle stimmberechtigten Bürgerinnen und Bürger. Auch hielt er es für unabdingbar, dass derjenige, der im Kriegsfall über den Einsatz von Atomwaffen entscheidet, der Nation direkt verantwortlich ist.

Die neue Regelung wurde nach dem misslungenen Anschlag auf de Gaulle am 22. August 1962 beschlossen – unter Umgehung der Volksvertreter im Parlament. Beim anschließenden Referendum vom 6. November sprachen sich 62 Prozent der Abstimmungsberechtigten für die Verfassungsänderung aus. Das Vorgehen des Staatschefs wurde durch das Wahlvolk abgesegnet, auch wenn einige Parlamentarier de Gaulle beschuldigten, mit diesem Volksentscheid die Verfassung verletzt und »bonapartistisch« gehandelt zu haben.

Die Institutionen der Fünften Republik sind das Ergebnis einer langen, bereits 1791 begonnenen Suche nach der idealen Regierungsform, die sich um die Frage drehte: Wie lassen sich Volksvertretung und staatliche Stabilität miteinander vereinbaren? Seit der Französischen Revolution hat Frankreich 14 Verfassungen gehabt. Im Vergleich zu den USA, wo noch immer die erste Verfassung von 1787 gilt, zeigt sich hier eine große Diskontinuität, wobei man freilich nicht vergessen darf, dass die US-Verfassung seit ihrer Verabschiedung zahlreiche Erweiterungen und Änderungen (amendments) erfahren hat.

Alle Nachfolger de Gaulles haben mit der neuen Regierungsform ihren Frieden gemacht. Und der sozialistische Ministerpräsident Lionel Jospin hat 2002 die institutionelle Vorrangstellung des Staatschefs sogar noch gestärkt, indem er die Reihenfolge der Wahlen änderte und die Präsidentschaftswahlen vor den Parlamentswahlen stattfinden ließ. Heute hat die Verfassung der Fünften Republik eine so starke normative Kraft entwickelt, dass sie einige unbezweifelte Mythen begründet. Diese »offiziellen« Auffassungen werden meist mit dem einleitenden Attribut »bekanntlich« präsentiert. »Bekanntlich« sind zum Beispiel »die Franzosen« dafür, dass der Präsident durch Volksentscheid gewählt wird. Daran könnte man aber Zweifel haben, wenn man die seit 2007 kontinuierlich sinkende Wahlbeteiligung betrachtet *(siehe Beitrag von Alain Garrigou auf Seite 6)*.

Gleichermaßen »bekanntlich« stellen die Direktwahl und die umfassenden Amtsbefugnisse des Präsidenten den Ausweg aus der Sackgasse früherer parlamentarischer Regierungssysteme dar. Dabei ist es eher so, dass seither die demokratischen Verfahren in der Praxis entwertet wurden und dass die Wahlen eher eine Ergebenheitsgeste als eine freie Entscheidung darstellen. Diese Entwicklung geht großenteils auf die Verfassung von 1958 zurück, vor allem aber auf das Referendum von 1962, bei dem 62 Prozent (46 Prozent der Stimmberechtigten) die allgemeine und unmittelbare Wahl des Staatspräsidenten absegneten.[1]

Charles de Gaulle stellt den Entwurf für die neue Verfassung vor und wirbt für ein Ja im Referendum, Place de la Republique, Paris, 4. September 1958. ■ AKG-IMAGES/PICTURE ALLIANCE

Fragt man die Wähler, ob sie es richtig finden, dass der Staatspräsident durch allgemeine und unmittelbare Wahlen bestimmt wird, so wird vorausgesetzt, dass sie die Machtfülle des Staatspräsidenten befürworten und sich, weil sie ihn wählen dürfen, auch mit den weniger demokratischen Entwicklungen abfinden, die dessen starke Stellung mit sich bringt. Seit den Anfängen der Fünften Republik versuchte man mittels aufwändiger Propaganda, diese politische Sichtweise in den Köpfen zu verankern. Es galt dabei das parlamentarische System zu diskreditieren und die Vorstellung vom Staatspräsidenten als einem »Schiedsrichter« durchsetzen, der, nachdem er vom Volk legitimiert ist, dem Parlament keine Rechenschaft mehr schuldig ist.

Diese Darstellung setzt auch, ohne es auszusprechen, einen Schlussstrich unter den zwei Jahrhunderte währenden Konflikt zwischen Republikanern und Monarchisten. Damit wird eine fast hundertjährige Geschichte des Parlamentarismus ausradiert und als negative Tradition hingestellt. Dieses Projekt wird seit 1958 so intensiv betrieben, dass sogar Mitglieder linker Parteien, die eigentlich in der Tradition des Parlamentarismus stehen, sich diese falsche historische Darstellung zu eigen gemacht haben. So schrieb etwa der Jurist Roger-Gérard Schwartzenberg, Abgeordneter der Parti Radical de Gauche (PRG) und früher Forschungsminister in der Regierung Jospin: »Mit Ausnahme der kurzen revolutionären Periode zwischen Varennes und dem 18. Brumaire (1791–1799) institutionalisierten unsere Verfassungen stets ein mächtiges Staatsoberhaupt – ob als König, als Ersten Konsul, als Kaiser oder als Präsidenten der Republik.«[2]

Nichts ist von der Wahrheit weiter entfernt. Schon 1789 engagierten sich die einen Politiker für die konstitutionelle Monarchie – wie etwa Mirabeau (1749–1791), Wortführer des Dritten Standes und 1791 Präsident der Nationalversammlung – und andere dagegen, wie der Journalist Camille Desmoulins (1760–1794), einer der Initiatoren des Sturms auf die Bastille. Der Kampf für oder gegen die Republik war in dieser Konfrontation bereits vorgezeichnet.

Die Volkserhebung vom 10. August 1792 setzte mit dem Sturz der Monarchie zugleich das allgemeine Wahlrecht und das Prinzip der Volkssouveränität durch. Fast 100 Jahre lang wurde dieser Sieg der demokratischen Prinzipien wieder in Frage gestellt, zunächst vom Kaiserreich, dann von der monarchistischen Restauration und schließlich durch die Zweite Republik (1848–1851). In der Tat war die Verfassung von 1848 das Werk der »Ordnungspartei«, die nach der Niederschlagung der Arbeiterbewegung durch General Louis Cavaignac über das Land herrschte. Die Gegner der neuen Verfassung waren außerstande, Widerstand zu leisten, und so wurde der Präsident der Republik in allgemeinen und unmittelbaren Wahlen gewählt. Der Sieger hieß Louis-Napoléon Bonaparte.

Dasselbe Szenario hätte sich nach dem Zusammenbruch des Zweiten Kaiserreichs und dem Massaker an der Pariser Commune im Mai 1871 beinahe wiederholt. Aufgrund des unklaren Kräfteverhältnisses zwischen Republikanern und Monarchisten blieb die Entscheidung für eine der beiden Staatsformen einige Zeit in der Schwebe. Erst unter dem Präsidenten Patrice de Mac-Mahon und gegen dessen politische Überzeugung schwang das Pendel wieder in Richtung der Republikaner zurück. 1875 wurden drei Gesetze erlassen, die die verfassungsmäßige Grundlage der Dritten Republik bildeten und weitgehend unverändert bis 1940 in Kraft blieben: Die Legislative stützte sich auf ein Zweikammersystem, den Senat und die Abgeordnetenkammer, deren Mitglieder über das allgemeine Wahlrecht ermittelt wurden, das allerdings nur den Männern vorbehalten war und erst am 21. Oktober 1945 durch das Frauenstimmrecht ergänzt wurde. Als Mac-Mahon wiederholt versuchte, ein autoritäres Regime durchzusetzen, musste er seinen Abschied nehmen. Bei den Senatswahlen vom 5. Januar 1879 entschied sich, wie schon zwei Jahre zuvor bei den Parlamentswahlen, eine Mehrheit der Wähler für die Republik.

Damit herrschte in Frankreich bis 1958 ein politisches System, das – abgesehen vom Vichy-Regime (1940–1944) – der Legislative, das heißt dem Parlament, den Vorrang einräumte. Dieses System überstand mehrere schwere Krisen, die die extreme Rechte zum Sturz der parlamentarischen Ordnung zu nutzen suchte – etwa in der Korruptionsaffäre um die Panama-Gesellschaft von 1889, in der Dreyfus-Affäre (1894–1906) oder durch den Putschversuch rechtsgerichteter Gruppen vom 6. Februar 1934.

Kapituliert hat dieser Parlamentarismus dann aber erst vor dem Naziregime, zuerst in München 1938 und dann in Vichy 1940. Doch nach der Befreiung erstand er von Neuem. Auch die Vierte Republik (1945–1958) war ein parlamentarisches System, das freilich von den Anhängern des Präsidialregimes, allen voran Charles de Gaulle, ständig attackiert wurde.

De Gaulle, der das parlamentarische System mit »Parteienregime« und Parlamentarismus mit Staatsschwäche gleichsetzte, instrumentalisierte die Ablehnung der Kolonialkriege, die in der Zeit der Vierten Republik geführt wurden. Dabei vergaß er geflissentlich seine eigene Verantwortung für diese Kriege, denn die blutige Repression in Sétif am 8. Mai 1945, die sich im Rückblick als Vorspiel zum Algerienkrieg darstellt, ging auf das Konto seiner provisorischen Regierung.

Im Indochina- und im Algerienkrieg verleugnete die Vierte Republik ihre humanistischen Grundsätze. Vollends unbegreiflich ist, dass auch der Republikaner und Sozialist Guy Mollet – Regierungschef vom 31. Januar 1956 bis 21. Mai 1957 – vor der Koloniallobby kapitulierte, die Truppen in Algerien verstärken ließ und die Menschenrechtsverletzungen der Armee deckte.[3]

Das Ende der Vierten Republik hatte also mehr mit der Schwäche des politischen Personals zu tun als mit der des Systems. Zu diesem Versagen gehört auch die Wahlrechtsreform von 1951, mit der sich die herrschenden Parteien ihre Pfründen sichern wollten.[4] Das parlamentarische System, dem die Parteien ja dienen sollten, konnte damit nicht mehr richtig funktionieren. Die notorische Instabilität der französischen Regierungen in den 1950er Jahren war nur Ausdruck des völligen Legitimitätsverlusts von Führungspolitikern, die das politische System durch eigenes Verschulden zu Fall brachten.

In seiner Rede, die er am 1. Juni 1958 gegen die Ernennung von de Gaulle hielt, zog der Sozialist Pierre Mendès-France, Regierungschef in den Jahren 1954/55 und seit 1950 erklärter Gegner des französischen Kolonialismus, folgende Bilanz: »Die Vierte Republik geht an ihren eigenen Fehlern zugrunde. Dieses System verschwindet, weil es die Probleme, mit denen es konfrontiert war, nicht zu lösen verstand.« Doch es sei falsch, das parlamentarische System als solches zu verurteilen: »Nur der schlechte Gebrauch, den man davon machte, hat uns zur Machtlosigkeit verurteilt und uns derart versagen lassen.«

Man kann die Vierte Republik also nicht ausschließlich unter dem Blickwinkel ihres Untergangs beurteilen und erst recht kann man deswegen nicht einfach 100 Jahre Parlamentarismus auf die Anklagebank setzen. Die Vierte Republik hat – wie die Dritte Republik –

zahlreiche große historische Figuren wie Jean Jaurès, Georges Clemenceau, Aristide Briand oder Pierre Mendès-France hervorgebracht, an die man sich noch erinnern wird, wenn viele Funktionäre der Fünften Republik längst vergessen sein werden. In den Zeiten des Parlamentarismus wurde das öffentliche Schulwesen ausgebaut, das Prinzip der Laizität (die strikten Trennung von Kirche und Staat) und die Einkommensteuer eingeführt, das Arbeitsministerium wurde geschaffen und die wichtigsten Sozialgesetze erlassen.

So instabil die Vierte Republik, zumal in ihren letzten Jahren, auch gewesen sein mag, sie schaffte nach dem Zweiten Weltkrieg den Wiederaufbau des Landes und die Stabilisierung eines europäischen Friedens. Die Vierte Republik setzte den Entkolonisierungsprozess in Tunesien und Marokko in Gang und schuf in allen anderen Kolonien den gesetzlichen Rahmen für die spätere Unabhängigkeit.

Dennoch hatten sich die Kräfteverhältnisse 1958 so sehr verschoben, dass die wichtigsten Träger des parlamentarischen Systems keinen Widerstand mehr leisten konnten. Gegen de Gaulles Angriffe und den von ihm vorgeschlagenen Regimewechsel verteidigten nur wenige Politiker den Parlamentarismus – darunter ein gewisser François Mitterrand mit seinem berühmten Pamphlet »Der permanente Staatsstreich«.[5] Doch als Mitterand dann 1981 selbst Staatspräsident wurde, ging er auf Abstand zu seiner früheren Position. Auf seiner ersten Pressekonferenz meinte er nur: »Diese Regelungen waren vor mir gefährlich, und sie werden es nach mir sein. Einstweilen werde ich mich mit ihnen arrangieren.«[6]

Hinter der herrschenden Einmütigkeit verbirgt sich allerdings eine tief greifende Krise der Institutionen. Angeblich sorgt die Verfassung von 1958 für Kontinuität. Angeblich ermöglicht sie effizientes politisches Handeln. Tatsächlich aber lässt sie es zu, dass diese Kontinuität zu Lasten der Volkssouveränität gesichert wird.

Dies ist der Wesenskern jedes Präsidialsystems. Sogar in der Verfassung der USA, in der die Machtbefugnisse von Präsident und Kongress besser austariert sind, ist eine solche Negation der Demokratie angelegt. Sie ließ es zu, dass der Staatschef neue Truppen in den Irak schickte, obwohl das Wahlvolk bei den Kongresswahlen im November 2006 den Demokraten die Mehrheit im Repräsentantenhaus verschafft und damit gezeigt hatte, dass es das Gegenteil wollte. In einer parlamentarischen Demokratie hätte man George W. Bush absetzen und einen von der Mehrheit der Wähler gewünschten Politikwechsel einleiten können. Aber wie soll man sich der Politik eines Präsidenten widersetzen, der nach wie vor zur Ausübung seiner Macht legitimiert ist?

Wenn die französischen Institutionen in der Lage sind, soziale Aufruhrstimmungen wie den Mai 1968 oder die Unruhen im Winter 2005 zu überstehen, zeigt dies nur, dass sich die gesellschaftlichen Widersprüche nicht mehr in die Institutionen hinein übersetzen. Wer sich unter solchen Bedingungen für die politische Stabilität des heutigen Frankreich begeistert, verwechselt Ursache und Wirkung: Demokratische Bestrebungen können sich derzeit eben nur noch auf der Straße artikulieren. Aus dem Argument der Regierungsstabilität, das so häufig als Hauptargument gegen den Parlamentarismus benutzt wird, spricht nur allzu oft antidemokratische Gesinnung. Als die sozialistische Regierung unter Pierre Mauroy 1983 mit ihrer rigiden Sparpolitik begann, stellte sie die Kontinuität der Macht über die Souveränität des Volks, das sich 1981 für eine andere Politik ausgesprochen hatte.

Das Parlament sollte unter demokratischen Bedingungen eigentlich die philosophischen und sozialen Konflikte innerhalb eines Landes widerspiegeln. Heute jedoch ist es auf die stupide Rolle einer Registrierkammer reduziert. Da es dem Präsidenten oder einem potenziellen Präsidentschaftskandidaten untergeordnet ist, hält es sich eher an den allgemeinen Konsens und äußert nur selten abweichende Meinungen. Das gesamte politische Leben hängt an den Präsidentschaftswahlen. Das aber führt zu einer Personalisierung der Macht, was wiederum auf Kosten von Sachfragen und politischen Diskussionen geht. Die Parteien funktionieren damit letztendlich wie »Rennställe«, die Konkurrenz zwischen Personen verdrängt das Wesentliche: die Auseinandersetzung um Ideen. Die Aktivisten bilden nur noch das Fußvolk von Kandidaten, die ihrerseits auf ihren medialen Auftritt reduziert sind. Unter diesen Bedingungen ähnelt die Präsidentschaftswahl mehr und mehr einem Plebiszit.

Das Falsche – und das Gefährliche – am präsidialen Systems ist im Grunde die Vorstellung, dass die Vielfalt einer Bevölkerung von einer einzelnen Person repräsentiert werden könne. Die Personalisierung der Staatsgewalt, mag sie auch verfassungsgemäß und an Wahlen gebunden sein, verleiht dem Präsidentenamt eine transzendentale Bedeutung, die aufgrund ihrer irrationalen Dimension zu einer Verarmung der politischen Debatten führt. Tatsächlich sollten aber die gesellschaftlichen Interessenkonflikte und sozialen Kämpfe in die Institutionen hineingetragen werden. Nur im Parlament können und müssen diese Widersprüche thematisiert werden. Es gibt keinen Gesellschaftsvertrag ohne vitale Gegensätze. Es gibt keine Demokratie ohne Streit.

Das Allgemeininteresse muss sich in einem parlamentarischen System über die Bildung von Mehrheiten und Regierungen herstellen, die sich vor den Volksvertretern rechtfertigen müssen. Das parlamentarische System muss erneuert, das Wahlsystem so gestaltet werden, dass sich darin die tatsächliche politische Mannigfaltigkeit abbilden kann. Das Kontrollrecht – und der Status – des Parlaments muss endlich wieder aufgewertet werden.

Aus dem Französischen von Bodo Schulze

1 In der neuen Verfassung von 1958 war festgelegt worden, dass der Präsident nicht mehr von den Abgeordneten, sondern von einer Notabelnversammlung gewählt werden sollte. Doch 1962 überraschte Charles de Gaulle die Parteien mit seinem Vorschlag, der Präsident solle direkt vom Volk gewählt werden.

2 Roger-Gérard Schwartzenberg, *1788: Essai sur la maldémocratie,* Paris (Fayard) 2006.

3 Dagegen traten andere Regierungsmitglieder von ihrem Amt zurück, zum Beispiel Alain Savary im Oktober 1956, aus Protest gegen die Entführung eines marokkanischen Flugzeugs mit Führungsmitgliedern der FLN durch die französische Armee.

4 Es handelt sich um eine Variante der Verhältniswahl, die die regierenden Parteien kurz vor den Parlamentswahlen 1951 beschlossen, um sich ihre Mehrheit in der Nationalversammlung zu sichern. Das Verfahren besagt, dass diejenigen Parteien, die vor der Wahl eine Listenverbindung eingegangen sind und gemeinsam die Stimmenmehrheit erlangen, alle Sitze erhalten, die für das jeweilige Departement vorgesehen sind. Wie sie die Sitze untereinander aufteilen, bleibt ihnen überlassen.

5 François Mitterrand, *Le Coup d'Etat permanent,* Paris (Plon) 1964. Mitterrand argumentierte, durch die Direktwahl des Präsidenten trete dieser aus seiner Rolle als »Schiedsrichter« heraus und werde zum autoritären Herrscher auf Kosten des Parlaments.

6 *Le Monde,* 26. September 1981.

Erstmals erschienen in *Monde diplomatique* vom April 2007. Gekürzt und leicht aktualisiert.

Nationale Präferenz – ein rechter Kampfbegriff

Von Benoît Bréville

Sobald eine Wahl näher rückt, ist sie sofort wieder da. Sie ist Grundpfeiler jedes rechtsextremen Wahlprogramms, sie ist der Stein der Weisen, der Frankreich wieder den Glanz von Einst zurückbringen soll; sie ist das Allheilmittel für sämtliche Probleme – von der Arbeitslosigkeit bis zur Staatsverschuldung, von der Wohnungsnot bis zur Krise der Asylpolitik, von der Kriminalität bis zur Rentenproblematik. Die Rede ist von der *préférence nationale,* der »nationalen Präferenz«.

Neben seiner Prägnanz hat der Begriff einen weiteren Vorteil: Er passt einfach immer und spart die Mühe, sich immer wieder neue Argumente ausdenken zu müssen. Ihm nützt der chauvinistische Reflex, der in Zeiten der Krise und Ressourcenverknappung besonders gut gedeiht.

Sozialwohnungen? »Die werden von den Franzosen finanziert und müssen logischerweise bevorzugt an Franzosen vergeben werden«, erklärt Marine Le Pen, Kandidatin des Rassemblement National (RN) für die Präsidentschaftswahl 2022. Staatliche Leistungen für Familien? »43 Prozent der Empfänger von Familienzulagen und Wohngeld sind im Ausland geboren«, ereifert sich der rechtsextreme Journalist und Präsidentschaftskandidat Éric Zemmour. Arbeitsplätze? Man müsse »dafür sorgen, dass in Frankreich Franzosen französische Produkte herstellen«, predigt Florian Philippot, Chef der Partei Les Patriotes (LP).

Die »nationale Präferenz« ist so grobschlächtig, wachsweich und beliebig, dass sie sich mühelos in Wahlkampfslogans ummünzen lässt. Beim Rassemblement National (bis 2018 Front National, FN) hörte sich das je nach Anlass so an: »Die Franzosen verteidigen« (Präsidentschaftswahl 1974); »Franzosen zuerst. Eine Million Arbeitslose heißt: eine Million Einwanderer zu viel« (Wahlen zur Nationalversammlung 1978); »Bildung, Arbeit, Wohnung: Vorfahrt für dich im eigenen Land« (Europawahl 2009), »Franzosen zuerst« (Kommunalwahlen 2010).

Von der extremen Rechte als Lösung aller Probleme gepriesen, stößt die »nationale Präferenz« beim übrigen politischen Spektrum auf heftige Ablehnung. Für viele ist sie ein absolutes Schreckgespenst und markiert die Trennlinie zwischen dem »republikanischen Lager« und den Feinden der Demokratie, zwischen den Verteidigern der Menschenrechte und den Ewiggestrigen.

Steht nicht in der Verfassung, dass ohne Ansehen der Herkunft alle die gleichen Rechte und den gleichen Zugang zu Beschäftigung haben? Ist in Frankreich nicht jede Form von Diskriminierung untersagt und stehen die öffentlichen Leistungen nicht allen zu? Diese Trennlinie schafft jedoch die Möglichkeit, all jenen die Absolution zu erteilen, die auf der richtigen Seite stehen: Sie dürfen sich einwanderungspolitisch austoben und können sich trotzdem zum Lager der netten Menschenfreunde zählen – sofern sie sich gegen die nationale Präferenz aussprechen. So verspricht zum Beispiel Valérie Pécresse, Präsidentschaftskandidatin von Les Républicains (LR), Quoten für Migrant:innen einzuführen, die sogenannten Charter-Abschiebungen zu beschleunigen, Asylbewerber:innen in »speziellen Zentren« unterzubringen und medizinische Hilfeleistungen des Staats auf dringende Fälle und ansteckende Krankheiten zu beschränken. Wenn sie allerdings gefragt wird, worin sie sich vom Programm Marine Le Pens unterscheidet, echauffiert sie sich: »Le Pen spricht von nationaler Präferenz. Dieses Wort würde ich nie in den Mund nehmen!«

Nach dem Vorbild der *savonnette à vilain* (»Bauernseife«) – so nannte man zu Zeiten des Ancien régime scherzhaft die Geldsummen, mit denen Nichtadlige sich in die dem Adel vorbehaltenen Ämter einkaufen konnten – kann man sich mit »Demokratenseife« von dem Verdacht reinwaschen, man wäre xenophob.

Geprägt wurde der Begriff den nationalen Präferenz Mitte der 1980er Jahre von Jean-Yves Le Gallou, einst hoher Verwaltungsbeamter, Dozent an der Eliteuni Sciences Po und Mitbegründer des nationalliberalen Gesprächskreises »Club de l'Horloge«. Der Club wurde 1974 von Absolventen der Elite-Verwaltungsuni ENA gegründet, von denen später einige zum FN überliefen. Als Le Gallou 1985 sein Buch »La Préférence nationale: réponse à l'immigration« (Nationale Präferenz: Antwort auf die Immigration) veröffentlichte, war er noch Parteimitglied der UDF (Union pour la démocratie française). Weniger Monate später trat auch er dem FN bei.

Sein Buch war eine Reaktion auf den Bericht des UDF-Politikers Bernard Stasi »L'immigration, une chance pour la France« (Immigration, ein Chance für Frankreich) und liest sich wie das Werk eines Verwaltungsfachmanns. Es macht den Leser mit Statistiken und Rechtsvorschriften ganz schwindelig und zeichnet das apokalyptische Bild eines von Islam, Migration, Unsicherheit und Bankrott bedrohten Frankreichs. Das Einzige, was das Land vor dem Verderben retten könne, sei die nationale Präferenz. Wenn der Staat Menschen ohne französischen Pass von Sozialleistungen und öffentlich gefördertem Wohnraum ausschließe, so Le Gallou, spare er erhebliche Mittel ein und könne sein Defizit abbauen. Gleichzeitig werde Frankreich für Zuwanderer unattraktiv, sodass diese zu Hause blieben oder ein anderes Ziel ansteuerten und das Land von potenziellen Unruhestiftern verschont bleibe. Und die Ausländer, die bereits im Land seien und wegen der nationalen Präferenz ihren Arbeitsplatz verlören, würden veranlasst, das Land zu verlassen.

Da der FN nicht an die Macht gelangte, hatte er zum Glück keine Gelegenheit, dieses Programm in die Tat umzusetzen. Er versuchte

Graffito, das dem britischen Streetart-Künstler Banksy zugeschrieben wird, Paris, 2018.
THIBAULT CAMUS | AP/DPA/PICTURE ALLIANCE

es auf anderem Weg – über die Rathäuser –, stieß dabei allerdings auf rechtliche Hürden. So zum Beispiel 1997 in Vitrolles, als die dortige FN-Bürgermeisterin Catherine Mégret eine »kommunale Geburtenprämie« ausschließlich für französische Familien einführen wollte. Die Maßnahme wurde drei Monate später vom Verwaltungsgericht in Marseille gekippt.

Wenn man genauer hinsieht, wird das Prinzip der nationalen Präferenz allerdings in vielen Bereichen schon angewandt. Nicht-EU-Bürger kommen für den öffentlichen Dienst nicht infrage – außer bei Personalknappheit; da tut es auch ein tunesischer Anästhesist. Die sogenannten hoheitlichen Aufgaben (Polizei, Justiz, Verteidigung, diplomatischer Dienst) bleiben französischen Staatsbürgern

> Niemand verlässt seine Familie und seine Freunde, um sich in Frankreich niederzulassen in der Hoffnung, die personenbezogene Mietbeihilfe (APL) abzugreifen

vorbehalten. Laut der Beobachtungsstelle für Ungleichheiten (Observatoire des inégalités) bleiben in Frankreich mehr als 5 Millionen Jobs und damit jeder fünfte Arbeitsplatz für Nicht-EU-Bürger unerreichbar.[1] Dazu gehören auch Stellen in der Privatwirtschaft, in der rund 50 Beschränkungen aus den 1930er Jahren bis heute Bestand haben – insbesondere bei den freien Berufen.

Damals war man in den oberen Schichten beunruhigt vom Zustrom der Flüchtlinge aus intellektuellen Milieus und fürchtete deren Konkurrenz: Rechtsanwälte, Ärzte, Notare, Wirtschaftsprüfer, Architekten, Apotheker, Tierärzte, Gerichtsvollzieher, Auktionatoren und Landvermesser wurden aktiv, um ihren Berufsstand abzusichern.

Die Parlamentarier zeigten sich aufgeschlossen: Zusätzlich zur französischen Staatsbürgerschaft wurde ein französisches Diplom zur Voraussetzung gemacht, sodass auch viele Eingebürgerte faktisch ausgeschlossen wurden. Die Bestimmungen wurden seither ein wenig gelockert, aber für Nichtfranzosen gelten bis heute erhebliche Berufsbeschränkungen. Zwingende sachliche Gründe gibt es für diese diskriminierenden Regelungen der 1930er Jahre meist nicht. Frankreich geriet nicht ins Wanken, als 1971 die Vorschrift abgeschafft wurde, dass nur Staatsangehörige als Gerichtssachverständige gehört werden können, oder als 1985 der Beruf des Physiotherapeuten für Nichtfranzosen geöffnet wurde.Doch beim Schutz der eigenen Arbeitsplätze passt der Oberschicht die nationale Präferenz besser ins Konzept.

Auch der Zugang zu Sozialleistungen unterliegt diversen Beschränkungen. Den Behauptungen von Marine Le Pen und Éric Zemmour zum Trotz: Nicht jeder, der einen Fuß auf französischen Boden setzt, erhält die Mindestrente, Familienbeihilfen oder das sogenannte Solidaritätseinkommen (Revenu de solidarité active, RSA). Um diese Hilfen zu bekommen, muss man zahlreiche bürokratische Hindernisse überwinden und Kriterien erfüllen, die bestimmte Gruppen von Migrant:innen faktisch ausschließen.

Eins dieser Kriterien ist die »Rechtmäßigkeit des Aufenthalts«. Sie wurde 1993 durch das Pasqua-Gesetz zur Voraussetzung für sämtliche Sozialleistungen: Um sie zu bekommen, müssen Antragssteller über ordnungsgemäße Papiere verfügen. Der Wirtschaftswissenschaftler Antoine Math gibt jedoch zu bedenken: »Es gibt ebenso viele Definitionen des Begriffs ›Rechtmäßigkeit des Aufenthalts‹ und ebenso viele verschiedene Aufenthaltstitel, wie es Sozialleistungen gibt. Und je stärker die ›Rechtmäßigkeit des Aufenthalts‹ als Voraussetzung für eine bestimmte Leistung eingegrenzt wird, desto höher ist die Zahl der rechtmäßig in Frankreich weilenden Ausländer, die nicht den ›richtigen‹ Titel für einen Leistungsanspruch haben.«[2]

Ein besonders wirksames Ausschlusskriterium ist auch die Aufenthaltsdauer. So ist vorgeschrieben, dass man für einen Leistungsanspruch eine bestimmte Zeit lang in Frankreich gelebt haben muss. Der Haken ist allerdings, dass der Begriff »bestimmte Zeit« vollkommen willkürlich ist und von den Gesetzgebern nach Belieben gestreckt werden kann, was diese auch gern tun. Musste man früher seit mindestens drei Jahren in Frankreich wohnhaft sein, um das »Mindesteinkommen zur Eingliederung« (RMI) zu bekommen, setzte das heutige RSA, das Nachfolgemodell des RMI, fünf Jahre voraus. Es gab Zeiten, da konnten Nichtfranzosen die Alterssolidarbeihilfe (Aspa, quasi eine Mindestrente) erhalten, sobald sie ein Jahr in Frankreich gelebt hatten. In zwei Schritten wurde die Latte höher gelegt: 2006 auf 3 Jahre und 2011 auf 10 Jahre. Und nichts hindert den Gesetzgeber, eines Tages 20 oder 30 Jahre zu verlangen.

Dass es in Frankreich bereits versteckte Formen der nationalen Präferenz beziehungsweise des »Sozialpatriotismus« gibt, um einen Lieblingseuphemismus von Marine le Pen zu zitieren, ist der beste Beleg dafür, dass sie nicht das Wundermittel ist, das ihre Fürsprecher in ihr sehen wollen. Die stetige Verschärfung des Zugangs zu Sozialleistungen hat auf die Migration in Richtung Frankreich überhaupt keinen Einfluss.

Denn für Bevölkerungsbewegungen sind – wie Migrationsfachleute wissen – die sogenannten Push-Faktoren ausschlaggebend, also die Gründe, warum jemand seine Heimat verlässt. Die Gründe, warum jemand ein bestimmtes Zielland ansteuert (Pull-Faktoren), spielen in erster Linie bei hochqualifizierten Migrant:innen eine Rolle, die sich wegen eines konkreten Arbeits- oder Studienplatzes auf den Weg machen. Von ihnen wird in den Medien und anderswo häufig gar nicht als von »Migranten«, sondern von »Expats« gesprochen.

Nur so erklärt sich, dass ein Land mit einem nicht gerade freigiebigem Sozialsystem wie die USA jedes Jahr hunderttausende Menschen anzieht, während niemand seine Familie und seine Freunde verlässt, um sich in Frankreich niederzulassen in der Hoffnung, die personenbezogene Mietbeihilfe (APL) abzugreifen. Die nationale Präferenz beruht auf einem Mythos – dem Mythos von Migranten als »Sozialschmarotzer« – und hat keinerlei Lenkungswirkung auf die Migrationsbewegungen.

Die Bevorzugung französischer Staatsangehöriger beim Besetzen von Stellen im Kampf gegen ausländische »Arbeitsplatzräuber« kann sogar tatsächlich kontraproduktiv sein. In der Krise der 1930er Jahre empfanden es viele französische Arbeiter angesichts steigender Erwerbslosenzahlen »als unverzeihliche Ungerechtigkeit, dass Franzosen ohne Beschäftigung waren, während Ausländer Arbeit hatten«, schreibt die Historikerin Claudine Pierre.[3] In den Fabriken kam es zu Prügeleien; die gewählten Volksvertreter wurden in Briefen und Petitionen gedrängt, die nichtfranzösischen Arbeiter nach Hause zu schicken.

Am 10. August 1932 reagierte die radikalsozialistische Regierung von Édouard Herriot mit einem »Gesetz zum Schutz der nationalen Arbeitskräfte«, das die Voraussetzungen für Ausländerquoten in einzelnen Unternehmen oder Branchen schuf. In den von der Wirtschaftskrise stark betroffenen Sektoren entließen die Arbeitgeber daraufhin vorzugsweise Ausländer. Binnen 5 Jahren standen hunderttausende Polen, Italiener und Belgier ohne Arbeitsvertrag da und mussten in ihre Heimat zurückkehren.

Die Arbeitslosigkeit stieg trotzdem weiter, und die nationalistische Empörung legte sich keineswegs. Ohne ihre ausländischen Arbeiter, die sie hemmungslos hatten ausbeuten können, stiegen in manchen Unternehmen die Kosten und sie gerieten noch tiefer in die Krise. So mussten lothringische Hüttenwerke »bei einbrechenden Gewinnen einen höheren finanziellen Aufwand treiben, um arbeitsfähig zu bleiben«, konstatiert der Historiker Gérard Noiriel.[4] »Die ›Lösung‹, unverheiratete Einwanderer zu entlassen, verschärfte das Problem, weil die Arbeitgeber damit auf einen besonders flexiblen Teil ihrer Belegschaft verzichten mussten.«

Zudem hatten die Franzosen es nach dem Weggang der Ausländer nicht eilig, die gefährlichen, schlecht bezahlten und kräftezehrenden Jobs an den Hochöfen zu übernehmen. Weder im Lothringen der 1930er Jahre noch im heutigen Frankreich kann davon die Rede sein, dass zugewanderte Arbeitskräfte die einheimischen Beschäftigten verdrängen. Sie übernehmen vielmehr die Jobs, die die Einheimischen nicht machen wollen, weil sie zu unattraktiv sind.

Damals waren das Bergbau und Stahlindustrie; heute sind es Gastronomie und Reinigungsbranche, personennahe Dienstleistungen oder die Bauwirtschaft – lauter Sektoren, die unter Personalmangel leiden und auf ausländische Arbeitskräfte angewiesen sind. Als während des Lockdowns im Frühjahr 2020 die marokkanischen und rumänischen Saisonarbeiter nicht nach Frankreich reisen konnten, um bei der Ernte zu helfen, standen die Franzosen trotz wiederholter Appelle der Regierung nicht gerade Schlange, um deren Jobs zu übernehmen.

Jean-Yves Le Gallou, der Theoretiker der nationalen Präferenz, hat sein Konzept mittlerweile zugunsten einer neuen Idee fallen gelassen. Er propagiert jetzt die »Zivilisationspräferenz« oder »europäische Präferenz«.[5] »Die nationale Präferenz war vor 30 Jahren das Gebot der Stunde. Heute ist die Zivilisationspräferenz ein absolutes Muss«, verkündete er 2016. An die Stelle wirtschaftlicher Auseinandersetzungen sei der Kampf der Kulturen getreten, in dem der Feind durchaus einen französischen Pass besitzen könne.

Aus dem Französischen von Andreas Bredenfeld

1 »Cinq millions d'emplois demeurent fermés aux étrangers non européens«, Observatoires des inégalités, Paris, 19. August 2019.
2 Antoine Math, »Minima sociaux: nouvelle préférence nationale?«, *Plein droit,* Nr. 90, Paris, Oktober 2011.
3 Claudine Pierre, »Les socialistes, les communistes et la protection de la main-d'œuvre français (1931–1932)«, *Revue européenne des migrations internationales,* Bd. 15, Nr. 3, 1999.
4 Gérard Norriel, *Immigrés et prolétaires. Longwy, 1880–1980,* Marseille (Agone) 2019 (zuerst erschienen 1984).
5 Vgl. Jean-Yves Le Gallou, *Européen d'abord. Essai sur la préférence européenne,* Versailles (Via Romana) 2018.

Erstmals erschienen in *Le Monde diplomatique* vom November 2021. Leicht gekürzt und aktualisiert.

Panikmache mit falschen Zahlen

Das Werk »Cartel des fraudes« (Betrugskartell) des Pariser Richters Charles Prats, dessen zwei Bände 2020 und 2021 erschienen, ist das Brevier von Éric Zemmour und Marine Le Pen. Darin finden sie stets das passende Zahlenwerk für ihre Reden von der nationalen Präferenz.

So stammt aus diesem Buch zum Beispiel der folgende Satz, den Zemmour gebetsmühlenartig zu wiederholen pflegt: »43 Prozent der Menschen, die Leistungen der Familienausgleichskasse CAF beziehen, sind im Ausland geboren.« Die Zahl ist jedoch irreführend, weil hier die Zahl der im Ausland Geborenen, die Anspruch auf Familienleistungen haben (5,3 Millionen), auf die Zahl der leistungsberechtigten Haushalte (12,7 Millionen) bezogen wird, zu denen aber meistens mehrere Personen gehören.

Wenn Faktenchecker das Täuschungsmanöver entdecken und entlarven – egal. Entscheidend ist, dass immer neue Zahlen aufgetischt werden und der verbalen Panikmache dienen. So behauptet Zemmour, weil es die Staatliche Medizinische Hilfe (Aide médicale d'État, AME) für Menschen ohne Aufenthaltsgenehmigung gebe, würden »die Krankenhäuser von Leuten aus der ganzen Welt belagert«.

Die AME hat ein Volumen von 990 Millionen Euro im Jahr; das sind 0,5 Prozent der Krankenversicherungsausgaben. Im Jahr 2019 wurden nach Zahlen des Branchenblatts *Le Quotidien du médecin* im Krankenhausverbund Hôpitaux de Marseille 2513 AME-Berechtigte behandelt. Der Verbund der Hospices civils de Lyon versorgte in demselben Jahr 905 solcher Patient:innen. Das bedeutet, dass jedes der 13 Verbundkrankenhäuser im Schnitt alle fünf Tage einen Patienten oder eine Patientin aufnahm. Ein Belagerungszustand sieht anders aus.

Ein anderes Beispiel: Marine Le Pen sagt, Sozialwohnungen würden »im großen Stil« an Nichtfranzosen vergeben; es gebe gar eine préférence étrangère, eine Bevorzugung von Ausländern. »Unter den Sozialmietern sind Haushalte von Einwanderern doppelt so stark vertreten wie andere«, behauptet Le Pen. 2015 wurden laut dem Statistikamt Insee 22,3 Prozent aller Sozialwohnungsanträge von Nichtfranzosen gestellt, ihr Anteil an den erfolgreichen Antragstellern betrug nur 16,8 Prozent.

Und dass 34 Prozent der Familien, deren Haushaltsvorstand im Ausland geboren ist, 2015 in einer Sozialwohnung lebten (bei den in Frankreich Geborenen betrug der Anteil 16 Prozent), liegt schlicht daran, dass sie es sind, die die Vergabekriterien erfüllen: Sie leben häufiger in gesundheitsgefährdenden und extrem beengten Wohnverhältnissen, werden öfter ohne Ausweichquartier vor die Tür gesetzt und haben geringere Einkommen als andere. Ungesundes Wohnumfeld, Zwangsräumungen, Armut – in diesen drei Bereichen gilt tatsächlich die Regel: Ausländer zuerst.

Benoît Bréville

Der brutale Bourgeois

Vincent Bolloré, Triest, April 2011. ■ ROBERTO MONALDO | LAPRESSE/DPA/PICTURE ALLIANCE

Vincent Bolloré ist Frankreichs einflussreichster Unternehmer, mit einem direkten Draht in die Politik

Von Marie Bénilde

Als Éric Zemmour, Moderator und Kommentator des Senders CNews der Bolloré-Gruppe, Ende 2021 seine Kandidatur für die Präsidentschaft erklärte, gab sich das Establishment erstaunt: Ausgerechnet die Säule des französischen Kapitalismus unterstützt dermaßen reaktionäre Haltungen! Konzernchef Bolloré und sein Journalist Zemmour sind der Wirtschaftselite zumindest sehr peinlich: Die beiden verkörpern – im Gegensatz zu einer rückwärtsgewandten, ungeschliffenen extremen Rechten, gegen die man sich leicht abgrenzen kann – eine gebildete, konservative und brutale Bourgeoisie.

Vincent Bolloré wurde in den 1980er und 1990er Jahren von der Presse und seinen Standesgenossen als »Kleiner Prinz des Cashflow« gefeiert, in den nuller Jahren dann als »mutiger« und »visionärer« Unternehmer, als erfolgreicher Investor und großer Afrika-Eroberer. Der Milliardär und sein Journalist bewegen sich beide in der Sphäre von Wirtschaft, Politik und Medien. Beide haben Machtpositionen inne, erklären aber gern, sie stünden am Rande.

Bolloré, der auch große Infrastruktur- und Logistikunternehmen besitzt, wurde mit der Kommunikationsagentur Havas, der Verlagsgruppe Editis, dem Privatsender Canal+, dem Zeitschriftenverlag Prisma und neuerdings auch der Mediengruppe Lagardère-Hachette zum Medienmogul mit beträchtlichem Einfluss. Éric Zemmour, Absolvent der renommierten Politikhochschule Sciences Po, war anfangs Kolumnist bei der konservativen Tageszeitung *Le Figaro*. Seit 20 Jahren ist er das mediale Sprachrohr der konservativen, autoritären, frauenfeindlichen Rechten. In den Samstagabend-Talkshows auf France2, auf iTélé (noch bevor Bolloré den Sender kaufte) und RTL stellte er Geflüchtete und Migranten regelmäßig als »Invasoren« dar.

Seine Forderung nach einem kompletten Einwanderungsstopp ist nicht gut fürs Geschäft, doch seine These vom »grand remplacement«, vom großen Austausch, fasziniert eine Oberschicht, die aufs eigene Fortbestehen bedacht ist und mehr als jede andere soziale Gruppe in Frankreich Tradition, Abschottung und Exklusivität kultiviert. Und steht Bolloré nicht für ein familiäres Unternehmertum, das über die Jahrhunderte immer mehr Wohlstand generiert hat? Moralische Rückendeckung erhält Bolloré vom Philosophen Bernard-Henri Lévy. Für Lévy ist es ein Beweis seiner Toleranz, dass in Bollorés Verlagen »bis heute einige der radikalsten Vertreter der extremen Linken veröffentlicht« werden. Der Unternehmer sei »ein christlicher Konservativer, das ja, mit allem Missfallen, das diese beiden Begriffe bei den Meistern der Unterstellung erregen. Aber er ist kein Extremist« *(Le Point,* 23. September 2021).

Doch wer ist Vincent Bolloré wirklich? Seine Familie hat ihre Wurzeln in der Bretagne, ist aber im katholischen Großbürgertum des Pariser Westens zu Hause. In ihrem Salon verkehrte Präsident Georges Pompidou oder die Luftfahrtunternehmerfamilie Dassault.

Bollorés Markenzeichen waren von Anfang an Firmenübernahmen und komplexe Umstrukturierungen, unterstützt wurde er dabei vor allem von Antoine Bernheim, einem Freund der Familie und Gesellschafter des Bankhauses Lazard. Ihm verdankt Bolloré angeblich auch das Rezept für seinen Aufstieg: »Wie man Übernahmeangebote macht, ohne Geld auszugeben, wie man ein Unternehmen auseinandernimmt und das Hauptgeschäftsfeld behält, um daraus so viel Profit wie möglich zu schlagen, und wie man ohne Kapitalbesitz einen Konzern beherrscht«, heißt es in einer Biografie des Milliardärs.[1] Tatsächlich brachte er mit diesem Rezept den Medienkonzern Vivendi unter seine Kontrolle, mit nur 27 Prozent der Anteile.

Sehr früh gab er sich das Image eines katholisch-sozialen Unternehmers. Im Fernsehen zeigte er sich gern arbeitnehmerfreundlich und behauptete, er säße mit den Gewerkschaften »im selben Boot«, als es um Lohnkürzungen zum Erhalt des alten Familienbetriebs ging. Dennoch benötigte er 1993 die Unterstützung von Bernard Ésambert (Rothschild), Georges Pébereau (Marceau) und Claude Bébéar (Axa), um die geerbten Papierfabriken halten zu können (in denen seit 1918 Zigarettenpapier der Marke OCB produziert wurde).

Für die Öffentlichkeitsarbeit nahm Bolloré die Dienste eines früheren Aktivisten der rechtsextremen Splittergruppe Occident in Anspruch: Michel Calzaroni, ehemaliger Kommunikationsdirektor der Arbeitgebervereinigung CNPF. Mit seiner Beratungsfirma DGM Conseil entwarf Calzaroni für seinen Klienten die Legende, er sei die erfolgreichste aller Heuschrecken, der müden Medienunternehmen wie Pathé, Bouygues und Aegis, dem Bankhaus Lazard oder dem Rohrspezialisten Vallourec noch ordentlich Mehrwert abzupressen vermochte. Dieser Mythos sollte Schrecken verbreiten – und natürlich die Aktienkurse in die Höhe treiben.

Bollorés Versuch, 1998 das Imperium des Bau- und Medienmoguls Martin Bouygues zu übernehmen, trug ihm die hartnäckige Feindschaft des ehemaligen Schulkameraden ein. Verlassen konnte er sich jedoch immer auf Alain Minc. Der prominente Soziologe, Ökonom und Buchautor, der 1997 sein Berater wurde, hatte Bolloré zu der Aktion gegen Bouygues überredet; bis heute mischt Minc bei seinen Finanzcoups mit und erhält 1 Prozent seiner Gewinne. Als Aufsichtsratsvorsitzender der Tageszeitung *Le Monde* weckte er Bollorés Interesse an Medien. Er begleitete die Gründung von Bollorés erstem Sender Direct 8 (später umbenannt in C8) und trug ihm eine Partnerschaft mit *Le Monde* an, aus der 2007 die kostenlose Tageszeitung *Matin Plus* hervorging. Bald übernahm Bolloré das Gratisblatt komplett.

Gelegentlich wird dem Medienmogul zugutegehalten, er habe das französische Kino gerettet, weil er nach dem Einstieg bei Canal+ dessen Modell zur Filmförderung aus den 1980er Jahren beibehielt. Bolloré als Freund der Künste? Dieses Bild verschafft ihm ausreichend Ellenbogenfreiheit, um anderswo die Redaktionslinien zu beeinflussen – so etwa beim Infokanal iTélé, für den er 2016 den Skandalmoderator Jean-Marc Morandini engagierte, um den rechten Rand des Publikums zu bedienen. Die Redaktion von iTélé trat in einen Streik, in der Folge kündigten rund 100 Journalist:innen des Senders, mehr als die Hälfte der Redaktion. Morandini moderiert heute die CNews-Sendung »Face à la rue« (Die Straße im Blick); für die erste Sendung im Oktober 2021 interviewte er Éric Zemmour.

Der Geschäftsmann Bolloré gab stets vor, sich von der politischen Macht fernzuhalten. Zwar ist bekannt, dass er Mitglied in der von Dominique Strauss-Kahn initiierten Lobbygruppe Cercle de l'Industrie ist und den frisch gewählten Nicolas Sarkozy 2007 auf seine Yacht einlud, doch bei näherer Betrachtung erweisen sich diese Verbindungen als noch viel enger: Michel Roussin, in den 1990ern Entwicklungshilfeminister, wurde 2000 zum Vizepräsidenten der Bolloré-Gruppe ernannt und durfte auf dem hauseigenen Sender Direct 8 die Sendung »Paroles d'Afrique« (Stimmen Afrikas) moderieren, wo Berater Minc dann über den »gut gemanagten« Subprime-Markt schwadronierte.

Der ehemalige Landwirtschaftsminister Jean Glavany wurde 2003 in den Strategieausschuss des Konzerns berufen. Außenminister Bernard Kouchner kam zur Hochzeit von Bollorés Sohn Yannick, der inzwischen CEO von Havas ist. Die Kandidatin von Les Républicains (LR) für die Präsidentschaftswahlen 2022, Valérie Pécresse, kennt Bolloré ebenfalls gut: Ihr Vater leitete das Tochterunternehmen Bolloré Telecom. Der frühere Präsident François Hollande ließ den Kontakt zu Bolloré über seinen Berater Bernard Poignant herstellen, der seit Jahrzehnten mit Vincent Bolloré befreundet ist.

In diesem Nebelfeld, in dem die verschiedenen Machtbereiche aufeinandertreffen, spielt das Agenturnetzwerk Havas die Rolle des Vermittlers. Havas befindet sich eigentlich in einem permanenten Interessenkonflikt, wenn sie das Geld ihrer Kunden bei Canal+, C8 oder CNews einsetzt. Ihr stellvertretender Geschäftsführer Stéphane Fouks war früher PR-Berater von Dominique Strauss-Kahn und berät heute den ehemaligen sozialistischen Premierminister Manuel Valls, der neuerdings auf CNews dazu aufruft, »die Einwanderung zu stoppen«. Zu den Imagekunden des Kommunikationsgurus gehört auch Saudi-Arabien.

Die Havas-Gruppe ist in den Institutionen der Republik gut vertreten, sie hatte ihre Kommunikationsberater im Élysée-Palast und im Hôtel Matignon, dem Sitz des Premierministers, platziert und ein Dutzend weitere Mitarbeiter:innen in verschiedenen Ministerien. Höchstselbst bedankte sich Vincent Bolloré 2013 beim sozialistischen Pariser Bürgermeister Bertrand Delanoë für die Bestellung von Elektroautos der Bolloré-Tochter Bluecar für den städtischen Carsharing-Dienst Autolib' und erklärte, er werde für die Sozialistin Anne Hidalgo als dessen Nachfolgerin stimmen.

Heute scheint die Familie Bolloré in der Politik auf Arbeitsteilung zu setzen: Im Mai 2021 soll Yannick Bolloré Bürgermeisterin Hidalgo zu einer chancenlosen Präsidentschaftskandidatur ermutigt haben, man brauche »eine linke Kandidatur gegen Macron«[2]; quasi gleichzeitig bestärkte Vater Bolloré den Rechtsaußen Zemmour.

Aus dem Französischen von Sabine Jainski

1 Nicolas Cori und Muriel Gremillet, *Vincent Bolloré, ange ou démon*, Paris (Hugo Doc) 2008.
2 Sophie des Déserts, »Anne Hidalgo et Jean-Marc Germain, duo pour un solo«, *Paris Match*, 16. Dezember 2021.

Erstmals erschienen in *Le Monde diplomatique* vom Januar 2022. Leicht gekürzt.

Die linke Hand des Staates

Das Gros der Beschäftigten in den sozialen Berufen ist weiblich – ihnen fehlt jedoch die politische Repräsentation

CHRISTIAN ZACHARIASEN | PHOTOALTO/ALAMY

Von Pierre Rimbert

Er ist Arztsohn, Jesuitenschüler, Absolvent der Eliteuniversitäten Sciences Po und ENA und war Finanzinspektor sowie Investmentbanker. Sie ist die Tochter eines Konzernchefs, die auf ein katholisches Lycée in Versailles ging und ihren Abschluss ebenfalls an der ENA sowie an der Managementhochschule HEC gemacht hat. Sie war Ministerin (Haushalt und Bildung) und ist seit 2015 Regionalpräsidentin (Île-de-France).

Gemeinsam könnten Emmanuel Macron von La République en Marche (LRM) und Valérie Pécresse von den Républicaines (LR) den bürgerlichen Block hinter sich vereinen. Doch stattdessen machen sie sich im Präsidentschaftswahlkampf 2022 die Stimmen streitig. Es ist ein Déjà-vu: Die beiden größten politischen Gruppierungen Frankreichs konkurrieren darum, die Wünsche einer mächtigen sozialen Klasse zu erfüllen, die bloß eine Minderheit darstellt: Hohe Beamte, Akademikerinnen, Unternehmerinnen und Manager machen zusammen nur etwa 20 Prozent der Erwerbsbevölkerung aus.

Demgegenüber sind die unteren Klassen[1] zwar zahlenmäßig in der Mehrheit, aber politisch komplett fragmentiert. In Frankreich ist fast jede:r zweite Erwerbstätige mit niedrigem Bildungsabschluss prekär beschäftigt, entweder als Arbeiter (zu rund 80 Prozent Männer) oder Angestellte (zu 75 Prozent Frauen). Zugleich schrumpft der soziale Abstand zwischen diesem Proletariat und der unteren Mittelklasse in der Privatwirtschaft oder im öffentlichen Dienst, die von immer neuen Sparmaßnahmen und immer schlechteren Arbeitsbedingungen schier erdrückt wird.

Die Wahlstrategien der Parteien basieren auf der von Medien und »Experten« verbreiteten Vorstellung von einer gespaltenen Gesellschaft. Der angebliche Riss folgt der immer gleichen Linie: Auf der einen Seite das einfache – meist männlich gedachte – Volk jenseits der Städte, das den allerorten propagierten gesellschaftlichen und ökologischen Wandel ablehnt, auf der anderen Seite das urbane Bildungsbürgertum. Vergangenheit gegen Zukunft, Peripherie gegen Zentrum, Identität gegen Diversität, Volk gegen Eliten, Populisten gegen Liberale: In den letzten anderthalb Jahrzehnten haben sich diese pauschalen Gegensätze als scheinbar unumstößliche Tatsache etabliert. Und das liegt nicht nur daran, dass sie ein realistischeres Bild Frankreichs zeichnen als das Märchen von der »Mittelschicht«, zu der angeblich alle früher oder später gehören.

In Wahlkampfzeiten hat das zur Folge, dass sich die extreme Rechte regelmäßig als Vertretung der Totalverweigerer positioniert. Es sind die Globalisierungsverlierer aus der Arbeiterklasse, Handwerker sowie Kleinunternehmer und die »testosterongesteuerte« traditionalistische Rechte, die Marine Le Pen und Éric Zemmour als nationalistisches Kartell zu organisieren versuchen *(siehe den Beitrag von Benoît Bréville auf Seite 12)*. Da trifft es sich gut, dass Macron und Pécresse auf dieses Wählerpotenzial keinen Anspruch erheben. Um sich auch ohne eigene Mehrheit an der Macht abzuwechseln, brauchen sie zur Abschreckung nur auf die »faschistische Bedrohung« oder die »populistische Gefahr« zu verweisen, vor der nur sie das Land bewahren könnten.

Die Linke muss sich derweil mit den paar Prozentpunkten begnügen, die übrig bleiben, und auf die Wiederbelebung einer Volksfront hoffen, die Arbeiter:innen, Angestellte und die intellektuelle Mittelklasse vereint. Doch die bildungsfernen Schichten, die sich keine Illusionen mehr machen, dass man es durch Leistung zu etwas bringen könnte, und die sich kulturell immer stärker abschottenden Gebildeten auf derselben Seite der Barrikade vereinen zu wollen, ist eine aussichtslose, wenn nicht gar riskante Hoffnung.

Das zeigte sich vor allem bei der Gelbwesten-Bewegung, wie der Meinungsforscher Jérôme Fourquet hervorhebt: »Die Haltung gegenüber den *gilets jaunes* war stark vom Bildungsniveau der Befragten abhängig. Die höher Gebildeten zeigten sich besonders ablehnend oder sogar feindselig, während sich die weniger Gebildeten viel stärker mit der Bewegung identifizierten.«[2] Fast ein Drittel derer, die als höchsten Bildungsabschluss eine Lehre angaben, »fühlten sich als Gelbweste«, während sich nur 9 Prozent der Befragten mit Hochschulabschluss dazu zählten.

Der Wahlerfolg von Macrons »bürgerlichem Block« 2017 und die anhaltend hohen Umfragewerte für die extreme Rechte schienen die vorherrschende Darstellung einer einwanderungs- und fortschrittsfeindlichen Arbeiterklasse zu bestätigen. Zwei Ereignisse in Macrons Amtszeit haben diese Sichtweise jedoch widerlegt: die Gelbwesten-Proteste, deren Erfolg sich hauptsächlich aus sozioökonomischer Unsicherheit speiste, und der harte Coronalockdown im Frühjahr 2020.

Der Gesundheitsnotstand machte gesellschaftliche Strukturen sichtbar, die die bürgerlichen Parteien normalerweise ignorieren. Plötzlich mussten die Regierenden erkennen, dass nicht der Start-up-Gründer, die Managerin oder die KI-Expertin »systemrelevant« waren, sondern die Kassiererin, der Krankenpfleger und die Reinigungskraft. Dieser Schock enthüllte die tektonische Verschiebung innerhalb der Arbeiterklasse, die sich von vielen unbemerkt in den letzten Jahrzehnten vollzogen hat.

Dass die Industriearbeiter mehr und mehr durch die Billiglöhner des Lieferkapitalismus abgelöst werden, lässt sich zwar auf einen Blick erkennen. Wo einst rauchende Fabriken standen, stehen heute Lagerhallen. Doch die wohl gewaltigste Veränderung der französischen Gesellschaft blieb weitgehend unbeachtet: Seit rund einem Vierteljahrhundert ist die Arbeiterklasse mehrheitlich weiblich.

1970 machten Frauen 38 Prozent der Erwerbsbevölkerung aus, genauso hoch war auch ihr Anteil an der Arbeiterschaft und bei den kleinen Angestellten. 50 Jahre später stellen sie 48,5 Prozent der gesamten Erwerbsbevölkerung, aber mehr als 52 Prozent der Arbeiterklasse. Hier waren sie bereits 1995 zur Mehrheit geworden, während sie mit 46 Prozent insgesamt noch in der Minderheit waren. Bei den großen Streiks jenes Jahres gegen die von der Regierung Juppé geplante Sozialversicherungsreform spielen in der kollektiven Erinnerung die Eisenbahner die Hauptrolle. Doch diese Streiks markieren eine Verschiebung innerhalb der Arbeiterbewegung, die sich zunehmend aus Angestellten im Dienstleistungssektor rekrutierte.

Grund dafür war das massenhafte Eintreten von Frauen in den Arbeitsmarkt. 1970 war in Frankreich nur die Hälfte aller Frauen zwischen 25 und 59 Jahren erwerbstätig (gegenüber 95 Prozent der Männer). Heute sind es 82,5 Prozent (91,9 Prozent bei den Männern). Der Anstieg der Erwerbsquote geht, und zwar unabhängig vom Bildungsniveau, bei den weiblichen Beschäftigten allerdings mit größeren Unsicherheiten einher – in Form von Arbeitslosigkeit, unfreiwilliger Teilzeitarbeit, Schichtarbeit, niedrigen Löhnen.

Auch die weibliche Lohnarbeit selbst hat sich in den letzten 50 Jahren verändert. Die administrativen Tätigkeiten als Schreibkräfte, Telefonistinnen oder Buchhalterinnen, die 1982 noch 36 Prozent der Beschäftigung ausmachten, sind im Zuge der Digitalisierung weniger geworden. Zugleich haben der demografische Wandel und die teilweise Umwandlung von unbezahlter Care-Arbeit in haushaltsnahe Dienstleistungen dazu geführt, dass die Zahl der Reinigungskräfte und Altenpflegerinnen deutlich zugenommen hat. Und auch im öffentlich Dienst, den der Soziologe Pierre Bourdieu als die »linke Hand des Staates« bezeichnete, sind immer mehr soziale Jobs entstanden. Zusammen machen diese beiden Gruppen inzwischen fast 60 Prozent aller Beschäftigten aus.[3]

Natürlich besteht zwischen einer Reinigungskraft und einer examinierten Krankenpflegerin ein Gefälle in Bezug auf Einkommen und sozialen Status. Doch die kontinuierliche Aushöhlung der Mittelklasse hat sie einander näher gebracht, so dass sie 2018 die gleiche gelbe Weste anzogen. Bei den Frauen, die damals in ganz Frankreich den Kreisverkehr blockierten, sei »eine Überrepräsentation von Beschäftigten in haushaltsnahen Dienstleistungsjobs zu verzeichnen« gewesen, stellt die *Revue française de science politique* fest, sowie eine »starke Präsenz von Krankenpflegerinnen«.[4]

Wenn linke Parteien die Arbeiterklasse für sich zurückzugewinnen versuchen, wenden sie sich meist nicht mehr an arbeitslose Fabrikarbeiter, sondern an die Beschäftigten im Dienstleistungssektor. Eine soziale Bewegung ohne Akademiker scheint den linken Politstrategen trotzdem undenkbar. Was auch nicht weiter verwunderlich ist, weil sie schließlich selbst zu diesen Kreisen gehören. Jedoch dürfte ein Bündnis aus Alten- und Krankenpflegern, Lieferdienstbeschäftigten und Handwerkerinnen nicht nur soziologisch gesehen tragfähiger sein als eine Allianz zwischen Journalistinnen und Metallarbeitern, sondern auch politisch.

Denn der von Frauen dominierte immens wichtige Dienstleistungssektor ist bis zu einem gewissen Grad weniger anfällig für nationalistische Parolen, da hier besonders viele Menschen mit Migrationsgeschichte tätig sind. Sie sind Vorboten eines Gesellschaftsmodells, in dem die Entfaltung des Individuums durch die kollektive Abdeckung der Grundversorgung gewährleistet wird. Voraussetzung dafür ist ein umfassender öffentlicher Dienst, in dem die verschiedenen essenziellen Tätigkeiten dieselbe Anerkennung und Entlohnung erfahren. Das wiederum wäre ein guter Ausgangspunkt für eine bessere Zukunft für alle.

Aus dem Französischen von Nicola Liebert

1 Definiert als die Gesamtheit der Angestellten und Arbeiter gemäß den Kategorien des Statistikamts Insee. Sofern nicht anders angegeben, stammen die im Folgenden angegebenen Zahlen aus der Auswertung der Arbeitsmarktstatistiken von 1970, 1995 und 2019 (bei Auswertung halfen François Denord und Sylvain Thine).

2 »›Gilets jaunes‹ – Note n°2. Les ›gilets jaunes‹: Sociologie d‹un mouvement hors norme«, *Ifop Focus*, Nr. 191, Februar 2019.

3 Virginie Forment und Joëlle Vidalenc, »Les employés: des professions largement féminisées«, *Insee Focus*, Nr. 190, 5. Mai 2020.

4 Collectif d'enquête sur les Gilets jaunes, »Enquêter in situ par questionnaire sur une mobilisation en cours: une étude sur les Gilets jaunes«, *Revue française de science politique*, Paris, Band 69, Nr. 5-6, Oktober/Dezember 2019.

Erstmals erschienen in *Le Monde diplomatique* (Paris) vom Februar 2022. Deutsche Erstübersetzung.

Vive la Commune!

Pariser Protest-Graffiti – von 1871 bis heute

Paris, 2021. ■ VINCENT MERCIER [CC BY 2.0]

Von Mathilde Larrère

Wie bei früheren Revolutionen dienten auch in der Zeit der Pariser Kommune 1871 Plakate und Graffiti zur Information und Mobilisierung der Stadtbewohner:innen. Nach der »Blutwoche« vom 21. bis 28. Mai, in der Regierungstruppen den Aufstand endgültig niederschlugen, wurden all diese »revolutionären Wandbilder« getilgt. Doch bald begannen die Mauern der Hauptstadt erneut zu sprechen: Während das Kriegsgericht in Versailles in über vier Jahren rund 10 000 Urteile fällte, tauchten in Paris immer wieder anonyme Ehrungen der Aufständischen und Anklagen gegen die Sieger auf. Auf die Außenmauer der Pépinière-Kaserne im 8. Arrondissement schrieb 1872 eine »Gruppe republikanischer Soldaten und Volksfreunde«: »Armee von Versailles, Verteidiger des Despotismus und unseres armen Frankreichs: Ihr seid die Mörder des Volks, der Blutfleck auf eurer Stirn wird niemals verschwinden«.[1]

Auch das von der Kommune zerstörte Stadtpalais von Regierungschef Adolphe Thiers, das man auf Kosten der Steuerzahler wiedererrichtet hatte, geriet 1873 ins Visier der Graffitischreiber: »Volk von Paris, dieses Haus wurde zum Preis deines Bluts erbaut«. Im 12. Arrondissement gedachte man der Toten: »Ehre den mutigen Ferré, Rossel, Crémieux und Dombrowski, die für die Kommune gestorben sind«. Solche Inschriften machten im Jahr 1872 bis zu 23 Prozent der von der Polizei sorgfältig dokumentierten »Schmierereien« aus. Später wurden es weniger und der Kampf der Worte verlagerte sich auf den Friedhof Père-Lachaise, wo an der Mur des Fédérés Blumenkränze niedergelegt wurden, von denen die Polizei die als aufrührerisch geltenden Spruchbänder abriss.

Nach 1920 galt die Kommunistische Partei Frankreichs (PCF) als wichtigste Bewahrerin des Gedenkens an die Kommune. Der Gang zur Mur des Fédérés war eine wichtiges Ritual; im Mai 1936 versammelten sich dazu über 500 000 Menschen. In Flugblättern, Artikeln und Anzeigen wurde die Kommune häufig zitiert und auch in Liedern besungen. Doch man feierte sie kaum noch in Gestalt urbaner Graffiti – auch die PCF nutzte diese Aktionsform wenig.

1968 prangte dann ein großer Schriftzug »Vive la commune« in der Rue de la Sorbonne. Das war nur folgerichtig, denn die Kommune spielte für den Mai 1968 eine wichtige Rolle – man zeigte Filme und brachte die Kommune-Zeitung *Le Cri du Peuple* erneut heraus. Die Repressionen gegen die Protestbewegung von 1968 wurden häufig – gern auch etwas übertrieben – mit denen von 1871 verglichen: »Die Versailles-Partei hat kein Recht, von Reformen und Fortschritt zu sprechen«, schrieb etwa der Soziologe Alain Touraine am 30. Juni 1968 in *Le Monde*. Die Kommune galt damals als Vorbild für direkte Demokratie und Selbstorganisation, sie war weniger »ein Modell, das exakt wiederholt werden sollte, als eine Erinnerung daran, was die Protestierenden erreichen wollten – und was geschehen konnte«, analysiert die Historikerin Ludivine Bantigny.[2]

Zum 100-jährigen Jubiläum sang Jean Ferrat den Song »La Commune«, es erschienen unzählige Artikel, Essays und Romane sowie Neuausgaben der Lebenserinnerungen der Aufständischen. Man hielt spontane Gedenkveranstaltungen ab, und die Kommune schaffte es sogar in die Fernsehnachrichten. Graffiti sah man hingegen nur wenige. Dazu muss man anmerken, dass diese Ausdrucksform nach der Eroberung der Mauern von 1968 (nach dem Motto »Weiße Mauern, stummes Volk«) wieder im Verschwinden begriffen war. Der Künstler Ernest Pignon-Ernest feierte den Geburtstag der Kommune dennoch auf traditionelle Weise. In einer nächtlichen Aktion klebte er im März 1971 Siebdrucke von ermordeten Kommunard:innen auf das Pflaster der Hauptstadt – unter anderem auf die Treppen, die am Montmartre hoch zur Kirche Sacré-Cœur führen. Damit zwang er die Vorübergehenden, sich noch einmal an die Gewalt zu erinnern, die vor einem Jahrhundert an diesen Orten stattgefunden hatte.

Nach 1971 nahmen die sozialen Bewegungen immer weniger Bezug auf die Kommune. Das lag zum einen daran, dass die PCF an Einfluss verlor. Zum anderen wurde der Aufstand um die Wende zum 21. Jahrhundert endgültig historisiert: Die Kommune wurde Unterrichtstoff in den Schulen, im Viertel Butte-aux-Cailles wurde ihr ein Platz gewidmet; der Platz am Fuße der Kirche Sacré-Cœur wurde nach der Kommunardin Louise Michel benannt. Doch je offizieller das Gedenken an die Kommune zelebriert wurde, desto weniger subversives Potenzial besaß sie noch für die radikale Linke.

Das änderte sich Anfang der 2010er: Zwischen 2011 und 2014 konnte man zunächst vereinzelte Verweise beobachten, meist aus der anarchistischen, antifaschistischen Linken, die sich gezwungen sahen, die Kommune gegen einen doppelten Angriff zu verteidigen. Zum einen gegen eine Interpretation der Kommune als Chaos und Entgleisung, wie durch den konservativen Historiker Jean Sévillia in seinem Buch »Historiquement correct« (2003). Sévillia schrieb von »72 Tagen der Anarchie, während derer ein aufständisches Regime mit Terror über die Hauptstadt herrschte«. Zum anderen versuchte ein Teil der extremen Rechten die Kommune zu vereinnahmen: Die identitäre Gruppe »Projet Apache« hinterließ ab 2011 an Pariser Mauern Stencil mit dem Spruch »Die Bastard-Republik entstand aus dem Blut der Kommunarden« und bezog sich damit in verdrehter Weise auf die anarchistische Tradition der Aufständischen.

In der öffentlichen Debatte tauchten erneut Fragen nach der Vertretung und Souveränität des Volks, nach Gewaltausübung und »echter«, direkter und sozialer Demokratie auf, die auch die Aufständischen von 1871 aufgeworfen hatten. In diesem Kontext entdeckte man am Morgen des 18. März 2014, dem 143. Geburtstag der Kommune, rot-schwarze Schriftzüge an der Kirche Sacré-Cœur: »Kein Gott, kein Herr, kein Staat«, »Feuer den Kapellen« und »Es lebe die Kommune von 1871!«.

Bei den Protesten gegen die Reform des Arbeitsrechts 2016 spielten Sprayer:innen eine zentrale Rolle. Sie störten die grafische Ordnung des öffentlichen Raums, indem sie Werbeplakate und Schaufenster von Banken und Versicherungen übermalten. Schnappschüsse ihrer Werke verbreiteten sich über die sozialen Netzwerke und trugen zu einer neuen Ästhetik des Protests bei. Die wochenlange Besetzung der Place de la République durch die Bewegung »Nuit Debout« begünstigte die symbolische Aneignung des öffentlichen Raums. Der Platz wurde in »Place de la Commune« umgetauft, und am U-Bahn-Eingang prangte in roten Lettern: »… dass die Kommune wieder lebt«.

Im Frühjahr 2018 protestierten sowohl die Beschäftigten der französischen Staatsbahn SNCF gegen eine Reform ihres Unternehmens, als auch Studierende und Schüler:innen gegen eine Software namens Parcoursup, die den Hochschulzugang neu regeln sollte. Verweise auf den Mai 1968, der sich zum 50. Mal jährte, waren überall (»Mai 68, sie erinnern, wir fangen noch mal an«) – doch auch die Kommune war präsent. Universitätsstandorte wurden in »Freie Kommune Tolbiac« oder »Freie Kommune Censier« umbenannt. Auf der Demonstration der Bahnbeschäftigten am 22. Mai 2018 sah man ein Plakat: »Mai 68 ist uns egal, wir wollen 1871«.

Im Vergleich zum faden 68 scheint der Verweis auf die Kommune das größere aufständische Potenzial zu haben. Wer sagt, »wir wollen 1871«, meint damit allerdings auch, dieses »wir« sei zu einer bewaffneten Konfrontation bereit – und stützt sich damit im Übrigen auf ein falsches Bild vom Mai 68 als freundliche Rebellion von Bürgerkindern; doch das ist eine andere Geschichte.

Die Gilets jaunes (Gelbwesten) bezogen sich 2018/19 hingegen stärker auf die Französische Revolution, der sie etwa die Idee der *cahiers de doléances* (Beschwerdehefte) entlehnten, als auf die Kommune. In ihrer gesellschaftlichen Zusammensetzung und politischen Kultur unterschieden sie sich deutlich von vorangegangenen sozialen Bewegungen *(siehe den Beitrag von Serge Halimi und Pierre Rimbert auf Seite 22)*. Obgleich die Kommune stets einen wichtigen Referenzpunkt der Arbeiterbewegung gebildet hatte, wurde sie in der Populärkultur sehr viel seltener aufgegriffen als die Französische Revolution. Doch der Auftritt autonomer Gruppen beim »Dritten Akt« der Gelbwesten am 1. Dezember 2018 könnte das Auftauchen der ersten gesprayten Referenzen auf die Kommune erklären.

Beim »Vierten Akt« am 22. Dezember 2018 hinterließ jemand ein Graffiti am Fuß der Sacré-Cœur: »Die Kommune von Paris 1781 [sic!]/Gelbwesten 2018«. Am 12. Januar 2019 prangte auf einem Bretterzaun, der die großen Kaufhäuser der Pariser Innenstadt schützen sollte, ein riesiger Schriftzug: »1871 Gründe, Macron zu ficken«. »Die Kommune wird wieder aufblühen«, »Es lebe die Kommune« – mit jedem weiteren »Akt« (häufig mit Anarcho-A geschrieben) fand man mehr Verweise an den Demorouten. Später tauchten sie im Umkreis der Proteste gegen die Rentenreform auf, die am 5. Dezember 2019 ihren Anfang nahmen. Am Boulevard Magenta las man am 8. Dezember: »Beginnen wir mit einem Streik, enden wir mit der Revolution. 1871–2019. Wir sind da. GJ« (GJ für gilets jaunes); und zwei Tage später reimte jemand am Boulevard Raspail: »On veut des thunes en attendant la Commune« (Wir warten auf die Kommune, bis dahin wollen wir Knete).

All diese Zitate sind kaum mehr als die Anrufung eines Namens, aus denen sich nicht herauslesen lässt, welches Wissen und welche Ideen sich damit in den verschiedenen sozialen Bewegungen verbinden. Sie legen jedoch Zeugnis dafür ab, dass die Gelbwesten ebenso wie die Gegner:innen der Rentenreform die – je nach Zielpublikum mobilisierende oder provozierende – Wirkung von 1871 kannten. »Die Kommune« erscheint hier einfach als griffiges Synonym für »Aufruhr« und »Revolte«.

2021 kam dem 150-jährigen Jubiläum der Kommune die Coronapandemie dazwischen. Doch da Graffiti eine der wenigen Aktionsformen darstellen, die man auch im Lockdown praktizieren kann, war bereits Monate zuvor auf einer Hauswand im Pariser Osten zu lesen: »150 Jahre/Holen wir uns unsere Kommune zurück/Wir werden nicht vergessen«.

Aus dem Französischen von Sabine Jainski

1 Die Graffiti-Beispiele aus der Zeit von 1871 bis 1879 stammen aus: Céline Braconnier, »Braconnages sur terres d'État. Les inscriptions politiques séditieuses dans le Paris de l'après-Commune (1872–1885)«, *Genèses*, Nr. 35, Paris 1999.

2 Ludivine Bantigny hat in ihrem Buch *1968. De grands soirs en petits matins*, Paris (Seuil) 2018, einige Seiten der Erinnerung an die Kommune gewidmet.

Erstmals erschienen in *Le Monde diplomatique* (Paris) vom März 2021. Deutsche Erstübersetzung.

Gelbwesten im Visier

Wie es die bürgerliche Elite schaffte, die größte Protestbewegung der letzten Jahrzehnte zu diskreditieren

Von Serge Halimi und Pierre Rimbert

Angst ging um. Nicht die Angst, eine Wahl zu verlieren, mit »Reformen« zu scheitern oder mitansehen zu müssen, wie die Aktienkurse abstürzen. Sondern die Angst vor Aufruhr, vor Revolte, vor Machtverlust. Am 1. Dezember 2018, als die Gelbwestenbewegung (Gilets jaunes) zum »Dritter Akt: Macron kapituliert« schritt, zeigten sich die Gesichter der französischen Eliten wie erstarrt. »Es ist wichtig, dass die Menschen jetzt wieder nach Hause gehen«, stammelte Ruth Elkrief, die Starjournalistin des Privatsenders BFM TV, der damals in Endlosschleife demonstrierende Gilets jaunes zeigte.

Wenige Tage später verriet eine Reporterin der arbeitgeberfreundlichen Tageszeitung *L'Opinion* vor laufender Kamera: »Alle großen Unternehmen werden Zulagen auszahlen, weil sie irgendwann wirklich Angst bekamen, dass man ihre Köpfe aufspießen würde.« Und dann berichtete die Reporterin, an jenem Samstag des Aufruhrs hätten die Bosse den Präsidenten des Arbeitgeberverbands Medef angerufen: »Sie haben ihm gesagt: ›Du musst nachgeben! In allem nachgeben, andernfalls …‹ Diese Leute fühlten sich tatsächlich bedroht, physisch bedroht.«

Im selben Programm berichtete der Direktor eines Meinungsforschungsinstituts, dass »die großen Unternehmer wirklich sehr beunruhigt« seien. Der Mann fühlte sich an das erinnert, was er über 1936 oder 1968 gelesen hatte. »Es kommt der Moment, da sagt man sich: ›Besser auf viel Geld verzichten als das Wesentliche verlieren.‹« Nach dem Sieg der Volksfront von 1936 hatten die Arbeitgeber nach einer Welle spontaner Streiks mit Fabrikbesetzungen im sogenannten Matignon-Vertrag »in allen Punkten nachgegeben« (um Benoît Frachon, den damaligen Generalsekretär des Gewerkschaftsbunds CGT, zu zitieren).

Derartige Auflösungserscheinungen der besitzenden Klasse sind selten. Dabei darf man jedoch eine wichtige historische Lehre von 1936 nicht vergessen: Diejenigen, die Angst gehabt haben, werden denen nicht verzeihen, die ihnen Angst eingejagt haben, und auch denjenigen nicht, die Zeugen ihrer Angst waren.

Der Protest der Gelbwesten ging weiter; er hatte keine Anführer; er sprach eine Sprache, die man in den Institutionen nicht kannte; er widerstand der Repression und bekam trotz der böswilligen Berichterstattung weiteren Zulauf.

Dieser Protest provozierte aber auch eine Reaktion, die wir aus der Geschichte kennen: Wenn sich die sozialen Konflikte zuspitzen, wenn der Klassenkampf offen ausbricht, müssen sich alle für das eine oder das andere Lager entscheiden. Die Mitte verschwindet, und selbst die liberalsten, kultiviertesten, distinguiertesten Menschen vergessen die alten Floskeln, dass wir doch alle im selben Boot sitzen.

Vom Entsetzen gepackt, sehen sie rot. Alexis de Tocqueville schildert in seinen »Erinnerungen«, wie er den Juni 1848 erlebt hat. Damals wurden die verelendeten Pariser Arbeiter von Soldaten massakriert, die eine bürgerliche Regierung auf sie gehetzt hatte, die glaubte, dass »nur der Gewehrlauf die Fragen unseres Jahrhunderts lösen« könne.[1] Bei der Beschreibung des Sozialistenführers Auguste Blanqui vergaß Tocqueville alle Regeln des bürgerlichen Anstands: »Er hatte abgezehrte und zerfurchte Wangen und bleiche Lippen. Sein Äußeres war wie von Schimmel überzogen. Er sah aus, als habe er in einer Kloake gelebt und sei von dort hierhergekommen.«[2]

Die gleiche Verwandlung von bürgerlichem Anstand in blanke Wut vollzog sich während der Pariser Kommune. Und das sogar bei zahlreichen Intellektuellen und Künstlern, die sich zuweilen – allerdings eher in ruhigen Zeiten – als Männer des Fortschritts gegeben hatten. Der Dichter Leconte de Lisle empörte sich über »diese Liga aller Deklassierten, aller Unfähigen, aller Neidischen, aller Mörder und Diebe«. Für Gustave Flaubert war das allgemeine Wahlrecht »eine Schande für den menschlichen Geist« und sollte unbedingt abgeschafft werden. Und Émile Zola belehrte die Bürger von Paris angesichts von 20 000 Toten und fast 40 000 Verhafteten: »Das Blutbad, das es genommen hat, war vielleicht von einer schrecklichen Notwendigkeit, um manche seiner Fieber zu lindern.«[3]

An ähnlich illustre Persönlichkeiten mag sich Luc Ferry, der Philosophie und Politikwissenschaften lehrt und von 2002 bis 2004 französischer Bildungsminister war, im Januar 2019 erinnert haben. Weil ihm das Vorgehen der Polizei gegen die Gelbwesten zu nachsichtig erschien, meinte er in einer Sendung von Radio Classique, nachdem er über sein Lieblingsmenü geplaudert hatte: »Sollen sie doch ordentlich von ihren Waffen Gebrauch machen gegen diese elenden Schergen, diese elenden Schweine von der extremen Rechten und der extremen Linken.«

Üblicherweise verteilen sich die Mächtigen auf unterschiedliche und bisweilen konkurrierende Lager: Da gibt es französische und europäische Spitzenbeamte, Intellektuelle, Unternehmer, Journalisten, konservative Rechte, gemäßigte Linke. In diesem gesitteten Rahmen vollzieht sich ein maßvoller Machtwechsel nach demokratischen Ritualen (Wahlen und dann Winterschlaf bis zur nächsten Wahl).

Dieses politische Wechselspiel, dem die »Kapitalistenklasse« ihren Machterhalt verdankte, hat der französische Sozialistenführer Jules Guesde bereits im November 1900 entlarvt: »Man hat sich aufgespalten in progressive Bourgeoisie und republikanische Bourgeoisie, in klerikale Bourgeoisie und freidenkerische Bourgeoisie, damit man in den Machtpositionen eine besiegte Fraktion immer durch eine andere Fraktion der gleichermaßen feindlichen Klasse ersetzen kann. Es ist wie bei einem Schiff mit dichten Schotten: Wenn auf einer Stelle Wasser eindringt, sinkt es trotzdem nicht.«

Doch zuweilen kommt es vor, dass die See stürmisch wird und die Stabilität des Schiffs in Gefahr gerät. In dem Fall müssen alle Streitereien zurücktreten, und es gilt, die Reihen zu schließen. Genauso reagierte das Bürgertum auf die Herausforderung durch die Gilets jaunes. Die Stimmen, die in ruhigen Zeiten mit Bedacht den Anschein des Meinungspluralismus wahren, setzten die Protestierenden einhellig mit einer Horde fanatischer Rassisten, Antisemiten, Schwulenfeinden, Aufrührern und Verschwörern gleich. Vor allem aber hielten sie die Gelbwesten für vollkommen ungebildet.

»Gelbwesten: Wird die Dummheit siegen?«, fragte Sébastien Le Foll am 10. Januar 2019 in *Le Point*. »Die wahren Gelbwesten kämpfen, ohne nachzudenken, ohne Verstand«, befand der Leitartikler Bruno Jeudy am 8. Dezember 2018 auf BFM TV. Und Vincent Trémolet de Villers erboste sich am 4. Dezember 2018 in *Le Figaro:* »Die niederen Instinkte setzten sich gegen die elementarsten Regeln des zivilisierten Verhaltens durch.« Auch der Starphilosoph

Paris, Dezember 2018.
CHEN YICHEN | XINHUA/DPA/PICTURE ALLIANCE

Bernard-Henri Lévy zeigte sich beunruhigt über die »Bekundungen nackter Zerstörungswut«, aber immerhin ließ er sich herab, in der Boulevardzeitung *Le Parisien* einen Aufruf zu unterzeichnen, in dem die Gelbwesten aufgefordert wurden, »den Zorn in eine Debatte zu transformieren«. Vergebens. Aber gottlob, seufzte der Essayist Pascal Bruckner im Interview mit dem *Figaro,* »hat die Polizei Ruhe bewahrt« und damit die Republik vor »den Barbaren« und »dem vermummten Gesindel« gerettet.

Und dann passierte es: Die Abgeschriebenen, die angeblich für ihre Misere selbst verantwortlich sind, tauchten plötzlich vor dem Triumphbogen und auf den Champs-Élysées auf

Da kam ein ganzes gesellschaftliches Universum zusammen – von den Grünen bis zu den Ruinen der Sozialistischen Partei, von der größten Gewerkschaft Frankreichs bis zu den zwei Moderatoren der Morgensendung auf France Inter –, um all diejenigen unter Beschuss zu nehmen, die Sympathien mit den Gelbwesten bekundeten. Besonders schonungslos brach sich die Empörung des bürgerlichen Blocks über die Gilets jaunes am 16. Dezember 2018 Bahn, dem Tag, als *Le Monde* ein einfühlsames Porträt einer Gelbwesten-Familie veröffentlichte: »Arnaud und Jessica: Ein Leben an der Armutsgrenze«. Danach ergoss sich ein Strom wütender Kommentare über die Website der Zeitung.

»Besonders schlau sind die beiden ja nicht. Handelt es sich manchmal nicht eher um eine kulturelle als um eine finanzielle Misere?«, mutmaßte ein Leser. Ein anderer haute in dieselbe Kerbe: »Das pathologische Problem der Armen: Sie leben über ihre Verhältnisse.« Ein dritter meinte: »Aus ihnen werden bestimmt keine Forscher, Ingenieure oder kreative Köpfe. Diese vier Kinder werden genau wie ihre Eltern der Gesellschaft zur Last fallen.« Die Journalistin, die das Porträt der Familie verfasst hatte, stand fassungslos vor der »Sintflut von Angriffen« mit »paternalistischen Untertönen«.[4]

Die Bewegung der Gelbwesten war eine Zäsur. Sie hat das Scheitern eines gesellschaftlichen Projekts markiert, das Ende der 1980er Jahre begonnen und seitdem von den Predigern des Sozialliberalismus weitergetragen wurde: das Projekt einer »Republik der Mitte«. Das war darauf angelegt, die ideologischen Auseinandersetzungen ein für alle Mal zu beenden, indem die unteren Schichten aus der öffentlichen Debatte und den politischen Institutionen ausgeschlossen wurden. Diese waren zwar weiterhin die Mehrheit, aber zugleich ein Unruheherd. Deshalb sollten sie ihren Platz für das kultivierte Bürgertum räumen.

In dem Maße, in dem sich die Sozialdemokratie im Staatsapparat, in den Medien und in den Aufsichtsräten der Großunternehmen einnistete, drängte sie ihre einstige gesellschaftliche Basis immer mehr an den Rand der Gesellschaft. In einem Buch über politische Strategie erklärte der Sozialist und Mentor vieler Politiker aus Macrons Umfeld, Dominique Strauss-Kahn, seine Partei müsse sich künftig auf »die Mittelschicht« stützen, »die zu einem großen Teil aus besonnenen, informierten und gebildeten Arbeitnehmern besteht, die das Gerüst unserer Gesellschaft bilden. Sie sichern die Stabilität, weil sie an der ›Marktwirtschaft‹ festhalten.«

Was die anderen – die weniger »besonnenen« – betrifft, so wurden sie abgeschrieben. »Von der am meisten benachteiligten Gruppe kann man leider nicht immer eine besonnene Beteiligung an einer parlamentarischen Demokratie erwarten. Sie interessiert sich zwar auch für die Geschichte, aber wenn sie sich einmischt, drückt sich das bisweilen in Gewalt aus.«[5] Mit diesen Bevölkerungsgruppen befasste man sich darum nur alle fünf Jahre, in der Regel, um ihnen die Wahlerfolge der extremen Rechten vorzuwerfen. Danach

Mit Blendgranaten und Tränengas

Neun Tote gab es allein in den ersten beiden Protestmonaten der Gilets jaunes im November und Dezember 2018: Acht Personen wurden überfahren, eine 80-jährige Frau wurde in ihrer Wohnung von einer Tränengasbombe getroffen. Hunderte Demonstranten, die meisten von ihnen friedlich, wurden verletzt. Viele von ihnen wurden Opfer von Polizeigewalt.

Und auch in den Reihen der Ordnungskräfte gab es Verletzte. Schuld daran ist nicht nur das teilweise brutale Vorgehen der Polizei, sondern auch staatlicher Starrsinn. Mehrere französische Regierungen in Folge haben Polizei und Gendarmerie mit Ausrüstung versehen, die nicht geeignet ist, die Ordnung aufrechtzuerhalten. Es handelt sich dabei sogar um Waffen, die in den meisten europäischen Ländern verboten sind. In Frankreich protestieren regelmäßig Parlamentarier, Jurist:innen und NGOs gegen deren Einsatz.

Der Verlust eines Auges, Frakturen, innere Blutungen, eine perforierte Lunge, alles verursacht durch Hartgummigeschosse aus dem Lauf der »nichttödlichen« Handfeuerwaffen LBD 40: Dieser Gummigeschosswerfer aus Schweizer Herstellung, dessen Munition mit mehr als 300 Stundenkilometer abgefeuert wird, löste 2005 den Konkurrenten Flash Ball Super Pro ab. Da beim Einsatz von LBD 40 angeblich nur »eine geringe Wahrscheinlichkeit eines tödlichen Ausgangs, schwerer Verletzungen und bleibender Schäden besteht«, gehört sie in die Kategorie der »Waffen mittlerer Stärke«. In Toulouse lag ein Demonstrant mehrere Wochen im Koma, nachdem ihn ein Schuss zwischen Auge und Ohr getroffen hatte.

Andere Waffen mit »beschränkter Tötungskraft« sind Granaten, die einen Sprengsatz enthalten, wie etwa die Blend- und Tränengasgranate GLI-F4. Sie verursachen irreversible Verstümmelungen, Verbrennungen und Verluste des Hörvermögens. Zwischen dem 24. November und dem 8. Dezember 2018 wurde mindestens vier Personen durch eine solche Granate eine Hand abgerissen. Die GLI-F4 ersetzte die »offensive« Granate OF-F1, die 2014 nach dem Tod des Studenten Rémi Fraisse bei einer Demonstration gegen ein umstrittenes Staudammprojekt im südfranzösischen Sivens verboten worden war. Aber auch die GLI-F4 kann ein »Knalltrauma« auslösen. Das Innenministerium will Polizei und Gendarmerie in Zukunft zwar nicht mehr mit Tränengasgranaten dieses Typs ausrüsten, die Altbestände sollen aber noch verschossen werden – so lange, bis die Waffenkammern leer sind.

Julien Baldassarra

wurden sie wieder unsichtbar (was erst anders wurde, als die Straßenverkehrsordnung von allen Autofahrern verlangte, eine gelbe Warnweste mitzuführen).

Die Strategie ist aufgegangen. Die unteren Schichten sehen sich nicht mehr politisch repräsentiert. Der immer schon geringe Anteil von Arbeitern und Angestellten im Parlament ist in den letzten 50 Jahren noch einmal drastisch zurückgegangen. Auch aus den Innenstädten wurden sie vertrieben: Nur 4 Prozent derjenigen, die in Paris Wohneigentum erwerben, sind Arbeiter oder Angestellte. Im Fernsehen kommen solche Leute ebenfalls nicht vor: 60 Prozent der Personen, die in Nachrichtensendungen zu sehen sind, gehören zu den 9 Prozent der am besten ausgebildeten Erwerbstätigen.[6] Und für Macron existieren die unteren Schichten überhaupt nicht. In seinen Augen ist Europa »ein alter Kontinent von Kleinbürgern, die sich durch ihren materiellen Wohlstand geschützt fühlen«.[7]

Und dann passierte es: Die Abgeschriebenen, die sich angeblich jeglicher schulischen und beruflichen Bildung verweigern, weshalb sie für ihre Misere selbst verantwortlich sind, tauchten plötzlich vor dem Triumphbogen und auf den Champs-Élysées auf. Verwirrt und fassungslos diagnostizierte der Staatsrat und Verfassungsrechtler Jean-Éric Schoettl am 11. Januar 2019 auf der Website von *Le Figaro* »einen Rückfall in eine primitive Form des Klassenkampfs«. Das Projekt, die Mehrheit der Bevölkerung aus der Politik auszugrenzen, war gescheitert. Dagegen scheint ein anderes Unterfangen der herrschenden Klassen, nämlich die Grenzen zwischen rechts und links zu verwischen, mit einem unverhofften Erfolg zu enden.

Die Idee kam nach dem Fall der Mauer auf. Sie lief darauf hinaus, alle Positionen, die die liberale »Vernunft« – ein Ausdruck des Essayisten Alain Minc – infrage stellten, an die »extremistischen« Ränder zu drängen und damit zu diskreditierten. Politische Legitimität sollte nicht mehr aus einer bestimmten Sicht auf die Welt erwachsen – einer kapitalistischen oder sozialistischen, nationalistischen oder internationalistischen, konservativen oder emanzipatorischen, autoritären oder demokratischen –, sondern aus dem Gegensatz zwischen Vernünftigen und Radikalen, Aufgeschlossenen und Engstirnigen, Progressiven und Populisten.

Doch die Weigerung, zwischen rechts und links zu unterscheiden, die die Berufspolitiker den Gelbwesten vorhielten, reproduziert im Grunde nur die Vernebelung, die der bürgerliche Block seit Jahrzehnten betreibt. In Winter 2018/19 waren Themen wie Steuergerechtigkeit, Verbesserungen des Lebensstandards und Widerstand gegen das autoritäre Gebaren der Mächtigen allgegenwärtig. Dagegen war der Kampf gegen die Ausbeutung der abhängig Beschäftigten und die Frage des Eigentums an den Produktionsmitteln kaum ein Thema.

Diese Grundgegebenheiten werden weder durch die Wiedereinführung der solidarischen Vermögenssteuer noch durch die Rückkehr zum Tempolimit auf Landstraßen aufgehoben. Auch die peniblere Kontrolle der Spesenabrechnungen von Mandatsträgern und die Einführung von Volksentscheiden ändert nichts an der Abhängigkeit der Arbeitnehmer, der ungerechten Einkommensverteilung oder an der Tatsache, dass die Souveränität des Volkes innerhalb der EU und in Zeiten der Globalisierung nur eine scheinbare ist.

Politiker und Medien taten alles, um die Gelbwesten politisch zu isolieren, indem sie die Bedeutung jeder ihrer strafbaren Aktionen aufbliesen oder, wie Emmanuel Macron, die Politik einzig und allein als Konfrontation zwischen Liberalen und Populisten darstellten. Ob diese Strategie auch auf Dauer Erfolg haben wird, muss sich noch herausstellen.

Aus dem Französischen von Ursel Schäfer

1 Auguste Romieu, *Le Spectre rouge de 1852*, Paris (Ledoyen) 1851.
2 Alexis de Tocqueville, *Erinnerungen*, Deutsch von Dirk Forster, Stuttgart (K. F. Koehler Verlag) 1954.
3 Paul Lidsky, *Les Écrivains contre la Commune*, Paris (La Découverte) 1999 (Originalausgabe 1970).
4 Faustine Vincent, »Pourquoi le quotidien d'un couple de ›gilets jaunes‹ dérange des lecteurs«, *Le Monde*, 20. Dezember 2018.
5 Dominique Strauss-Kahn, *La Flamme et la Cendre*, Paris (Grasset) 2002.
6 »Baromètre de la diversité de la société française«, Erhebung 2017, Conseil supérieur de l'audiovisuel, Paris, Dezember 2017.
7 »Emmanuel Macron – Alexandre Duval-Stalla – Michel Crépu, l'histoire redevient tragique (une rencontre)«, *La Nouvelle Revue française*, Nr. 630, Paris, Mai 2018.

Erstmals erschienen in *Le Monde diplomatique* vom Februar 2019. Leicht gekürzt und aktualisiert.

Leere Versprechen

Am 10. Dezember 2018 rief Präsident Macron in einer Fernsehansprache einen »ökonomischen und sozialen Notstand« aus und kündigte an, der Mindestlohn werde ab 2019 um 100 Euro im Monat steigen. Diese Behauptung erwies sich jedoch rasch als Lüge. Ankündigungen, auf die keine Taten folgen, sind durchaus üblich. Aber selten hat ein Präsident mitten in der Krise so dreist gelogen. Der Mindestlohn erhöhte sich nicht im Geringsten: Zum 1. Januar 2019 gab es lediglich die gesetzlich festgelegte Erhöhung um 1,5 Prozent. Das reichte nicht einmal für den Inflationsausgleich.

Am nächsten Tag erklärten die zuständigen Minister gewunden, die 100 Euro enthielten jene 20 Euro, um die der Lohn durch die Herabsetzung der Arbeitnehmerbeiträge 2018 gestiegen sei. Die weiteren 80 Euro zusätzlich ergäben sich durch eine vorgezogene Lohnaufstockung, die ursprünglich über einen Zeitraum von fünf Jahren gestreckt werden sollte. Nur 55 Prozent der Mindestlohnempfänger haben allerdings überhaupt diese 80 Euro bekommen. Das Recht auf die Aufstockung und deren Höhe hängen nämlich vom Familienstand und von der Einkommensverteilung innerhalb einer Bedarfsgemeinschaft ab. Auch wenn die Regierung also weismachen will, dass sich »Arbeit lohnt« – wer den Mindestlohn erhält und finanziell von seinem Partner oder seiner Partnerin abhängig ist, für den wird sich auch in Zukunft die Arbeit nicht »mehr lohnen«.

Die Entwertung des Worts »Lohn« durch die Staatsspitze ist kein Zufall, denn Macron bevorzugt Zulagen gegenüber Lohnerhöhungen. Damit untergräbt er die sozialen Rechte: Denn nicht alle, denen eine Lohnerhöhung versprochen wurde, werden von den Zulagen profitieren. Eine Zulage kann jederzeit wieder gekürzt werden und generiert im Unterschied zum Lohn keine Ansprüche bei Arbeitslosigkeit oder Verrentung. Zudem hat sie wegen der Tarifverträge keinerlei Einfluss auf die Lohntabellen.

Jean-Michel Dumay

»Tout le monde déteste la police«

Schwer bewaffnet und brutal – warum die Polizei so unbeliebt ist

Von Laurent Bonelli

Die Bilder vom Todeskampf des George Floyd, der am 25. Mai 2020 in Minneapolis von einem Polizisten erstickt wurde, lösten eine weltweite und anhaltende Protestwelle gegen Polizeigewalt aus. In Paris und anderen französischen Städten folgten Zehntausende dem Aufruf des Komitees »Wahrheit und Gerechtigkeit für Adama Traoré«, benannt nach einem jungen Mann, der im Juli 2016 nach seiner gewaltsamen Verhaftung durch die Polizei gestorben war. Neben einfachen Bürgern demonstrierten hochrangige Politiker; auch Film-, Fußball- und Musikstars unterstützten die Bewegung.

Das Ausmaß der Empörung und ihr Echo in Politik und Medien unterschied sich deutlich von früheren Protesten gegen Polizeigewalt. Youssef Khaïf, Lamine Dieng, Wissam El-Yamni, Ibrahima Bah, Zyed Benna, Bouna Traoré, Allan Lambin, Amine Bentounsi und viele andere – die Liste der jungen Männer, an deren Tod französische Ordnungskräfte direkt oder indirekt beteiligt waren, ist lang. Die Website bastamag.net zählt 746 von der Polizei getötete Personen für die Zeit von Januar 1977 bis Dezember 2020, das sind im Schnitt 17 pro Jahr. Die Hälfte von ihnen war unter 26, fast die Hälfte der Fälle betrafen den Großraum Paris und die Ballungsgebiete Lyon und Marseille.[1]

Die Reaktionen auf solche Dramen sind immer die gleichen: Ein paar Nächte lang brennt das Viertel, aus dem das Opfer stammte, die Angehörigen organisieren lokale Demonstrationen, dann beginnen langjährige juristische Kämpfe der Familien, unterstützt von einigen hartnäckigen Aktivist:innen, die nur selten zur Verurteilung der Beschuldigten führen.

Der Einsatz für diese Sache ist unpopulär, weil die Opfer der Polizeigewalt meistens schon vorher einmal Ärger mit der Polizei gehabt hatten. Die daraus folgende Abwertung durch die Behörden, aber auch die genüssliche Präsentation eventueller Vorstrafen durch die Presse wecken Zweifel am Ablauf der Ereignisse und stärken die Darstellung der Polizei. Sie erschweren auch das Engagement linker Parteien oder Gewerkschaften, die historisch zwar sehr sensibel für die Unterdrückung der Arbeiterklasse sind, sich aber mit denjenigen schwertun, die sich nicht in die Lohnordnung fügen.

Hinzu kommt die seit Jahrzehnten wachsende Distanz zwischen diesen Organisationen und den Jugendlichen aus den Banlieues, die in keine Parteien oder Gewerkschaften eintreten und deren konkrete Lebensbedingungen so gut wie niemand auf dem Schirm hat. Das Bemühen um eine politische Autonomie der Randbezirke – die auch ein anderes Sprechen über ihre Bewohner:innen ermöglichen würde – war nur in seltenen Fällen erfolgreich.

Wie aber lassen sich also die breiten Proteste im Juni 2020 erklären? Man könnte darauf verweisen, dass der Boden für Empörung in Frankreich längst bereitet war, als die Nachrichten vom Tod George Floyds und der Black-Lives-Matter-Proteste aus den USA herüberschwappten. Ein weiterer Grund dürfte der unermüdliche Kampf von Aktivist:innen gegen Polizeigewalt sein, zum Beispiel im Mouvement de l'Immigration et des Banlieues (MIB). Zu ihnen gehört Assa Traoré, die Schwester des getöteten Adama, die mittlerweile fast eine Ikone ist. Das alles hätte jedoch nicht ausgereicht, wenn sich der Argwohn gegen die Ordnungskräfte nicht weit über die üblichen Kreise hinaus ausgebreitet hätte.

Das Ausmaß dieses Misstrauens lässt sich schwer einschätzen. Umfragen zeigen nur Facetten. So meldete die nicht gerade als polizeikritisch bekannte Wochenzeitung *L'Express* im Januar 2020, dass lediglich 43 Prozent der von ihr Befragten der Polizei »vertrauten«, während 20 Prozent »Unbehagen« und 10 Prozent »Feindseligkeit« ihr gegenüber empfänden.

Wissenschaftliche Arbeiten bestätigen diese Tendenz. So ergab eine große Umfrage, an der 2011/12 in ganz Europa 51 000 Personen teilnahmen, dass die französische Polizei, was das Ansehen betrifft, besonders schlecht abschneidet. Bei der Frage nach dem Respekt, mit dem sie Personen behandelt, kommt sie auf den 19. von 26 Plätzen (vor Tschechien, Griechenland, der Slowakei, Bulgarien, der Ukraine, Russland und Israel).[2] Der Slogan »Tout le monde déteste la police« (Alle hassen die Polizei) gehört inzwischen zum Standardrepertoire jeder Demonstration.

Die Anwendung von Gewalt seitens der Polizei, ob nun gerechtfertigt oder nicht, ist dabei sichtbarer geworden. Dank der Smartphonekameras lässt sie sich umfassend dokumentieren und dank der sozialen Netzwerke global verbreiten. Im Mai 2021 kassierte der französische Verfassungsrat ein kurz zuvor beschlossenes Gesetz, dass Filmaufnahmen von Polizeieinsätzen unter Strafe gestellt hätte.

Die Anwendung von Gewalt seitens der Ordnungskräfte ist auch deshalb offensichtlicher als früher, weil sie sich von den Vororten in die Innenstädte verlagert hat. Inzwischen betrifft sie auch Bevölkerungsgruppen, die bisher keine negativen Erfahrungen mit der Poli-

Proteste gegen ein zeitweilig geplantes Film- und Fotografierverbot von Polizeieinsätzen, Marseille, November 2020. ■ DANIEL COLE | ASSOCIATED PRESS/PICTURE ALLIANCE

zei gemacht hatten. Vor allem im Zuge der Gelbwesten-Bewegung, der Demonstrationen gegen die Rentenreform 2019/20 und anlässlich der rigiden Kontrollen der pandemiebedingten Restriktionen wurden viele Französinnen und Franzosen das erst Mal Opfer oder Augenzeugen von teils brutalen Polizeieinsätzen.

Noch immer hält sich der hartnäckige Mythos, die Polizei kümmere sich ausschließlich um die Verbrechensbekämpfung. Diese Aufgabe nimmt aber, abgesehen von wenigen Spezialeinheiten, nur 20 Prozent ihrer Tätigkeit ein.[3] Stattdessen wurde die Polizei seit den 1980er Jahren für viele westliche Regierungen zunehmend zur Patentlösung, um die Folgen der wachsenden sozialen und ökonomischen Ungleichheit zu bekämpfen. Zu unterschiedlichen Zeiten

Heute werden nicht mehr die strukturellen Ursachen der Ungleichheit bekämpft; es werden vielmehr jene Gruppen diszipliniert, die sich der neoliberalen Gesellschaftsordnung widersetzen

und mit unterschiedlicher Schärfe gerieten die Themen gefühlte Unsicherheit und angebliche Bedrohung durch Zuwanderung überall in den politischen Fokus.

Parteien verschiedener Couleur stellten sie ins Zentrum ihrer Wahlkämpfe. Die Sozial-, Präventions- und Entwicklungspolitik wurde zwar nicht völlig aufgegeben, musste aber zunehmend hinter Sicherheitsaspekte, Kontrollen und Zwang zurücktreten. Heute werden nicht mehr die strukturellen Ursachen der Ungleichheit bekämpft; es werden vielmehr jene Gruppen diszipliniert, die sich der neuen neoliberalen Gesellschaftsordnung widersetzen.

Zur Legitimierung dieser Dynamik dient vor allem die sogenannte Broken-Windows-Theorie. Sie stammt von den US-amerikanischen Sozialforschern James Q. Wilson und George L. Kelling und besagt, dass die Toleranz gegenüber an sich harmlosen Verstößen in Städten zur Entwicklung gefährlicherer Kriminalität führe.[4] Obwohl die Theorie jeder empirischen Grundlage entbehrt – Wilson gab später zu, es habe sich um eine bloße »Spekulation« gehandelt (*New York Times*, 6. Januar 2004) –, erlangte sie weltweite Bekanntheit, als sich Rudolph Giuliani, von 1994 bis 2001 Bürgermeister von New York, und sein Polizeichef William Bratton davon inspirieren ließen, um die Polizei zu reformieren.

In den USA wie auch in Frankreich, Großbritannien oder Spanien wurden zwei komplementäre Strategien verfolgt: Das Strafmaß für Straßenkriminalität wurde heraufgesetzt und rechtlich zweifelhafte administrative Maßnahmen – etwa ein Bettelverbot oder auch eine Sperrstunde für Minderjährige – entwickelt, mit denen sich bestrafen ließ, was die Briten »antisoziales Verhalten« (anti-social behaviours) nennen. Der Konsum von Alkohol oder Drogen auf der Straße, die Besetzung des öffentlichen Raums, das Fahren ohne Fahrschein, Glücksspiele, »aggressives« Betteln, das Waschen von Autofenstern an Ampelkreuzungen, der Straßenhandel mit Getränken, kopierten CDs, DVDs, Handtaschen oder Sonnenbrillen sowie die Straßenprostitution wurden von der Polizei bevorzugt angegangen.

Mit der Aufgabe, Kleinkriminalität und »antisoziales« Verhalten zu bekämpfen, übertrug ihr der Staat neue Befugnisse. Wie Wilson und Kelling feststellen, kann die Polizei ein »verdächtiges Individuum« wegen »Vagabundierens« oder »Trunkenheit im öffentlichen Raum« verhaften – alles Beschuldigungen ohne rechtliche Bedeutung: »Diese Vergehen existieren nicht, weil die Gesellschaft den Gerichten den Auftrag erteilt, das Vagabundieren oder Trunkenheit zu bestrafen, sondern weil sie der Polizei juristische Werkzeuge geben will, um Unerwünschte aus einem Viertel zu entfernen, wenn alle informellen Anstrengungen, die Ordnung zu bewahren, gescheitert sind.«

Überträgt man einer Institution die Lösung eines gesellschaftlichen Problems, bleibt das nicht ohne Folgen. Es begünstigt deren Fixierung auf bestimmte Aspekte und beeinflusst deren Wahrnehmung. Der US-amerikanische Politikwissenschaftler Murray Edelman verweist darauf, dass die Bürokratie die Neigung habe, »Probleme als Rechtfertigung für die Lösungen zu konstruieren, die sie anbietet«.[5] Es gibt tief verwurzelte institutionelle Abläufe, Szenarien, Erfahrungen und Darstellungen, die Polizeibeamten sowohl in der Ausbildung als auch in der Alltagsarbeit (durch Ratschläge und Ermahnungen der Älteren) vermittelt werden.

Polizisten berufen sich gern darauf, dass sie keine Sozialarbeiter seien, und setzen im Umgang mit jenen, die als unerwünscht gelten, auf eine Kombination von Repression und Verbannung. Sie sichern die Ordnung in der Stadt »auf ihre Art«, indem sie vor allem Schikanestrategien entwickeln. Natürlich führen diese Taktiken zum Widerstand der Betroffenen. Sie beschimpfen die Einsatzkräfte, weigern sich, den Anweisungen zu folgen, und suchen manchmal die individuelle oder kollektive Konfrontation, vor allem, wenn das Kräfteverhältnis zuungunsten der Polizisten ausfällt. In Frankreich wuchs die Zahl von Beleidigungen und Gewalt gegen Vertreter der Staatsmacht von 22000 im Jahr 1990 auf 68000 im Jahr 2019.

Darauf reagiert wiederum die Polizei, indem sie ihr Personal mit Ausrüstung zur Verteidigung (kugelsichere Westen, Gummikugelgranaten zur Zerstreuung von Menschenmassen) und für den Angriff (Hartgummigranatwerfer, Elektroschocker) ausstattet. Diese Waffen haben die Kritik an der »Militarisierung« der Polizei verstärkt, die vor allem an Spezialeinheiten wie den Brigades anti-criminalité (BAC) offenbar wird. Auf deren Abzeichen sind Raubtiere (Tiger, Wölfe, Löwen, Krokodile, Kobras) abgebildet, die über die schlafende Stadt wachen. Sie offenbaren, wie diese Einheiten den ihnen anvertrauten Raum und vor allem sich wahrnehmen.

Diese Spezialeinheiten sind mit ihren aggressiven Interventionspraktiken für einen Großteil der manchmal tödlichen Gewalt verantwortlich, die der Polizei als Institution vorgeworfen wird. Man beschuldigt sie auch, überall dort, wo sie eingesetzt werden, zur Verhärtung der Spannungen beizutragen. Deshalb werden neue Einheiten geschaffen, die Bürger- oder Kiezpolizei heißen. Sie sollen sichtbar und ansprechbar sein (Patrouillen zu Fuß) und Dialogräume für die Lösung von Konflikten öffnen. Diese Versuche scheitern oft an der geringen Begeisterung der Polizei (oder an ihrem weiterhin gewalttätigen Verhalten) und an Sparzwängen. Dort, wo die Strategien umgesetzt wurden, haben sie die Schlüsselrolle der Polizei für die Regulierung der sozialen Beziehungen allerdings deutlich gestärkt und diese Beziehungen als sicherheitsrelevant neu definiert. Repressive und präventive Polizeiarbeit widersprechen sich also nicht, sondern können sich ergänzen und prägen das Alltagsleben immer größerer Bevölkerungsgruppen.

Das Versprechen, Bagatelldelikte einzudämmen, konnten diese Strategien offensichtlich nicht einlösen. Aber hat jemand ernsthaft geglaubt, das könnte gelingen, ohne die Ursachen anzugehen? Selbst viele Polizist:innen sprechen von einer Sisyphusarbeit.

Die politische Entscheidung, die Polizei zur Speerspitze der Verteidigung der urbanen Ordnung zu machen, wertet ihre Position im Staatsgefüge auf und zwingt die Regierungen in eine fatale Abhängigkeit. Vor allem wenn, wie in Frankreich, die Polizeigewerkschaften besonders mächtig sind. Die französische Polizei ist mit einem Organisationsgrad von fast 70 Prozent der mit Abstand am besten organisierte Berufszweig. Zum Vergleich: Im öffentlichen Dienst sind es 19, in der Privatwirtschaft 8 Prozent.

Die nach Dienstgrad (mittlerer, gehobener, höherer Dienst) strukturierten Gewerkschaften spielen eine wichtige Rolle für die persönliche Karriere. Wegen des Amtsgeheimnisses sind die Gewerkschaften auch die Einzigen, die sich neben den vorgesetzten Behörden in den Medien äußern dürfen. Das begrenzt die öffentlichen Auftritte interner Kritiker und verstärkt die Illusion der Polizei als monolithischer Block. Die Gewerkschaften verfügen damit faktisch über ein Mitbestimmungsrecht bei Belangen der Institution Polizei.

Zwar wird auch die Polizei nicht von neoliberalen Reformen wie Budgetkürzungen oder der Neubewertung von Zuständigkeiten und Gehältern verschont, sie kann sich aber besser wehren als andere Einrichtungen des öffentlichen Dienstes. Im Zuge der geplanten Rentenreform im Dezember 2019 mussten die französischen Polizeigewerkschaften nur die Möglichkeit eines Streiks andeuten, um sofort eine Ausnahmeregelung zu erhalten. Ganz anders im Transport-, Gesundheits- und Bildungswesen: Dort konnten Hunderttausende Angestellte ihre Forderungen trotz wochenlanger Streiks und Demonstrationen nicht durchsetzen.

Vehement ist die französische Polizei auch in ihrem Widerstand gegen all jene Behörden, die eine Kontrolle über ihre Tätigkeiten ausüben könnten. Unabhängige Stellen wie die Nationale Kommission für Ethik in Sicherheitsfragen (CNDS), ihr Nachfolger, der Ombudsmann für die Verteidigung der Rechte, oder die Chefkontrolleurin der Haftanstalten müssen ständig darum kämpfen, ihre Arbeit machen zu können. Ihr Aktionsradius wurde gegenüber der ursprünglichen Agenda fortwährend eingeschränkt.

Das gilt gleichermaßen für die Justiz, die nur ungern über das Handeln der Polizei urteilt, da selbst die Richter:innen in ihrer täglichen Arbeit von dieser abhängen. Und auch die von den Sicherheitskräften gefürchtete Generalinspektion der Nationalen Polizei (IGPN) scheint weit eher geneigt, interne Verfehlungen zu bestrafen, als im Falle von Klagen, die von außen kommen, zu ermitteln. Ihre Direktorin Brigitte Jullien gab zu, im Zuge der Gelbwesten-Proteste 378 Beschwerden wegen unangemessener Gewalt durch Polizeibeamte erhalten zu haben. Nur in zwei Fällen jedoch sei eine Disziplinarstrafe vorgeschlagen worden (France 2, 11. Juni 2020).

Die Autonomie der Polizei in Kombination mit ihrer zentralen Rolle, die ihr bei der Regulierung der sozialen Ordnung zugewiesen wurde, hat die Beziehungen der Beamten zum Rest der Gesellschaft verändert. Angesichts der schwierigen Situationen, mit denen sie im Berufsalltag konfrontiert sind (Unfälle, Gewalt, Konflikte, Elend), entwickeln Polizisten oft einen eher pessimistischen Blick auf die Welt.

Im Zusammenspiel mit der negative Darstellung ihrer »Klienten« ist dies eine Möglichkeit, den latenten Rassismus innerhalb der Polizei zu erklären. Es gibt durchaus eine Minderheit von Beamten, die überzeugte Rassisten sind, und eine Führung, die solche Einstellungen toleriert. Für viele ihrer Kollegen formen sich die rassistischen Stereotype jedoch im alltäglichen, rauen Umgang in den sogenannten sozialen Brennpunkten – wo ein großer Teil der Bürger aus Einwanderermilieus stammt oder Minderheiten angehört. Diese Stereotype werden dann auf alle angewendet, die ihnen ähneln könnten.

Seit ungefähr 30 Jahren führt die Ausdehnung der Polizeiarbeit auf andere Bereiche dazu, dass auch die Gruppe der Verdächtigen sich vergrößert. Dazu genügt ein Blick in das Traitement d'antécédents judiciaires (TAJ, dt. Register juristischer Eintragungen), in das Polizisten und Gendarmen alle Personen aufnehmen, für die es »schwerwiegende oder übereinstimmende Indizien gibt, die es wahrscheinlich machen, dass sie als Urheber oder Komplizen an der Ausführung eines Verbrechens, einer Straftat oder einer schweren Ordnungswidrigkeit beteiligt gewesen sein könnten«.

Dieses Register gibt keine Auskunft über ein mögliches Gerichtsverfahren – bei den Registrierten handelt sich also um Verdächtige, nicht um Schuldige. 2018 hatten 18,9 Millionen Personen einen TAJ-Eintrag, das sind fast 30 Prozent der französischen Bevölkerung. Kaum verwunderlich, dass die französische Polizei ihren Mitbürgern sehr viel misstrauischer gegenübersteht als im Rest Europas.[6]

Ermuntert durch Politiker und ihre eigenen Vorgesetzten, sich als letztes Bollwerk gegen das Chaos zu verstehen, setzen französische Polizist:innen immer häufiger Techniken ein, die früher Schwerverbrechern vorbehalten waren. Diese Dynamik erklärt vielleicht den Tod des Lieferwagenfahrers Cédric Chouviat, nachdem Polizisten einen Würgegriff angewendet hatten; den des Erziehers Steve Maia Caniço, der bei der brutalen Auflösung einer Technoparty in die Loire stürzte und ertrank. Sie erklärt den massiven Einsatz von Gummigeschossen gegen die Demonstrationen von Gelbwesten und gegen die Rentenreform; die Demütigung von Schülerinnen und Schülern (wie in Mantes-la-Jolie, als die Einsatzkräfte sie im Dezember 2018 mit den Händen im Nacken im Schlamm knien ließen) und Feministinnen; und einen letzten Höhepunkt erreichte sie in Frankreich während der coronabedingten Ausgangssperre: Zwischen dem 17. März und dem 11. Mai 2020 führte die Polizei 20,7 Millionen Kontrollen durch und verhängte 1,1 Millionen Bußgelder.

Aus dem Französischen von Claudia Steinitz

1 Die Daten wurden zusammengestellt und analysiert von Ivan du Roy und Ludo Simbille, www.bastamag.net.
2 René Lévy, »La police française à la lumière de la théorie de la justice procédurale«, *Déviance et Société*, Bd. 40, Nr. 2, 2016.
3 Richard V. Ericson und Kevin D. Haggerty, *Policing the Risk Society*, University of Toronto Press, 1997.
4 James Q. Wilson und Georges L. Kelling, »Broken Windows: The Police and Neighborhood Safety«, *The Atlantic Monthly*, März 1982.
5 Murray Edelman, *Constructing the political spectacle*, University of Chicago Press, 1988.
6 Juha Kääriäinen und Reino Sirén, »Do the police trust in citizens? European comparisons«, *European Journal of Criminology*, Bd. 9 (3), London 2012.

Erstmals erschienen in *Le Monde diplomatique* vom Juli 2020. Leicht gekürzt und aktualisiert.

CAISSE D EPARGNE
INDISPENSA
51

Ein Panzer namens »Don Quichote«

Bei der Befreiung von Paris im August 1944 standen Soldaten aus Spanien an vorderster Front

Von Denis Fernandez Recatala

Bald werden auch die letzten Zeitzeugen des Zweiten Weltkriegs tot sein. Einer von ihnen war Rafael Gómez. Der letzte Überlebende der 9. Kompanie (»La Nueve«) der 2. Panzerdivision von General Leclerc ist am 31. März 2020 im Alter von 99 Jahren in Straßburg infolge einer Covid-19-Infektion gestorben. La Nueve war die Kurzform für Leclercs 9. Kompanie, weil von 160 Mann in der Kompanie 146 Spanier waren, die im Spanischen Bürgerkrieg für die Republik gekämpft hatten und vor der Franco-Diktatur nach Frankreich geflüchtet waren.

Jahrzehntelang hat man sich in Frankreich nur in sehr homöopathischen Dosen an die Ausländer erinnert, die an der Befreiung von Paris im August 1944 beteiligt waren – allen voran tausende Spanier:innen, die gegen die Nazi-Besatzer kämpften. Erst 2004 ließ das Rathaus an verschiedenen Orten von Paris Erinnerungsplaketten anbringen; 2010 erhielten die drei letzten spanischen Nueve-Veteranen Luis Royo Ibañez, Manuel Fernández und Rafael Gómez die höchste Auszeichnung der Hauptstadt, die Médaille Grand Vermeil; und 2015 wurde der bis dahin nicht öffentlich zugängliche Jardin de l'Hôtel-de-Ville in einem feierlichen Akt und im Beisein des spanischen Königspaars und der Pariser Bürgermeisterin Anne Hidalgo in »Jardin des Combattants de la Nueve« umbenannt.

Leclercs Division und mit ihr La Nueve gehörte zu den Forces françaises libres (kurz »France libre«), der 1940 von de Gaulle ins Leben gerufenen »Freiheitsarmee« gegen die Deutschen.[1] Sie war Teil der alliierten Truppen, die am 6. Juni 1944 (»D-Day«) in der Normandie landeten. Unter der Führung von Leclerc versammelten sich Kämpfer verschiedener Nationalitäten. Tatsächlich kamen die meisten der internationalen Soldaten aus Spanien. Und die ersten alliierten Soldaten, die mit der 9. Kompanie am 24. August in Paris einzogen, waren Spanier.

Damals, 1944, ging es um das Schicksal von Paris, und die Lage war äußerst verworren. Die Alliierten hatten geplant, an Paris vorbeizuziehen, um verlustreiche Straßenkämpfe zu vermeiden und die Deutschen zur kampflosen Übergabe der Stadt zu zwingen. Doch die FFI (Forces Françaises de l'Interieur) hatten zum Aufstand geblasen *(siehe Kasten auf der nächsten Seite)*. Am 19. August war der Generalstreik ausgerufen worden, Polizei, Post und Gendarmerie streikten, und ganze Viertel waren schon von den Nazis »befreit«. Die Deutschen sollten an allen Fronten kämpfen müssen. Doch der Widerstand wusste, dass er gegen die Deutschen nicht lange würde durchhalten können. Deshalb wurden die Truppen der Alliierten sehnlichst erwartet, und Oberst Rol-Tanguy, Kopf der Pariser FFI, der im spanischen Bürgerkrieg politischer Kommissar der 14. Internationalen Brigade gewesen war, entsandte Boten zu den Alliierten mit der dringenden Bitte um Unterstützung. Nach langen Verhandlungen zwischen Eisenhower und de Gaulle erhielt General Leclerc den Befehl zur Einnahme von Paris. Unmittelbar darauf entsandte er die ihm unterstehende Kompanie Nueve, die von Hauptmann Raymond Dronne befehligt wurde.

Am 24. August um 20 Uhr 41 marschierte die Vorhut der 9. Kompanie über die Porte d'Italie in Paris ein. Der Panzer »Guadalajara« überquerte als Erster die äußeren Boulevards – »Guadalajara«, nach der Stadt im Norden Spaniens, wo die Republikaner 1937 einen großen Sieg über Mussolinis, mit Franco verbündete Freiwilligenarmee errungen hatten. Um 21 Uhr 22 erreichten 22 Panzer die Place de l'Hôtel de Ville und wurden von einer jubelnden Menge in Empfang genommen. Zur Überraschung der Pariser Bevölkerung waren ihre Befreier weder Franzosen noch Amerikaner. Und die Panzer trugen Namen von Schlachten aus dem Spanischen Bürgerkrieg – »Ebro«, »Teruel«, »Belchite«, »Madrid« –, aber auch »Don Quijote« oder »Durruti«, nach dem Anarchistenführer Buenaventura Durruti.

Bereits fünf Tage zuvor hatten die Widerstandskämpfer das Pariser Rathaus erobert, sich dort verschanzt und den deutschen Angriffen erfolgreich widerstanden. Jetzt kamen die Spanier den Aufständischen zu Hilfe: Sie postierten ein Geschütz im Innern und tauften es »Abuelo«, Großväterchen. Amado Granell, der spanische Oberstleutnant der 9. Kompanie, wurde vom »Conseil national de la Résistance«, dem Zentralrat des Widerstands, freudig empfangen. Man wartete auf die Verstärkung. Endlich, am Morgen des 25. August, erreichte auch General Leclerc mit dem Rest seiner 2. Panzerdivision die Stadt.

Woher kamen die vielen Spanier? Natürlich gab es im Frankreich der Zwischenkriegszeit zahlreiche Wirtschaftsflüchtlinge aus Spanien, doch 1939, bei Ausbruch des Zweiten Weltkriegs, lebten über 500 000 Bürgerkriegsflüchtlinge in Frankreich, die sich über die Pyrenäen ins Nachbarland gerettet hatten. In Südfrankreich wurden sie gemeinsam mit den Interbrigadisten anderer Nationalitäten in-

Soldaten der 2. Panzerdivision nach der Befreiung von Paris, 25. August 1944.
USIS-DITE/LEEMAGE/PICTURE ALLIANCE

terniert. Nach Kriegsbeginn durchstreiften die Gendarmen jeden Morgen die Baracken und forderten die Spanier auf, sich freiwillig zur Fremdenlegion zu melden. Man wollte, wie es General de Gaulle ausdrückte, »mit französischen Streitkräften an der Schlacht in Afrika teilnehmen«. Als im Sommer 1943 unter der Fahne von de Gaulles Freiheitsarmee Kämpfer für die Rückeroberung Frankreichs rekrutiert wurden, stellten die Spanier 20 Prozent der 16 000 Soldaten, die sich zur legendären 2. Panzerdivision unter General Leclerc meldeten.

Mehr als 10 000 Spanier kämpften in ganz Frankreich – in der Bretagne, in den Cevennen, in Poitiers, Angoulême und Avignon. Foix wurde sogar ausschließlich von Spaniern befreit

Die militärische Erfahrung der Interbrigadisten erwies sich als äußerst nützlich im Kampf gegen die Nazi-Besatzer. Innerhalb der französischen Résistance wie in den Truppen von France libre waren die französischen und ausländischen Interbrigadisten, allen voran die Spanier, wichtige Bindeglieder. Und sie besetzten auch wichtige Posten – sowohl beim Vormarsch der Alliierten, vor allem aber innerhalb der französischen Résistance. Mehr als 10 000 Spanier kämpften in ganz Frankreich – in der Bretagne, in den Cevennen, in Poitiers, Bordeaux, Angoulême und Avignon. Eine Stadt, Foix, wurde sogar ausschließlich von Spaniern befreit.

1940, als der Widerstand gegen die einfallenden Deutschen begann, rekrutierte sich dieser sogar hauptsächlich aus Spaniern, weil sie da noch nicht zur französischen Armee eingezogen worden

France libre und FFI

Der Widerstand gegen die Nationalsozialisten formierte sich ab 1940 im In- und Ausland. Die Exilregierung »France libre« (Freies Frankreich, 18. Juni 1940) stützte sich auf Charles de Gaulles Hauptquartier in London sowie die französischen Truppen in Afrika, die sich der Kollaboration mit den Nazis widersetzt hatten. Militärischer Anführer war General Leclerc, der französische Gouverneur Kameruns. Von Anfang an hatten sich die Gouverneure einiger Kolonien – darunter Tschad, Kamerun und Französisch-Kongo – der Exilregierung angeschlossen. 16 000 Soldaten standen 1943 in Afrika unter Waffen und landeten als Teil der alliierten Truppen in der Normandie. Hauptstadt des neu ausgerufenen »Freien Französischen Weltreichs« war Brazzaville, die politische Ausrichtung war heterogen nationalistisch.

Dagegen war die äußerst versprengt wirkende Résistance, die sich gegen Ende des Kriegs zu den »Forces Françaises de l'Interieur« (FFI) formierte und partiell mit France Libre zusammenarbeitete, mehrheitlich kommunistisch. Als de Gaulle am 26. August 1944 in Paris einzog, betonte er in seiner ersten Rede, dass Paris »durch die Hände der Franzosen« befreit wurde. Am Abend zogen französische, US-amerikanische und senegalesische Truppen über die Champs-Elysée, wo sie von der Menge bejubelt wurden.

Denis Fernandez Recatala

waren; zudem wurden viele französische Soldaten von den Deutschen gleich gefangen genommen und kamen erst später frei. Außerdem waren die Spanier nicht durch den Hitler-Stalin-Pakt irritiert, während die französischen Kommunisten durchaus daran zu knapsen hatten. Die von der Kommunistischen Partei Frankreichs (PCF) in den 1930er Jahren gegründete MOI (Mains d'Ouvres Immigrés, eingewanderte Arbeitskräfte) nahm alsbald einen wichtigen Platz in der Résistance ein.

Ein Großteil der spanischen Kommunisten trat ihr bei, die übrigen Kommunisten bildeten bewaffnete Kommandos, die ihre Aktionen mit dem französischen Widerstand im ganzen Land koordinierten. Bereits im Sommer 1940 standen Partisanen mit der exilierten Kommunistischen Partei Spaniens (PCE) in Bordeaux in Kontakt, und auch in Paris gab es eine feste Zusammenarbeit zwischen im Untergrund agierenden spanischen und französischen Kommunisten – eine Verbindung, die sich nicht zuletzt der Koordinationsarbeit von Lise und Artur London verdankte: Artur London, ein tschechischer Kommunist, hatte bei den Internationalen Brigaden in Spanien gekämpft. Im französischen Exil schloss er sich dem dortigen Widerstand an, bis er von den Nazis nach Buchenwald verschleppt wurde.[2]

Es ist unmöglich, an dieser Stelle die Namen all derer zu nennen, die im Widerstand gegen die Deutschen wichtig waren und so lange vergessen wurden, wie etwa der Spanier »Lucien«, der mit bürgerlichem Namen Conrado Miret-Must hieß und 1942 zum Anführer des MOI für Paris und Umgebung ernannt wurde. Damals lag die Befreiung noch in weiter Ferne, aber trotz der Razzien und Gefangennahmen war er unermüdlich im Einsatz, um den Kampf für die Befreiung vorzubereiten.

Den Nazis gelang es 1942 und 1943, die Reihen der Kämpfer zu lichten, durch Gefangennahmen, Deportationen und Hinrichtungen.[3] Auch im Viertel »Petite Espagne« (Klein-Spanien) im Pariser Vorort Plaine Saint-Denis wurden bei Razzien viele Leute verhaftet. Noch im selben Jahr begann der sogenannte Prozess gegen die »Terroristen der Union nationale espagnole« (UNE) wie es im Nazi-Jargon hieß.[4] 135 Spanier wurden vor Gericht gestellt, zu ihrem Schlachtruf gehörten die Marseillaise genauso wie der »Himno de Riego«, die Hymne der Spanischen Republik.

Ein anderer Spanier, dessen Einheit die Nazis zerschlagen hatten, Celestino Alfonso, ein ehemaliger Oberstleutnant der Panzertruppen, schloss sich einer schlagkräftigen Gruppe von Widerstandskämpfern an, die traurige Berühmtheit erlangte: Sie wurde angeführt von dem Armenier Missak Manouchian und ging als »Gruppe des roten Plakats« in die Geschichte ein.[5] Diese internationale Truppe setzte den Nazis mit Sabotageakten und Mordanschlägen ordentlich zu. Ende 1943 flogen sie auf und Celestino Alfonso wurde mit 21 seiner Kameraden am 16. Februar 1944 hingerichtet. In seinem Abschiedsbrief schrieb er: »Ich sterbe für Frankreich.«

Nachdem den Nazis einige Schläge gegen den Widerstand gelungen waren und auch die Gruppe Manouchian aufgeflogen war, zogen sich die verbliebenen spanischen Kämpfer aus Paris in die umliegenden Départements zurück, um am 6. Juni 1944, als die Alliierten an den Küsten der Normandie landeten, sofort wieder auf dem Plan zu stehen: »Robert«, der mit bürgerlichem Namen José Baron hieß, organisierte die kampfbereiten Spanier der Region in diversen Einheiten. Die Vorbereitungen für den Aufstand und die Befreiung von Paris begannen. Die Spanier wollten dabei zuallererst eins: kämpfen – für sie kündigte die Freiheit Frankreichs die Freiheit Spaniens an.

Nach der Befreiung von Paris begaben sich die verschiedenen spanischen Untergrundeinheiten (MOI, UNE und PCE) in die Kaserne von Reuilly – wo die ausländischen Brigaden zu einem Bataillon mit dem Namen »Liberté« zusammengelegt wurden, in dem Italiener, Polen, Armenier und auch sowjetische Exilanten vertreten waren. Die Spanier stellten auch hier das stärkste Kontingent: mindestens 500 Spanier, die in Frankreich im Untergrund überlebt hatten, beteiligten sich an den Kämpfen in den Straßen von Paris: auf der Place de la Concorde, vor dem Palais Bourbon, dem Sitz der Nationalversammlung, auf der Place de l'Étoile, vor dem Hôtel Majestic, dem Sitz der Gestapo, auf der Place Saint-Michel, in der Rue des Archives und auf der Place de la République. Einige Dutzend fanden während der Kämpfe um Paris den Tod – darunter der bereits genannte José Baron, der 1944 die Zusammenlegung der Guerilleros organisiert hatte; er fiel auf der Place de la Concorde.

Leclercs 2. Panzerdivision setzte nach der Befreiung von Paris die Offensive gegen die Deutschen fort, mitsamt der spanischen 9. Kompanie. An der Befreiung von Straßburg etwa waren Spanier beteiligt, und einige wenige drangen sogar bis nach Berchtesgaden in Oberbayern vor, wo Hitler einst Benito Mussolini und den Außenminister des Vichy-Regimes, Pierre Laval, empfangen hatte. Doch der Traum, der die Spanier beseelt hatte: mit Hilfe der Alliierten als Sieger nach Spanien zurückzukehren, blieb ihnen bis 1975, bis zu Francos Tod versagt.

Aus dem Französischen von Elisabeth Edl

1 Als Gouverneur der französischen Kolonie Kamerun stellte General Leclerc (1902–1947) eine Einheit für die Forces françaises libres auf, die sich in Tschad in Bewegung setzte und im Januar 1943 die britischen Streitkräfte in Tripolis erreichte, die unter dem Befehl von General Montgomery standen.

2 Artur London (1915–1986) wurde nach dem Krieg 1949 stellvertretender tschechischer Außenminister, bis er 1952 beim Prager Slansky-Prozess knapp der Todesstrafe entging, die über die meisten der fast ausschließlich jüdischen Angeklagten verhängt wurde. 1963 wurde er rehabilitiert und wanderte nach Frankreich aus.

3 Bereits 1942 stellten die Nazis an die Vichy-Regierung den offiziellen Antrag, spanische Republikaner auszuliefern.

4 Die Union nationale espagnole war eine 1942 in Montauban gegründete, sehr erfolgreiche Widerstandsorganisation der PCE.

5 Louis Aragon widmete der Gruppe das Gedicht »L'Affiche rouge« – nach den roten Plakaten, die die Nazis an den Mauern des besetzten Frankreichs angeschlagen hatten, um »die Befreiung durch die Armee des Verbrechens« zu brandmarken.

Erstmals erschienen in *Le Monde diplomatique* vom August 2004. Leicht aktualisiert.

Vogue Libération.

Haute Couture unter deutscher Besatzung

Im Juni 1940 marschierten die deutschen Truppen in Paris ein. Michel de Brunhoff, Chefredakteur der 1920 gegründeten französischen *Vogue,* stellte das Magazin sofort ein. Er konnte sich nicht vorstellen, unter deutscher Besatzung zu arbeiten, »ohne Kompromisse einzugehen oder zu kollaborieren«. Vier Jahre lang erschien keine französische *Vogue*.

Die Deutschen wollten die Pariser Haute Couture nach Berlin und Wien verlagern und plünderten als Erstes die Modeateliers und das Archiv des Chambre Syndicale de la Haute Couture Parisienne. Der Präsident des Arbeitgeberverbands der Pariser Couturiers, Lucien Lelong, konnte die Besatzer jedoch überzeugen, die Mode- und Textilherstellung in Frankreich zu lassen; sie gaben ihm sogar das Archiv zurück. Trotzdem wurden einige Modehäuser geschlossen, und zahlreiche Designerinnen gingen ins Exil. Es gelang nur wenigen Häusern, den Betrieb halbwegs am Laufen zu halten und die Belegschaft vor der Zwangsarbeit zu bewahren.

Die Besatzer ließen nur die Herstellung von Gebrauchsgütern verbieten, Luxusgüter waren erlaubt, sofern die Rohstoffe verfügbar waren. Aus der Not heraus begannen Textilhersteller mit Kunstfasern auf Zellulosebasis zu experimentieren und produzierten zum Teil wunderschöne Stoffe, die allerdings nicht lange hielten oder sich schon beim Waschen auflösten.

In der Branche ging die Angst um, dass die US-Konkurrenz während des Kriegs anfangen könnte, sich modisch unabhängig zu machen und massenweise hochwertige Kleidung aus eigenen Textilfasern, insbesondere Baumwolle zu produzieren. Aus Angst, die Vorherrschaft über die Modewelt zu verlieren, setzten die Ateliers alles in Bewegung und schafften es tatsächlich zwischen der Befreiung von Paris im August 1944 und dem Kriegsende am 8. Mai 1945 zwei Modeschauen auf die Beine zu stellen.

Die Kriegsberichterstatterin für die US-Truppen, Lee Miller, die in den 1920er Jahren selbst ein Starmodel für die US-amerikanische *Vogue* gewesen war, fotografierte im Oktober 1944 vor und hinter den Kulissen die Modeschauen für die New Yorker und Londoner *Vogue.*[1] In ihrer Reportage erzählt sie, wie die Pariserinnen mit völligem Unverständnis reagierten, als sie ihnen von der Kleiderrationierung in Großbritannien berichtete und Fotos von der in der Not entstandenen praktisch-schlichten Utility-Mode zeigte. Unter der deutschen Besatzung hatten die Französinnen einen eigenen extravaganten Stil kreiert und die Restriktionen boykottiert: Statt der im Schnittmuster vorgesehenen drei Meter Stoffbahnen, sollen sie manchmal fünfzehn Meter für ein einziges Kleid geordert haben, schreibt Miller.

Der *Vogue*-Chefredakteur Michel de Brunhoff schlug sich derweil mit Gelegenheitsarbeiten durch und veröffentlichte heimlich kleine Modezeitschriften. Nachdem sein Sohn Pascal im Juni 1944 von den Nazis erschossen worden war, beteiligte er sich aktiv am Kampf um Paris. Kurz nach der Befreiung veröffentlichte er mit seiner Schwester Yvonne und seinen beiden Töchtern Marion und Ida eine Sondernummer, die *Vogue Libération.* Ab Februar 1945 erschien dann auch die richtige *Vogue* wieder – die Alliierten stellten de Brunhoff dafür ein Extrapapierkontingent zur Verfügung.

Veronica Horwell

Aus dem Englischen von Robin Cackett

1 Millers Werk wurde erst nach ihrem Tod 1977 von ihrem Sohn Antony Penrose wiederentdeckt. Er machte aus seinem Künstler-Elternhaus in Chiddingly ein Museum. Siehe Antony Penrose (Hg.), *Lee Miller's War. Beyond D-Day,* London (Thames and Hudson) 2005, *Lee Miller. Krieg,* Berlin (Edition Tiamat) 2013 und *Der Junge, der Picasso biss,* mit Fotos von Lee Miller, München (Knesebeck Verlag) 2010.

Erstmals erschienen in *Le Monde diplomatique* vom Juni 2016.

Dien Bien Phu, 7. Mai 1954

Frankreichs Niederlage gegen die Truppen Ho Chi Minhs war ein Schlüsselmoment für die Unabhängigkeitsbewegungen weltweit

Von Alain Ruscio

Am 20. Juli 1954 unterzeichneten die Unterhändler Frankreichs und Vietnams in Anwesenheit von Vertretern der USA, Großbritanniens, der Sowjetunion und der Volksrepublik China auf der Indochinakonferenz in Genf ein Waffenstillstandsabkommen. Unter der Schirmherrschaft der internationalen Gemeinschaft wurde ein verlustreicher Krieg vorläufig beendet. Wenige Wochen zuvor, am 7. Mai 1954, hatten sich die letzten französischen Verteidiger der Festung Dien Bien Phu ergeben – zermürbt und erschöpft nach einer Schlacht von 55 Tagen. Die Aufständischen – von den Kolonisatoren verächtlich-ignorant »Viets« genannt – hatten eine der stärksten westlichen Armeen und ihre US-amerikanischen Verbündeten besiegt.

Dieses Ereignis hatte eine enorme Wirkung auf die Stimmung in vielen kolonialisierten Gebieten, und ganz besonders in den französischen Überseeprovinzen. Es war gelungen, einen militärischen Sieg über die regulären Truppen einer Kolonialmacht zu erringen. Am 1. November 1954, drei Monate nach der Konferenz von Genf, begann der algerische Befreiungskrieg. Ben Youcef Ben Khedda, der 1961 Präsident der 3. Provisorischen Regierung der Republik Algerien (GPRA) wurde, erinnert sich: »Am 7. Mai 1954 brachte die Armee Ho Chi Minhs dem französischen Expeditionskorps in Vietnam eine katastrophale Niederlage bei. Bei uns wirkte diese Demütigung Frankreichs wie der Startschuss für die, die für einen sofortigen bewaffneten Aufstand waren – ab diesem Zeitpunkt ging es nur noch darum, loszuschlagen.[1] Und am 11. Mai 1954, vier Tage nach der Niederlage, gab der gaullistische Abgeordnete Christian Fouchet bekannt, dass in Marokko viele Franzosen anonyme Briefe erhalten hätten, in denen es hieß: »Casablanca wird euer zweites Dien Bien Phu.«

Lange vor Dien Bien Phu gab es unter den nach Unabhängigkeit strebenden Eliten Vietnams, aber auch unter den Armen viele Anhänger der von Ho Chi Minh 1941 gegründeten politischen und militärischen Widerstandsorganisation Vietminh. Die Vietminh hatte zunächst gegen die japanische Besatzung im Zweiten Weltkrieg gekämpft. Wenige Monate nach Kriegsende rief Ho Chi Minh am 2. September 1945 die »Demokratische Republik Vietnam« aus. Nach Verhandlungen mit Paris unterzeichneten die Vertreter Frankreichs (Jean Sainteny) und Vietnams (Ho Chi Minh) am 6. März 1946 in Hanoi einen Vertrag, in dem die »Republik Vietnam« als »freier Staat innerhalb der Union française«[2] anerkannt wurde, mit »eigener Regierung, eigenem Parlament, eigener Armee und Finanzhoheit«. Es wurde zwar sorgfältig vermieden, den Begriff Unabhängigkeit zu verwenden, aber man konnte nichtsdestoweniger den Eindruck gewinnen, als beabsichtige Frankreich, zu seinen Kolonien neuartige Beziehungen anzubahnen.

Als vom 21. bis 26. März 1946 in Paris in der verfassunggebenden Versammlung über die Kolonialfrage debattiert wurde, bezogen sich zahlreiche Delegierte aus den überseeischen Provinzen – etwa Lamine Gueye für Französisch-Westafrika[3] und Raymond Vergès für Réunion – auf das Beispiel Vietnams. Die Abgeordneten der Demokratischen Bewegung der madegassischen Erneuerung (MDRM) brachten sogar einen Gesetzentwurf ein, der exakt die Formulierungen des Abkommens von Hanoi enthielt: Madagaskar solle als »freier Staat mit eigenem Parlament« und so weiter anerkannt werden. Natürlich fand diese Eingabe keine Mehrheit. Doch der Stein war ins Rollen gebracht, und für viele Vertreter aus den Kolonien wurde die Entwicklung in Vietnam zum Vorbild, obwohl Frankreich und die vietnamesischen Nationalisten ihre Verhandlungen noch nicht abgeschlossen hatten. So kehrte Ho Chi Minh unverrichteter Dinge von seiner Reise nach Paris zurück, wo er eigentlich den endgültigen Status seines Landes hatte aushandeln wollen.

In den Unabhängigkeitsbewegungen weltweit genoss Ho Chi Minh ein hohes Ansehen. Unter dem Namen Nguyen Ai Quoc (»der Patriot«) hatte er in den 1920er Jahren im Pariser Exil die Union Intercoloniale mit begründet und die Zeitschrift *Le Paria* herausgegeben. In den 1930er Jahren hatte er der Kommunistischen Internationale angehört. Für viele Menschen im französischen Kolonialreich spielte »Onkel Ho« (Bác Ho) als erfahrener Ratgeber eine wichtige Rolle. Jacques Rabemananjara, einer der damals jungen Führer der madegassischen MDRM, erinnert sich, was ihn damals bei einem Treffen mit Ho Chi Minh so beeindruckte: dessen Fähigkeit, trotz der Zugeständnisse (Verbleiben in der Union française) das Ziel (die Unabhängigkeit) nicht aus den Augen zu verlieren.

Frankreichs Politik in Südostasien war tatsächlich zwiespältig: Der französische Gouverneur Südvietnams proklamierte am 1. Juni 1946 die selbstständige Republik Cochinchina (Südvietnam, Laos und Kambodscha). Gegen den Willen Ho Chi Minhs hatte Frankreich durchgesetzt, dass französische Truppen Vietnam kontrollierten. Nach einer ersten militärischen Konfrontation Ende November 1946 und einem Sabotageakt der Vietminh, den die Franzosen mit einem Massaker an 6000 Vietnamesen bestraften, rief der militärische Chef der Vietminh, General Vo Nguyen Giap, zum Guerillakrieg auf.

Siegesparade der Vietminh, Hanoi, 9. Oktober 1954.
AP/PICTURE ALLIANCE

Als sich am 5. Juni 1947 die »Delegierten der überseeischen Provinzen« im Pariser Velodrom versammelten, um über das Thema »Die Union française in Gefahr« zu debattieren, fiel immer wieder der Name Ho Chi Minh. Inzwischen gab es nicht nur den französisch-vietnamesischen Konflikt, sondern im März desselben Jahres war zudem ein Aufstand in Madagaskar blutig niedergeschlagen worden.

Die Delegation der Vietminh während der letzten Sitzung der Indochinakonferenz, Genf, 21. Juli 1954. ■ DPA/UPI/PICTURE-ALLIANCE

Viele der damaligen Redner wurden später Regierungsvertreter in den neu gegründeten Staaten Afrikas. Für das Rassemblement démocratique africain (RDA), damals Teil der kommunistischen Parlamentsfraktion, sprach Felix Houphouët-Boigny, später Präsident der Elfenbeinküste, für die französischen Kommunisten (PCF) der Dichter Aimé Césaire, für die Sozialisten (SFIO) der künftige senegalesische Parlamentspräsident Lamine Gueye. Und für das »Manifeste algérien« von Ferhat Abbas trat ein Algerier auf, der »Scherif« genannt wurde.

Die Äußerungen von Zeitzeugen lassen immer wieder deutlich werden, dass man in den Kolonien den Widerstand der Vietminh, der es wagte, die Schutzmacht Frankreich herauszufordern, mit großem Interesse verfolgte. Und natürlich bewegte auch die Studenten in Paris, die aus Kolonialländern kamen, die Frage, ob die »Liga für die Unabhängigkeit Vietnams« den kräftemäßig überlegenen französischen Kolonialtruppen standhalten könne. Kritik am Kolonialismus war im studentischen Milieu der Zeit vor allem Sache der Kommunisten. In den Kolonialgebieten selbst verhinderten die strenge Zensur und Unterdrückungsmaßnahmen offene Solidaritätsbekundungen. Aber in verschiedenen Schriften des RDA in Afrika südlich der Sahara oder des PCF in Algerien wurde ausdrücklich auf den Kampf des vietnamesischen Volks hingewiesen.

1949 reiste der Schriftsteller Maurice Genevoix durch Afrika und veröffentlichte – wie damals üblich – seine Eindrücke in einem literarischen Reisebericht. »Wo ich auch war«, schreibt er, »ob in Tunesien, Algerien, Marokko, Senegal, Sudan, Guinea, Elfenbeinküste oder Niger – man hatte schnell begriffen, dass die Ereignisse in Indochina von entscheidender Bedeutung waren. Und das Schweigen zu diesem Thema war beredter als alle Worte.«

In ganz Nordafrika verfolgte man sehr aufmerksam die Vorgänge in Vietnam. Anfang 1949 schrieb Pham Ngoc Thach, ein prominentes Mitglied im Kabinett von Ho Chi Minh, an Abd el-Krim[4], den alten Führer der aufständischen Rif-Kabylen, der damals im Exil in Kairo lebte. Er bat ihn, sich mit einem Aufruf an die maghrebinischen Soldaten in der französischen Indochina-Armee zu wenden. Abd el-Krim war dazu gern bereit: »Ein Sieg des Kolonialismus, und sei es am anderen Ende der Welt, ist für uns eine Niederlage und ein Scheitern unserer Sache. Und der Sieg der Freiheit, wo auch immer auf der Welt, ist unser Sieg und ein Zeichen, dass wir der Unabhängigkeit näher gekommen sind.«

Im Jahr darauf schickten die marokkanischen Kommunisten auf Wunsch der Vietminh – der die Kontakte mit Hilfe des PCF knüpfen konnte – ein Mitglied ihres Zentralkomitees als Berater zu Ho Chi Minh: Mohamed Ben Aomar Lahrach, im Maghreb als »General Maarouf« bekannt und von den Vietnamesen »Anh Ma« getauft. Er rief seine Landsleute in der Kolonialarmee immer wieder zur Fahnenflucht auf und organisierte die marxistische Schulung von Gefangenen und Freiwilligen aus Nordafrika.

Motiviert durch die fortgesetzten Niederlagen der französischen Armee in Indochina, solidarisierten sich die Kolonisierten der Union française mit den Widerstandskämpfern in Vietnam. In den algerischen Hafenstädten Oran und Algier, nicht im französischen Mutterland, fanden die ersten Streiks von Hafenarbeitern gegen die Verschickung von Kriegsgerät nach Indochina statt.

Die Entscheidungsträger in Paris versuchten indessen, der Solidarität der Kolonisierten eine neue Allianz der Kolonisatoren entgegenzusetzen. Maurice Genevoix war in seinem afrikanischen Reisebericht zu dem Schluss gekommen: »Wenn die Perlenschnur reißt, werden nacheinander alle Perlen fallen. Das französische Empire ist nur eine davon.« In Frankreich zog man daraus den Umkehrschluss. Bei den Verfechtern des Kolonialkriegs verband sich die Entschlossenheit, mit der man an der Union française festhielt, mit einem tief verwurzelten Antikommunismus. Sie setzten darauf, dass ein Sieg seine ansteckende Wirkung entfalten würde: besser in Indochina mit aller Härte vorgehen als überall Gewalt einsetzen müssen. So erklärte Georges Bidault, Außenminister in mehreren Regierungen der frühen 1950er Jahre, die Union française solle als »Einheit« verstanden werden – Kapitulation in einem ihrer Gebiete werde den Zusammenbruch des gesamten Systems nach sich ziehen. Und einige ultrakonservative Veteranen der früheren Kolonialpartei (Parti colonial) verkündeten im Brustton der Überzeugung, allein durch »hartes Durchgreifen« in Indochina könne man mit dem »Pseudonationalismus der Eingeborenen« fertig werden.

Aber es gab auch andere Stimmen in der französischen Politik. Pierre Mendès France erklärte bereits im Herbst 1950 den Krieg in Indochina für verloren. Man fürchtete, eine Niederlage würde einen Schneeballeffekt auslösen. Frankreich war militärisch nicht mehr gerüstet, gegen eine Vielzahl von Aufständen zu bestehen. Also galt es, die Lage nüchtern zu beurteilen: Auf lange Sicht bedrohe der Krieg in Asien »unsere Zukunft in Afrika, und nur die zählt«, schrieb damals François Mitterrand. Er empfahl einen radikalen Schnitt: »Man muss den Fall Indochina isolieren«, erklärte er. Es ist ganz und gar kein Zufall, dass die sogenannte Indochina-Affäre vom Kabinett Mendès France/Mitterrand abgeschlossen wurde. So konnte man sich ganz auf Algerien konzentrieren.[5]

Dien Bien Phu gehört in die Geschichtsbücher: Für Frankreich als Lektion darüber, wie das Beharren auf einem anachronistischen Zustand in der Katastrophe enden kann; für Vietnam bedeutet es schlicht die wiedergewonnene nationale Unabhängigkeit. Darüber hinaus wurde diese Schlacht weltweit als Wendepunkt begriffen, als der Beginn neuer Auseinandersetzungen. Die Kesselschlacht von Tonkin war noch in frischer Erinnerung, als im algerischen Aurès-Gebirge der nächste Konflikt aufflammte. Und kaum ein Jahr später schlossen sich auf der Konferenz von Bandung die »Verdammten dieser Erde« (Frantz Fanon) zu einem neuen Bündnis zusammen, aus dem sich später die Bewegung der blockfreien Staaten formieren sollte.[6]

Zwei Zeitgenossen aus damals feindlichen Lagern kamen nachträglich zu ganz ähnlichen Schlüssen: Ferhat Abbas, der Führer der algerischen Unabhängigkeitsbewegung, schrieb 1962: »Dien Bien Phu war mehr als ein militärischer Erfolg. Diese Schlacht ist bis heute ein Symbol – das Valmy der Kolonialvölker. Durch sie bekräftigten die Menschen Afrikas und Asiens ihr Selbstbewusstsein gegenüber Europa. Und durch sie wurden die Menschenrechte weltweit gestärkt. Frankreich verlor in Dien Bien Phu die einzige Rechtfertigung seiner Präsenz – das Recht des Stärkeren.«[7]

Und Jean Pouget, ehemals Offizier der Kolonialarmee, resümierte 1974 anlässlich des 20. Jahrestags der französischen Niederlage verbittert, aber treffend: »Der Fall von Dien Bien Phu markiert das Ende der Kolonialzeit und den Beginn der unabhängigen Staaten der Dritten Welt. Heute gibt es in Asien, Amerika und Afrika keinen Aufstand, keine Revolution oder Revolte, die sich nicht auf den Sieg von General Giap beruft. Dien Bien Phu ist der 14. Juli der Entkolonisierung.«

Aus dem Französischen von Edgar Peinelt

1 Ben Youcef Ben Khedda, *Les origines du 1er Novembre 1954,* Algier (Dahlab) 1989.
2 Die in der Verfassung von 1946 verankerte Französische Union sollte die Kolonien mit erweiterter Selbstverwaltung in eine Art Staatenbund mit dem Mutterland eingliedern. Sie wurde 1958 durch die Communauté Française abgelöst.
3 Französisch-Westafrika (Afrique-Occidentale française, AOF) war von 1895 bis 1958 die Bezeichnung für die Föderation der französischen Kolonien in Westafrika. Sie umfasste Senegal, Mauretanien, Sudan, Burkina Faso, Guinea, Niger, Elfenbeinküste und Benin mit Dakar als Hauptstadt.
4 Abd el-Krim kämpfte in den 1920er Jahren gegen die Spanier und die Franzosen für die Unabhängigkeit Marokkos. Nach Jahren des Exils auf der Insel Réunion kam er 1947 nach Kairo und gründete dort ein Komitee für die Befreiung des Maghreb.
5 Anfang November 1954 stellte François Mitterrand klar: »Algerien ist Frankreich.« Als damaliger Justizminister ging er mit eiserner Härte gegen die algerischen Widerstandskämpfer vor – und billigte mehr als dreißig Todesurteile zwischen 1956 und 1957.
6 Im indonesischen Bandung kamen im April 1955 29 Staaten zusammen, darunter Indonesien (unter Sukarno), China (unter Mao Tse-tung) Indien (unter Jawaharlal Nehru) und Algerien, das gerade den Unabhängigkeitskrieg begonnen hatte.
7 Ferhat Abbas, *La Nuit coloniale,* Paris (Juillard) 1962. Valmy steht für den Sieg der französischen Revolutionstruppen über die preußisch-österreichische Armee am 20. April 1792.

Erstmals erschienen in *Le Monde diplomatique* vom Juli 2004. Leicht gekürzt.

Was wann geschah

Verfassung von 1946 • Die französischen Gebiete südlich der Sahara werden Teil der neu geschaffenen »Union française«. Das Rahmengesetz von Gaston Defferre gewährt ihnen eine gewisse Autonomie.
6. März 1946 • Abkommen zwischen der französischen Regierung und Ho Chi Minh, in dem die »Republik Vietnam« als »freier Staat innerhalb der Union française« anerkannt wird. Am 23. November 1946 werden bei der Bombardierung des Hafens von Haiphong durch französische Artillerie 6000 Menschen getötet.
März 1947 • Erster Aufstand in Madagaskar gegen die Kolonialherrschaft. Bei der Niederschlagung werden zwischen 50 000 und 100 000 Menschen getötet.
April 1947 • Rede von Sultan Ben Youssef in Tanger zugunsten der »legitimen Rechte Marokkos«.
7. Mai 1954 • Nach acht Jahren Krieg in Vietnam wird die französische Armee bei Dien Bien Phu besiegt.
26. April bis 21. Juli 1954 • Konferenz von Genf. Das Abkommen beendet den Indochinakrieg und teilt Vietnam in zwei Staaten auf.
31. Juli 1954 • Pierre Mendès France verspricht in der »Rede von Karthago« die Autonomie Tunesiens.
1. November 1954 • Beginn des Aufstands der algerischen Front de libération nationale (FLN).
April 1955 • Auf der Konferenz von Bandung fordern Vertreter aus 29 Staaten Asiens und Afrikas das Recht auf Unabhängigkeit für alle kolonisierten Völker.
6. November 1955 • Im Abkommen von La Celle-Saint-Cloud wird die Entlassung Marokkos in die Unabhängigkeit für den 3. März 1956 festgelegt. Sultan Ben Youssef kehrt aus dem Exil zurück und übernimmt 1957 als König Mohammed V. die Herrschaft.
20. März 1956 • Tunesien wird unabhängig.
1960 • »Afrikanisches Jahr«. 1959 zählte Afrika erst 9 souveräne Staaten: Äthiopien, Liberia, Ägypten, Libyen, Sudan, Marokko, Tunesien, Ghana und Guinea. 1960 erlangten 17 weitere Staaten ihre Unabhängigkeit, 14 davon ehemalige französische Kolonien: Kamerun (1. Januar), Togo (27. April), Mali (20. Juni), Madagaskar (26. Juni), Dahomey (später Benin, 1. August), Niger (3. August), Obervolta (später Burkina Faso, 5. August), Elfenbeinküste (heute offiziell Côte d'Ivoire, 7. August), Tschad (11. August), Ubangui-Chari (später Zentralafrikanische Republik, 13. August), Kongo-Brazzaville (später Republik Kongo, 15. August), Gabun (17. August), Senegal (20. August) und Mauretanien (28. November).
18. März 1962 • Die Verträgen von Evian beenden den Algerienkrieg und damit die französische Kolonialherrschaft in Nordafrika.
Am **1. Juli 1962** wird Algerien unabhängig.

Papa, was hast du in Algerien gemacht?

Von Adam Shatz

Als Jacques Carbonnel 1956 nach Algerien ging, um seinen Wehrdienst abzuleisten, bat ihn seine Frau Jeanne, ihr nichts zu verheimlichen. »Du willst, dass ich dir alles erzähle«, schrieb er kurz nach seiner Ankunft in Algerien. »Es ist hässlich hier, und du bist zu schön. Wir nehmen Verdächtige fest, einige lassen wir laufen, einige töten wir – das sind die toten Flüchtigen, die in der Zeitung stehen, aber sie waren nicht wirklich auf der Flucht. Wir stoßen sie aus dem Hubschrauber, über ihren Dörfern. Kriminell, unentschuldbar.«

Drei Tage später schildert Carbonnel nach einem zweitägigen Einsatz die Methode, mit der die Armee mutmaßliche Aufständische zum Reden bringt: »Wir lassen sie mit Wasser volllaufen. Wir stecken ihnen einen Schlauch in den Mund, in den Anus, und dann drehen wir den Hahn auf.«

Jacques Carbonnel war einer von 1,5 Millionen *appelés,* so hießen die Wehrpflichtigen, die in Algerien einen nationalen Aufstand niederwerfen sollten: eine ganze Generation junger Männer, alle Anfang 20. Doch sie führte keinen Krieg, jedenfalls nicht offiziell. Das 1830 eroberte Algerien wurde seit 1848 als integraler Teil Frankreichs verwaltet. In den drei Départements lebten mehr als 1 Million europäischer Siedler als französische Bürgerinnen und Bürger, sie fühlten sich in Algerien als *chez eux* (wie zu Hause). Im Volksmund hieß es, das Mittelmeer trenne Algerien und Frankreich so, wie in Paris die Seine das rechte und das linke Ufer trennt.

Als die Aufständischen der Front de Libération National (FLN) im November 1954 ihren Unabhängigkeitskrieg begannen, nannte man sie in Frankreich nicht Kämpfer, sondern *hors-la-loi,* also Banditen. Als Algerien 1962 unabhängig wurde, waren hunderttausende Algerier und etwa 24 000 französische Soldaten tot. Nach 132 Jahren kolonialer Unterwerfung war das Land befreit und Frankreich seine wertvollste imperiale Besitzung los.

Doch im »Mutterland« weigerte man sich weiterhin, das Wort Krieg in den Mund zu nehmen, stattdessen sprach man von *les événements* (»den Ereignissen«), die man als »Operation zur Aufrechterhaltung der Ordnung« bezeichnete. Bis 1999 hat der französische Staat nicht offiziell anerkannt, dass er in Algerien einen Krieg geführt hat. Und es dauerte weitere 20 Jahre, bis er den systematischen Einsatz von Foltermethoden zugab. Zwar bekannte sich Präsident Emmanuel Macron 2018 zur Verantwortung Frankreichs für den Mord an dem französischen Mathematiker Maurice Audin, der als Kommunist für die algerische Unabhängigkeit kämpfte und seit 1957 als »verschwunden« galt. Und im März 2021 gab Macron zu, dass der FLN-Führer Ali Boumendjel von der französische Armee ermordet wurde. Zum Schicksal von Larbi Ben M'hidi, einem weiteren FLN-Führer, dessen Tod in französischem Gewahrsam als »Selbstmord« deklariert wurde, schweigt Macron jedoch bis heute.

Selbst heute noch muss man ziemlich viel bürokratische Hindernisse überwinden, um Zugang zu den Kriegsarchiven zu bekommen. Während der Deportation französischer Juden unter dem Vichy-Regime immer häufiger gedacht wurde, waren beim Thema Algerien noch immer Leugnung, Geheimhaltung und Verschleierung die Regel – als würden sich das Erinnern der Schoah und das Vergessen Algeriens gegenseitig bedingen.

Wenn die Mauer des Leugnens bröckelt, liegt das maßgeblich an der Arbeit von Wissenschaftler:innen wie Raphaëlle Branche. Deren 2001 publizierte Dissertation »La Torture et l'armée pendant la guerre d'Algérie« (Die Folter und die Armee während des Algerienkriegs) stützte sich zum Teil auf Interviews mit damaligen Wehrpflichtigen. Branche gehört zu einer Generation von Historiker:innen, die die Brutalität, mit der Frankreich den aufständischen Nationalismus in Algerien bekämpfte, ans Licht gebracht hat. Viele dieser Forschungsarbeiten stammen von Frauen, die meisten von ihnen sind mindestens ein Jahrzehnt nach Kriegsende geboren. Sie haben die Berichte über Folterungen und Mordtaten, die führende Aktivisten der Antikriegsbewegung geschildert haben, bestätigt und durch weitere ergänzt.[1] Das jüngste Buch von Raphaëlle Branche, das 2020 erschien, hat den Titel »Papa, qu'as tu fait en Algérie?« (Papa, was hast du in Algerien gemacht?). Es widmet sich weniger dem offiziellen Ableugnen, sondern dem Schweigen, das während und nach dem Krieg zwischen den Wehrpflichtigen und ihren Familien herrschte. Ihre Untersuchung beruht großenteils auf Gesprächen mit 39 Familien, die sie schon für ihr erstes Buch interviewt hatte oder über Veteranenvereine ausfindig gemacht hat.

Die mittlerweile alt gewordenen Appelés schilderten ihre Erlebnisse und füllten ausführliche Fragenkataloge aus. Sie ließen Branche die Briefe lesen, die sie aus Algerien an ihre Ehefrauen, Freundinnen, Eltern oder Geschwister geschrieben hatten, oder auch ihre – meist viel expliziteren – Tagebuchaufzeichnungen. Aber die Historikerin wollte auch herausfinden, wie nach der Niederlage Frankreichs in den Familien der heimgekehrten Soldaten über den Krieg gesprochen wurde – oder besser: nicht gesprochen wurde. Algerien

Festgenommene Algerier, Oran, Dezember 1956.
DPA/PICTURE ALLIANCE

war immer gegenwärtig, erzählte ihr der Sohn eines Kriegsheimkehrers, aber als ein »Nichtereignis, das nur zur erahnen war durch die Abwesenheit von Wörtern, die es umkreisten«.

Schweigen begleitet den Krieg, und die Appelés waren ans Schweigen längst gewohnt, bevor man sie nach Algerien schickte. Sie waren in den späten 1930er und frühen 1940er Jahren geboren, im Schatten der ökonomischen Krise, zweier Weltkriege und der deutschen Besatzung aufgewachsen. Ihre Väter und Großväter hatten in den Schützengräben oder in der Résistance gekämpft. Und obwohl die häusliche Prügelstrafe seit 1928 verboten war, war sie in den meisten Familien noch üblich. Die große Mehrheit der Rekruten waren früh von der Schule abgegangen, häufig um in der väterlichen Werkstatt zu arbeiten. Neun von zehn Kinder waren getauft, etwa ein Viertel der Bevölkerung waren praktizierende Katholiken. 1957 ermittelte der Soziologe Henri Lefebvre, dass 76 Prozent der jungen Leute erwarteten, in derselben Welt wie ihre Eltern »und in Kontinuität mit ihnen« zu leben.

Viele Appelés mussten gar nicht in den Militärdienst »gepresst« werden. Manchmal sagte man den Rekruten, »nach Algerien zu gehen ist nicht gefährlicher als von Paris nach Nizza zu fahren« (damals starben jedes Jahr zehntausende Tote bei Verkehrsunfällen). Bei dem Wort Krieg dachte man an die Schlacht um Verdun, in der 1916 mehr als 160 000 Franzosen gefallen waren; und Algerien war nicht Verdun. Das Recht auf Wehrdienstverweigerung aus Gewissensgründen gab es nicht. Selbst die Kommunisten verurteilten junge Männer, die sich weigerten, nach Algerien zu gehen. 1956 stimmte die PCF im Parlament für Sondervollmachten der Regierung zur Niederschlagung des Aufstands. Und in Algerien dienende Parteigenossen wurden angewiesen, ihre Kameraden für kommunistische Ideen und für die »Sache des Friedens« zu gewinnen.

Die Schiffe nach Algerien liefen in Marseille aus. Für die meisten Appelés war es der erste Aufenthalt in Übersee, auch wenn sie Algerien als »Frankreich« betrachteten. Verzaubert von der Landschaft, dem blaugrünen Himmel, der spektakulären Bucht von Algier, schickten sie Postkarten mit orientalistischen Ansichten aus dem 19. Jahrhundert nach Hause. Als sie im Hinterland ankamen, wo die FLN-Partisanen ihre Basis hatten, staunten sie, wie französisch alles aussah. Ein Soldat schrieb nach Hause: »Wenn man von den vie-

Fall Nr. 4 – Ein Bericht aus der Psychiatrie

Ein europäischer Polizist, der unter Depressionen leidet, trifft im Krankenhaus eines seiner Opfer, einen algerischen Patrioten, der von Stupor befallen ist

■ EVERETT COLLECTION/PICTURE ALLIANCE

FRANTZ FANON

Frantz Fanon wurde 1953 zum Direktor der psychiatrischen Klinik in Blida bei Algier berufen. Als 1954 der Unabhängigkeitskrieg ausbrach, gehörten zu seinen Patient:innen sowohl Folteropfer als auch Folterer. Ende 1956 trat Fanon aus Protest von seiner Stelle zurück, wurde aus Algerien ausgewiesen und ging nach Tunis (Sitz der FLN-Exilregierung). Dort baute er eine psychiatrische Tagesklinik für traumatisierte Flüchtlinge auf. Eine Reihe psychiatrischer Fallgeschichten aus den Jahren 1954 bis 1959 veröffentlichte er 1961 am Ende seines berühmten Manifests »Die Verdammten dieser Erde«.

A., 28 Jahre alt, verheiratet, kinderlos. Wir erfahren, daß seine Frau und er sich seit Jahren erfolglos bemühen, Kinder zu haben. Er wird uns von seinen Vorgesetzten wegen Verhaltensstörungen geschickt.

Der unmittelbare Kontakt ist gut. Der Kranke erzählt uns spontan von seinen Schwierigkeiten. Das Einvernehmen seiner Frau und seinen Schwiegereltern ist zufriedenstellend, die Beziehungen zu seinen Arbeitskollegen sind gut, auch genießt er das Wohlwollen seiner Vorgesetzten. Was ihm auf die Nerven fällt, sind die Schreie, die er nachts hört und die ihn nicht schlafen lassen. Und er erzählt uns, daß er seit einigen Wochen vor dem Schlafengehen tatsächlich die Fensterläden schließt und die Ritzen verstopft (wir sind mitten im Sommer), zur großen Verzweiflung seiner Frau, die vor Hitze erstickt. Außerdem steckt er sich Watte in die Ohren, um die Heftigkeit der Schreie zu dämpfen. Manchmal dreht er sogar mitten in der Nacht das Radio an oder legt Platten auf, um dieses nächtliche Geschrei nicht zu hören.

Dann legt uns A. ausführlich sein Drama dar: Seit mehreren Monaten ist er bei einer Anti-F.L.N.-Brigade. Anfangs mußte er Gaststätten oder Cafés überwachen. Aber nach einigen Wochen arbeitet er fast ständig auf dem Kommissariat. Hier hat er Gelegenheit, Verhöre durchzuführen, was niemals ohne »ein paar Rempeleien« abgeht. »Weil die ja nichts gestehen wollen.«

»Manchmal«, erklärt er, »möchte man ihnen sagen, daß sie, wenn sie etwas Mitleid mit uns hätten, sprechen würden, ohne uns zu zwingen, ganze Stunden damit zu verbringen, ihnen die Informationen Wort für Wort aus der Nase zu ziehen. Aber

len Störchen und den Muslimen absieht, könnte man sich wie auf einem Bauernhof in der Normandie vorkommen.« Andere waren schockiert, weil die einheimische Bevölkerung bettelarm war und ihre Häuser, die sie durchsuchten, kein elektrisches Licht hatten. Die gepriesene »zivilisatorische Mission« Frankreichs, schrieb ein Appelé, »ist nur eine Fassade, eine Filmkulisse«.

Die Algerier, denen sie begegneten, errichteten ihre eigene Fassade, hinter die nur wenige französische Soldaten blicken konnten. Einer der von Branche Interviewten verliebte sich in die Witwe eines FLN-Kämpfers, von dem sie ein Kind hatte. Er bat sie in einem Brief, ihn zu heiraten, aber als sie ihm zurückschrieb, war er schon wieder in Frankreich.

Derart enge Beziehungen waren ungewöhnlich. Zwar kämpften auf französischer Seite häufig algerische Hilfstruppen, die sogenannten *harkis,* von denen nach dem Krieg viele von der FLN ermordet wurden. Aber die Kontakte der Appelés mit der normalen Bevölkerung waren vorwiegend geschäftsmäßig und pragmatisch, von Misstrauen und Angst belastet – oder durch physische Gewalt geprägt. Für die meisten Soldaten beschränkte sich der Kontakt mit dem algerischem Leben allenfalls auf ein Méchoui-Fest in einem besetzten Dorf oder auf das Fotografieren von »Eingeborenen«.

Andere »Souvenirs« stammten von den Razzien der Soldaten, die sich einredeten, dass es sich dabei keinesfalls um Diebesgut handelte. Ein ehemaliger Appelé berichtete der Historikerin Branche, sein wertvollstes Souvenir sei eine mit dem Emblem der FLN bestickte Haube. Laut Branche waren die meisten dieser Objekte in den Wohnungen der ehemaligen Appelés sorgsam versteckt und gehörten – wie die Fotos aus Algerien – zu jenem »geheimen Leben«, in das andere Familienmitglieder keinen oder nur selten Einblick hatten.

Die Korrespondenz der Soldaten unterlag der Militärzensur, doch die Selbstzensur verschleierte die Realitäten des Kriegs meist noch zuverlässiger. Die meisten Appelés wollten ihren Eltern oder ihren Geliebten vor allem mitteilen, dass sie nicht in Gefahr waren. Michel Berthelémy schrieb alle zwei Wochen einen Brief nach Hause, nie erwähnte er darin den Tag, an dem seine »Welt zusammenbrach«. An diesem Tag hatte er von seinem Balkon aus einen Schuss abgegeben – »aus Angst« – und dabei einen Jugendlichen getötet. Und der 27-jährige Arzt Jacques Senesse verschwieg seiner Frau,

erklären Sie denen mal was. Auf alle Fragen antworten Sie: Ich weiß nicht. Nicht einmal ihre Namen. Wenn man sie fragt, wo sie wohnen, sagen sie: Ich weiß nicht. Da ist man dann natürlich gezwungen, sie sich vorzunehmen. Aber sie brüllen zu sehr. Anfangs machte mir das Spaß. Aber dann fing es an, mir durch Mark und Bein zu gehen. Heute brauche ich nur einen schreien hören, und ich kann Ihnen genau sagen, wie weit er ist, in welchem Stadium des Verhörs man mit ihm ist. Ein Kerl, der zwei Faustschläge und einen Schlag mit dem Knüppel hinter die Ohren bekommen hat, hat eine ganz bestimmte Art zu reden, zu schreien, zu sagen, daß er unschuldig ist. Wenn man ihn zwei Stunden an den Knöcheln aufgehängt hat, hat er eine andere Stimme. Nach der »Badewanne« wieder eine andere Stimme. Uns so weiter. Aber vor allem nach der Elektrizität, da wird es unerträglich. Man möchte jeden Augenblick meinen, daß der Kerl abkratzt. Natürlich gibt es auch welche, die nicht schreien: das sind die Harten. Die glauben, daß man sie sofort töten wird. Wir haben aber gar kein Interesse daran, sie zu töten. Was wir brauchen, das sind Informationen. Man muß sie also erst zum Schreien bringen, und früher oder später sind sie so weit. Das ist dann schon ein Sieg.

Dann macht man weiter. Ich sage noch einmal: Wir würden uns das lieber ersparen. Aber die machen uns die Aufgabe nicht leicht. Jetzt höre ich ihre Schreie schon bei mir zu Haus. Vor allem die Schreie von denen, die im Kommissariat gestorben sind. Herr Doktor, dieser Job ekelt mich an. Wenn Sie mich heilen, werde ich um eine Versetzung nach Frankreich bitten. Wenn sie ablehnen, werde ich den Dienst quittieren.«

Nach dieser Schilderung verschreibe ich einen Krankenurlaub. Da der Patient eine Einweisung ablehnt, behandle ich ihn privat. Eines Tages, kurz vor der therapeutischen Sitzung, werde ich dringend ins Krankenhaus gerufen. Als A. in meine Wohnung kommt, bittet meine Frau ihn, auf mich zu warten, aber er will lieber einen Rundgang im Krankenhaus machen und mir dabei entgegenkommen. Als ich einige Augenblicke später zurückkehre, treffe ich ihn unterwegs. Er lehnt sich an einen Baum, macht einen vollkommen niedergeschmetterten Eindruck, zittert, ist in Schweiß gebadet und von Angst geschüttelt. Ich nehme ihn in meinen Wagen und fahre ihn zu mir. Als er auf dem Diwan liegt, erzählt er mir sofort, er habe in der Anstalt einen meiner Kranken getroffen, der auf der Polizei verhört worden war; es ist ein algerischer Freiheitskämpfer, der wegen »stuporöser postcommotioneller Störungen« (nach Gehirnerschütterung) behandelt wird. Ich erfahre also, daß der Polizist aktiv an den Folterungen dieses Kranken teilgenommen hat. Ich verschreibe einige Beruhigungsmittel, die den Angstzustand von A. dämpfen. Nach seinem Weggang begebe ich mich auf die Station, wo der Freiheitskämpfer liegt. Das Personal hat nichts bemerkt. Der Kranke bleibt jedoch unauffindbar. Endlich entdeckt man ihn in einer Toilette, wo er versuchte, sich umzubringen. Er hatte den Polizisten wiedererkannt und geglaubt, der sei gekommen, um ihn auf die Polizei zurückzubringen.

In der Folge hat A. mich noch mehrfach aufgesucht. Nach einer deutlichen Verbesserung ist es ihm gelungen, sich aus gesundheitlichen Gründen nach Frankreich zurückversetzen zu lassen. Was den algerischen Freiheitskämpfer angeht, so hat sich das Personal lange bemüht, ihn zu überzeugen, daß es sich um eine Täuschung handeln müsse, daß kein Polizist ins Krankenhaus kommen dürfe, daß er erschöpft sei, und daß er hier sei, um behandelt zu werden usw.

Der vorliegende Text ist ein Auszug aus: Frantz Fanon, *Die Verdammten dieser Erde.*
Aus dem Französischen von Traugott König. Vorwort von Jean-Paul Sartre.

dass auf der Straße, die er jeden Tag entlangging, einem französischen Siedler der Hals aufgeschlitzt worden war.

Der Anblick aufgeschlitzter Kehlen, von den französischen Soldaten als »kabylisches Lächeln« bezeichnet, schürte bei vielen von ihnen die Angst, den Aufständischen in die Hände zu fallen. »Das ist nicht mal ein Krieg, es ist ein Albtraum«, schrieb einer in sein Tagebuch. Einige Appelés dokumentierten in ihren Briefen und Aufzeichnungen, welchen Anteil die französische Armee an diesem Albtraum hatte. Marcel Yanelli, ein junger Kommunist schilderte seine Bemühungen, andere Soldaten dazu anzuhalten, das Kriegsvölkerrechts zu respektieren. Schon nach einem Monat in Algerien fragt er sich voller »Scham und Verzweiflung«, wie viele Folterungen, Plünderungen und Tote er wohl noch erleben werde.

> Ein Veteran beschrieb sich als »Gefangener« seiner algerischen Erinnerungen, doch die meisten dieser »Gefangenen« flüchteten sich ins Vergessen

In einem Brief an seinen Vater schilderte Michel Louvet das systematische Abbrennen von Wäldern oder die gängige Praxis, einem Festgenommenen zu versichern, dass er gehen könne, um ihn dann von hinten, »auf der Flucht«, zu erschießen. Er schilderte auch die Foltermethode »le téléphone«: ein Stromstoß von 220 Volt, mit einem Pol an den Genitalien und dem anderen an der Innenseite der Wange. Solche Techniken liefen unter dem Begriff »Pazifizierung«.

Was vor allem politisch links stehende Wehrpflichtige wie Yanelli so entsetzte, war nicht nur das, was ihre Kameraden in Algerien machten, sondern auch das, was Algerien mit den Soldaten machte. »Sie sind keine Menschen mehr«, schrieb der Sozialist Jacques Inrep an seinen Bruder. »Sie sind Bestien, die nur Töten und Vergewaltigen im Kopf haben.«

Viele machten den Vergleich mit dem Nazisystem und speziell mit dem Massaker von Oradour-sur-Glane, wo die Deutschen nahezu das ganze Dorf umbrachten, um die Gefangennahme eines ihrer Offiziere zu vergelten. »Wie viele Oradours in Algerien?«, fragte ein Soldat. Die Methoden seien dieselben wie die der Gestapo, »nur dass die Polizei sich hier mit den verfügbaren Mittel behilft: ein Dynamo, der Strom erzeugt, Füße, Fäuste, Salz«.

In Algerien wurden mehr als 2 Millionen Menschen – fast die Hälfte der ländlichen Bevölkerung – zwangsevakuiert und in Umsiedlungslager (camps de regroupement) gesteckt. Ihre Dörfer wurden zu »verbotenen Zonen« erklärt, wer zurückblieb, wurde den Aufständischen zugerechnet und konnte erschossen werden. Die französischen Soldaten vergewaltigen Frauen, setzten Wälder in Brand, vernichteten die Ernte, töteten das Vieh.

Raphaëlle Branche hat haarsträubende Berichte über die Zerstörung des ländlichen Algeriens durch die französische Armee zusammengetragen, die lange einer der wenig beachteten Aspekte dieses Kriegs war. Diese systematische »Entwurzelung« stellte eine der grausamsten Vertreibungen der jüngeren Geschichte dar.[2] Angeblich sollte sie die Dorfbevölkerung vor der FLN schützen, das tatsächliche Ziel war aber, die soziale Ordnung des ländlichen Algerien aufzulösen und die Aufständischen zu vernichten, die den entwurzelten Bauernfamilien nach wie vor versteckte Unterstützung zukommen ließen.

Die bäuerliche Bevölkerung in Lager zu stecken und ihre Dörfer zu zerstören, damit sie den Aufständischen nicht als Zuflucht dienen konnten, war Teil einer »zivilisatorischen Mission«, die mit der Heimkehr der Soldaten nicht zu Ende war. Eine Regierungsbroschüre, die an die »Soldaten von gestern und Zivilisten von heute« gerichtet war, erteilte diesen eine propagandistische Aufgabe gegenüber ihren Landsleuten: »... Ihr die *Wissenden,* ihr werdet ihnen die *Wahrheit* sagen«.

Etliche Ex-Soldaten kamen dem Propagandaauftrag nach. Der französische Veteranenverband (Union nationale des combattants) verteidigte in revanchistischer Manier die Idee eines »Algérie française« und rechtfertigte den Krieg als Kampf zwischen westlicher Zivilisation und islamischem Fanatismus. Andere wiederum nahmen es mit der »Wahrheit« über den Krieg ernst und engagierten sich in der Antikriegsbewegung. So übergab Marcel Yanelli nach der Rückkehr aus Algerien seine handschriftlichen Aufzeichnungen an Freunde in der PCF, die sie in Umlauf brachten. Und Jacques Inrep gründete ein geheimes Netzwerk, um gegen die Organisation Armée Secrète (OAS) zu kämpfen. Diese rechtsradikale Terrorgruppe hatte am 21. April 1961 in Algerien einen Putschversuch unternommen. Nachdem dieser gescheitert war, töte sie etwa 2000 Zivilisten und verübte mehrere Bombenattentate in Frankreich.

Frankreich zog 1962 aus Algerien ab. Die letzten Appelés kehrten in ein Land zurück, das nicht mehr das war, das sie verlassen hatten. Die Nouvelle Vague hatte die Kinos erobert, und für »die Ereignisse« jenseits des Mittelmeers interessierte sich fast niemand mehr. Viele Rückkehrer hatten ebenfalls das Bedürfnis, Algerien hinter sich zu lassen; einige vermieden bewusst jeden Kontakt mit anderen Veteranen. Aber das Erlebte zu vergessen war nicht so leicht. Ein Mann beschrieb sich als »Gefangener« seiner algerischen Erinnerungen, doch die meisten dieser »Gefangenen« flüchteten sich ins Vergessen.

Vergessen war jedoch mehr als eine persönliche Entscheidung – es war Staatsräson. Das Waffenstillstandsabkommen zwischen der Regierung in Paris und der provisorischen Regierung Algeriens enthielt eine Amnestie-Bestimmung, die alle Handlungen umfasste, »die im Zuge von Operationen zur Aufrechterhaltung der Ordnung gegen den algerischen Aufstand stattgefunden hatten«. Das bedeutete nicht nur Straflosigkeit für alle diejenigen, die Kriegsverbrechen begangen – oder befohlen – hatten. Ganz bewusst wurde in diesem Dekret ein weiteres Mal das Wort »Krieg« vermieden. Das hatte auch zur Folge, dass die Vereinigung der Appelés 12 Jahre kämpfen musste, bis die in Algerien eingesetzten Soldaten als *combattants* anerkannt wurden und damit Anspruch auf materielle Entschädigung erwarben.

Da es in Algerien keinen »Krieg« gegeben hatte, erfolgte die Demobilisierung der Soldaten ganz ohne Pomp und Paraden. Auch die Wahrnehmung der Rückkehrer durch den Rest der Bevölkerung stand im Zeichen des offiziellen Leugnens. Bernard Porrini bekam von einer Nachbarin zu hören, was immer in Algerien passiert sein mochte, sei nichts im Vergleich mit dem, was ihr Mann als Nazihäftling erlebt hatte. Auch Familienangehörige der Appelés, getäuscht durch deren »harmlose« Briefe von der Front, nahmen an, dass in Algerien nichts Besonderes passiert war. Viele wollten sich diese Gewissheit nicht kaputt machen lassen. Viele Rückkehrer machten die Erfahrung, dass selbst ein Versuch, über das Erlebte zu sprechen, nicht möglich war. Das Bild des Algerienrückkehrers, das in den 1960er Jahren vorherrschte, war das eines ungebärdigen, mehr oder weniger psychotischen Rabauken, eines tumben Hinterwäldlers, den der Zeichner Jean Cabut in seinen Karikaturen für *Charlie Hebdo* als *beauf* (Spießer, Dumpfbacke) darstellte.

Frantz Fanon, der ab 1953 als Psychiater in Algerien tätig war, beobachtete schon während des Kriegs die Auswirkung der allgegenwärtigen Gewalt auf die Psyche von Männern, Frauen und Kindern, Tätern und Opfern, Gefolterten und Folterknechten *(siehe den Textauszug auf Seite 40/41).* Ende der 1960er war es dann der Algerienrückkehrer Jacques Inrep, der die Langzeitwirkungen des Kriegs auf die französischen Kriegsteilnehmer erkannte. Inrep hatte als Pfleger in einem psychiatrischen Krankenhaus die Beobachtung gemacht, dass viele seiner Patienten Appelés waren. Viele von ihnen neigten zur Gewalt, in aller Regel vor allem gegenüber ihren Ehefrauen. Ein Patient berichtete von Einsätzen im ostalgerischen Aurès-Gebirge, wo er Männer mit Elektroschocks gefoltert und Frauen mit pornografischen Darstellungen drangsaliert hatte.

Solche Erzählungen riefen bei Inrep eigene Erinnerungen wach. Auch er war im von Berbern besiedelten Aurès-Gebirge zum Zeugen von Vergewaltigungen und Folter geworden. Nachdem sein Patient Selbstmord begangen hatte, wandte sich Inrep der klinischen Psychologie zu, weil er die »mentale Destrukturierung« durch die Erfahrung von »Grenzsituationen« verstehen wollte. In den 1980er Jahren fand er in dem linken Psychiater Bernard Sigg einen Verbündeten. Dieser war 1960 desertiert, nachdem er Kriegsveteranen in einem Militärkrankenhaus in Casablanca behandelt hatte.

Damals kam Sigg zu der Überzeugung, dass seine Patienten unter einem akuten Schamgefühl litten, weil sie gegen die Gesetze der Republik verstoßen hatten, in deren Namen sie gekämpft hatten. Dank der psychiatrischen Forschungen von Inrep, Sigg und anderen wurden die psychologischen Folgelasten des Kriegs allgemein und – wenngleich verspätet – von Staats wegen anerkannt. Erst seit 1992 – 30 Jahre nach dem Waffenstillstand – können Ex-Soldaten mit kriegsbedingten psychologischen Problemen eine Entschädigung beanspruchen.

Im Jahr 2000 schätzte die Tageszeitung *Le Monde,* dass 350 000 Algerienveteranen an Posttraumatischer Belastungsstörung (PTBS) litten. Die psychologischen Folgen des Kriegs verstärkten die politischen Pathologien des Kolonialismus und insbesondere den »speziellen Rassismus« gegenüber algerienstämmigen Franzosen. In den 1970er und 1980er Jahren rekrutierte sich die extreme Rechte großenteils aus alten Algerienkämpfern, zu denen auch der Ex-Fallschirmjäger und Folterer Jean-Marie Le Pen gehörte. Diese Leute fühlten sich von der Politik betrogen, die den Krieg beendet und dann zugelassen hatten, dass algerische und andere muslimische Migrant:innen nach Frankreich kamen.

Nach 2000 begann die Mauer des Schweigens zu bröckeln. Der pensionierte General Paul Aussaresses berichtete ungeniert über die Ermordung führender FLN-Kader während des Kampfs um Algier, und wie er und andere es angestellt hatten, die Morde wie Selbstmorde aussehen zu lassen.[3] Die ehemalige FLN-Kämpferin Louisette Ighilariz berichtete in einem Interview mit *Le Monde,* wie sie gefoltert und vergewaltigt wurde, aber auch von ihrer Suche nach dem französischen Arzt, der sie vor ihren Peinigern gerettet hatte.

Diese Zeitzeugenberichte und Veröffentlichungen wie die von Raphaëlle Branche haben viele ehemalige Soldaten dazu gebracht, ihr Schweigen zu brechen. Es war eine Art von »Coming out«, wie der Sohn eines Veteranen witzelte. Aber es war auch ein Versuch, die eigenen Erlebnisse selbst zu verstehen. Der Appelé Renaud Beaufils hatte sich anfangs geweigert, mit Branche zu sprechen. Dann willigte er ein, weil er Genaueres über ein Feuergefecht wissen wollte, bei dem dutzende seiner Kameraden getötet worden waren. Beaufils selbst wusste nicht mehr, ob er »das wirklich erlebt« hatte.

Michel Berthélemy gestand Branche, dass er nach den gescheiterten Versuchen, über die Tötung des algerischen Jungen zu sprechen, die Erinnerung weitgehend verdrängt hatte. Sie kam erst wieder zurück, als er einen Traum hatte, in dem er für das Verbrechen vor Gericht gestellt und verurteilt wurde. Berthélemy wurde dann in einer Antikriegsgruppe aktiv und brachte viele ehemalige Soldaten dazu, mit Raphaëlle Branche zu sprechen.

Doch die Geschichte dieses Kriegs endete nicht mit der Soldatengeneration, die verdrängten Traumata übertrugen sich auch auf ihre Kinder. Selbst in Familien, in denen das Thema Algerien tabu war, gab es verräterische »kleine Hinweise«: alte Fotos, beschlagnahmte »Andenken«, der Gebrauch arabischer Wörter wie *clebs* (Hund, Köter), kawa (Kaffee) oder *bled* (Dorf, Kaff).

Olivier Feiertags, einer der Interviewten und Sohn eines Appelé, stellte fest, dass sein Vorname von den Olivenbäumen inspiriert war, die sein Vater in der Kabylei gesehen hatte. Als er 20 Jahre war, entdeckte er auf dem Dachboden ein illustriertes Handbuch über Foltermethoden – und damit, wie er selbst sagt, »einen unbekannten Vater«. Erst als sein Vater im Sterben lag, erfuhr er, woher sein zweiter Vorname Bernard kam. So hieß der beste Freund seines Vaters, der als Soldat gefallen war.

Im heutigen Frankreich ist der Algerienkrieg kein Geheimnis und erst recht kein Familiengeheimnis mehr. Schon allein deshalb, weil es »die« französische Familie nicht gibt. Und die vielen Familien algerischer Herkunft sorgen dafür, dass der Krieg nicht als eine rein französische Geschichte erzählt oder gar unterdrückt werden kann. Diese Familien haben ihre eigenen komplexen Erinnerungen. Viele von ihnen unterstützten die FLN. Aber in Frankreich sind auch Menschen zu Hause, deren Vorfahren aufseiten der Algerischen Nationalbewegung (MNA) standen, die von der FLN zerschlagen wurde. Wieder andere kämpften auf französischer Seite und hatten Glück, wenn sie nach dem Krieg in Frankreich Zuflucht fanden.

Wie die Familien der Appelés richteten viele algerienstämmige Familien ihre eigenen Strukturen des Schweigens ein. Und teilweise halten sich diese sogar noch hartnäckiger, denn ein aufrichtiges Sprechen über die Kriegsereignisse würde für die bedeuten, über das Töten von Algeriern durch Algerier zu reden. Das aber würde den von der FLN gepflegten Mythos einer im Widerstand geeinten Nation untergraben. Ganz wie bei dem gaullistischen Mythos, wonach die französische Nation gegen die deutsche Besatzung geeint war.

Aus dem Englischen von Niels Kadritzke

1 Die bekanntesten dieser Berichte stammen von dem Althistoriker Pierre Vidal-Naquet und dem Journalisten Henri Alleg, der wegen seines antikolonialen Engagements selbst gefoltert wurde; siehe Henri Alleg, *La Question* (1958). Pierre Vidal-Naquet publizierte seine Untersuchung über die Folter 1963 zunächst auf Englisch und erst 1972 auf Französisch; siehe die Rezension von *La Torture dans la République* (1972), in: *Le Monde diplomatique* (Paris), April 1972.

2 Siehe Pierre Bourdieu und Abdelmalek Sayad, *Le Déracinement. La crise de l'agriculture traditionnelle en Algérie,* Paris (Les Éditions de minuit) 1964.

3 Siehe das Interview mit *Le Monde,* 2. Mai 2001.

JE SUIS
CHARLIE

Charlies Krieg

Zur Dialektik von Blasphemie und Terrorismus

Von Jeremy Harding

Am 26. September 2020 wurden zwei Menschen vor den früheren Redaktionsräumen der Satirezeitung *Charlie Hebdo* in Paris mit einem Hackmesser schwer verletzt. Drei Wochen später wurde im Pariser Vorort Conflans-Sainte-Honorine der 47-jährige Lehrer Samuel Paty enthauptet, nachdem er im Sozialkundeunterricht zum Thema Meinungsfreiheit zwei Mohammed-Karikaturen aus *Charlie Hebdo* gezeigt hatte. Wiederum zwei Wochen später wurden bei einer Messerattacke in der Basilika Notre-Dame-de-l'Assomption in Nizza drei Menschen getötet und sechs weitere verletzt.

Alle Angreifer beriefen sich auf den Islam, genau wie die Attentäter, die im Januar 2015 die Gräueltaten in der *Charlie Hebdo*-Redaktion und in einem koscheren Supermarkt begingen; und ebenso wie diejenigen, die im November 2015 das Massaker im Bataclan und vor dem Stade de France verübten. Auf französischem Territorium haben Dschihadisten insgesamt einige hundert Menschen umgebracht.

In diesem Krieg »niedriger Intensität«, der dennoch mit hohem Einsatz geführt wird, ist die Zahl der Toten jedoch kein Zeichen der Niederlage. Wie Samuel Paty, den Präsident Macron fünf Tage nach seiner Ermordung als »stillen Helden der Republik« ehrte, bleiben die Opfer des Angriffs auf *Charlie Hebdo* – zwölf Tote und elf Verwundete – als gefallene Streiter für den Säkularismus in Erinnerung.

Die Killer wiederum, die bei ihren Aktionen den Tod fanden, gelten radikalen Islamisten in aller Welt als Märtyrer. Für sie ist Frankreich ein intolerantes und gottloses Land, das immer noch von seiner »zivilisatorischen Mission« in den ehemaligen Kolonien träumt, das im Ausland den Atheismus fördert und zu Hause die Religion unterdrückt – insbesondere den Islam als Religion der ehemals Kolonisierten.

Anders als in den USA gibt es in Frankreich keine finanzstarke christliche Bewegung wie die Evangelikalen, die Macht genug hätten, um die säkularen republikanischen Werte zu kapern. Die katholische Kirche Frankreichs, die ihre Besitztümer eingebüßt hat und keine staatliche Unterstützung genießt, fungiert nur noch als kulturelle Bastion in einem Land, dessen Bevölkerung zur Hälfte katholisch ist, jedoch in ihrer großen Mehrheit die Trennung von Staat und Kirche respektiert.

Das entsprechende Gesetz von 1905 ist keineswegs gegen die Religion gerichtet, vielmehr erlaubt es allen Konfessionen, sich unter den agnostischen Augen des Staats zu entfalten. Radikal islamistische Lehren aber lösen Ängste aus – nicht nur bei nichtmuslimischen, sondern auch bei vielen muslimischen Französinnen und und Franzosen. Diese Ängste gelten dem dschihadistischen Terrorismus, aber auch der gewaltlose Islamismus wird häufig als Gefahr für die säkularen Werte dargestellt.

Allerdings ist »Islamismus« ein ungenauer Begriff. Es gibt keine Zahlen darüber, wie viele französische Bürgerinnen und Bürger der Staat für illoyal hält oder einer offen antirepublikanischen Ideologie verdächtigt. Oder umgekehrt: wie viele tief religiöse Muslime ihren Glauben zwar über die weltlichen Gebote stellen, aber sich dennoch mit säkularen Prinzipien arrangieren.

Die große Herausforderung lautet heute, die religiöse Neutralität des Staats zu verteidigen, ohne in einen neuen Autoritarismus zu verfallen. Diese Aufgabe wird nicht unbedingt leichter durch den Fakt, dass *Charlie Hebdo* mit seiner Neigung, islamische Traditionen lächerlich zu machen und Muslime zu beleidigen, seit den Morden von 2015 als Symbol für säkulare Werte gilt.

Von »Muslimen« begangene Terrorakte sind in Frankreich und in seinen früheren Kolonien nichts Neues. In den 1950er und 1960er Jahren gingen einige auf das Konto der algerischen Nationalen Befreiungsfront (FLN); in den 1970er Jahren gab es mehrere Attentate palästinensischer Terroristen (die teilweise muslimisch, teilweise aber auch christlich waren). Doch bei keiner dieser Gruppen, die aus den nationalen Kämpfen in der arabischen Welt hervorgingen, wurde der Islam propagandistisch herausgestrichen.

Das änderte sich Mitte der 1980er Jahre mit einer Serie von Bombenanschlägen in Paris und Umgebung, bei denen dreizehn Menschen getötet und hunderte verletzt wurden. Drahtzieher der Attentate war Fouad Ali Saleh, ein Franzose mit tunesischen Wurzeln, der als Mitglied der schiitischen Hisbollah ein strammer Gefolgsmann des iranischen Religionsführers Ajatolla Chomeini war. Im Irak-Iran-Krieg unterstützte Frankreich damals Bagdad. Paris lieferte dem Regime von Saddam Hussein Exocet-Raketen und Kampfflugzeuge, französische Firmen womöglich sogar die Ausgangsstoffe für die Herstellung von Chemiewaffen. Der Attentäter Saleh handelte damals eindeutig im geheimen Auftrag einer ausländischen Macht, die den französischen Feind im eigenen Land treffen wollte.

In den 1990er Jahren wurde Frankreich erneut zum Ziel von Attacken, dieses Mal der algerischen Groupe Islamique Armé (GIA). Die ultraradikale GIA reagierte auf das Eingreifen der algerischen Armee, die das Ergebnis der Parlamentswahlen vom Dezember 1991 nach dem eindeutigen Sieg der neu gegründete Islamische Heilsfront (FIS) im ersten Wahlgang einfach annulliert hatte. 1989 hatte die FLN, die das Land fast dreißig Jahre lang kontrolliert hatte, die Verfassung geändert und Parlamentswahlen zugelassen. Als aber die FIS sich anschickte, auch den zweiten Wahlgang für sich zu entscheiden, brach das Regime das Unternehmen wieder ab.

Da die Regierung Mitterrand mit einer neuen Migrationsbewegung rechnete – nach der befürchteten Gründung eines islamischen

Solidarität mit den Opfern des Anschlags auf die Redaktion von *Charlie Hebdo*, Lyon, Januar 2015. ■ SERGE MOURARET | ALAMY

Staats in Algerien – arbeitete sie Notstandspläne aus, die Flüchtlingslager in Südfrankreich vorsahen. Obwohl Mitterrand offiziell sein Entsetzen über den »Verrat an der Demokratie« äußerte, schlug sich seine Regierung auf die Seite des algerischen Regimes. Das Resultat war ein schrecklicher Bürgerkrieg.

Die GIA agierte zwar vornehmlich auf algerischem Territorium, doch 1995 verübte sie acht Attentate in Paris, mit acht Toten und etwa zweihundert Verletzten. Frankreich wurde erneut zum Schauplatz von Aktionen, die ihren Ursprung in Konflikten jenseits seiner Grenzen hatten. Doch auch in diesem Fall war Frankreich keineswegs neutraler Zuschauer. Je mehr sich der Konflikt in Algerien verschärfte, desto offener unterstützte der französische Innenminister Charles Pasqua die Repression des Militärs.

Spurensicherung nach einem Bombenanschlag nahe der Pariser Metrostation Maison Blanche, 6. Oktober 1995. ■ DPA/PICTURE ALLIANCE

Diese Komplizenschaft war der GIA bekannt. Die Erinnerung an die demütigende französische Kolonialherrschaft oder den erbitterten Krieg, mit dem Frankreich die algerische Unabhängigkeit verhindern wollte, waren ohnehin noch in schmerzhafter Erinnerung *(siehe den Beitrag von Adam Shatz auf Seite 38)*. Und jetzt hatte Paris noch eine gestohlene Wahl abgesegnet – eine klassische Form von Neokolonialismus.

Die dschihadistischen Täter der nuller Jahre waren Einzeltäter. Damit waren sie für die französischen Geheimdienste weit schwerer aufzuspüren als säkulare Nationalisten (wie Palästinenser und korsische oder baskische Separatisten). Aber ein früher Einzelgängertyp war in Frankreich bereits bei der Verfolgung von GIA-Zellen entdeckt worden: Khaled Kelkal. Kelkal war als Kind algerischer Einwanderer in Lyon aufgewachsen und hatte die doppelte Staatsbürgerschaft. Als er wegen eines Autodiebstahls im Gefängnis einsaß, geriet er unter den Einfluss islamistischer Häftlinge. Nach seiner Entlassung wurde er von der GIA rekrutiert. Im Sommer 1995 geriet er ins Visier der französischen Geheimdienste; am 29. September wurde er von der Polizei gestellt und getötet.

In den Ermittlungsakten von Kelkal gibt es undurchsichtige Details, die den Verdacht zulassen, dass sein Anwerber für den algerischen Geheimdienst gearbeitet hat. Kelkal war Vorläufer mehrerer dschihadistischer Terroristen, die nach ihm in Frankreich operierten. Die meisten von ihnen hatten ganz ähnliche Biografien: Sie waren in einer von Armut geprägten Banlieue aufgewachsen; sie waren ordentliche Schüler und zuverlässig am Arbeitsplatz, ehe sie in die Kriminalität abglitten. Es folgte die religiöse Radikalisierung im Gefängnis, nach der Entlassung die Bindung an eine örtliche Moschee, bis sie untertauchten und irgendwann zur terroristischen Ausbildung in ein muslimisch geprägtes Land reisten.

Chérif und Saïd Kouachi, die beiden *Charlie Hebdo*-Attentäter, waren in der Provinz in einem staatlichen Waisenheim aufgewachsen, aber ansonsten hatten sie viel mit Kelkal gemeinsam. Das gilt auch für ihren Mittäter Amedy Coulibaly, der eine schwarze Polizistin und vier jüdische Kunden eines koscheren Supermarkts erschoss. Chérif Kouachi war schon als junger Mann in Paris unter den Einfluss des radikalen Predigers Farid Benyettou geraten. Im Gefängnis wurden er und Coulibaly dann von Djamel Beghal rekrutiert, ehemals GIA-Mitglied mit Verbindungen zu al-Qaida.

Die neue Generation von Attentätern formierte sich in den nuller Jahren im Gefolge der Anschläge vom 11. September. In dieser Zeit war in den Maghreb-Staaten und im Nahen Osten jene säkulare demokratische Transformation, von der sich viele soziale Gerechtigkeit und ökonomische Stabilität versprochen hatten, vereitelt worden oder gescheitert. Auch die Sache der Palästinenser war im Gefolge der Oslo-Vereinbarungen von 1993 fast hoffnungslos geworden. Angesichts all der Enttäuschungen beriefen sich die ungeduldigen Rufe nach politischem Wandel immer öfter auf den Islam. Die iranische Revolution wirkte dabei als verlockendes Vorbild – sogar in Staaten mit sunnitischer Bevölkerungsmehrheit. Der Verrat an der Demokratie im Fall Algerien bestärkte die Überzeugung, dass Gewalt der einzige Ausweg sei. Taten wie die Osama bin Ladens, die offenbar den Gang der Geschichte ändern konnten, erlangten eine unheilvolle Faszination.

Frankreich hatte die Invasion in Afghanistan zwar diskret unterstützt, sich der Invasion im Irak jedoch verweigert. Aber zu Hause nahmen die Probleme zu, und die Ungleichheiten, was Wohn- und Arbeitsverhältnisse, aber auch die soziale Inklusion betraf. Benachteiligt wurden vor allem Einwanderer aus arabischen und afrikanischen Staaten und ihre Nachkommen.

Präsident Macron war nicht der erste französische Politiker, der von »Ghettoisierung« sprach. »Wir haben unseren eigenen Separatismus selbst fabriziert«, gestand er wenige Woche vor dem Mord an Samuel Paty, und meinte damit die Konzentration von »Not und Elend« in den Städten und vor allem in den Banlieues.

Die französische Gesellschaft ist für rechtsradikale Parolen keineswegs weniger anfällig als andere Demokratien. 2019 ergab eine Umfrage des Meinungsforschungsinstituts Ifop – im Auftrag des Antidiskriminierungsausschusses der Regierung –, zwei interessante Resultate: Erstens wurden französische Muslime fast dreimal so häufig »verbal angegriffen« wie Nichtmuslime. Und zweitens waren bei physischen Angriffen auf Muslime doppelt so oft rassistische oder religiöse Vorurteile im Spiel wie bei Angriffen auf Nichtmuslime (jeweils nach Einschätzung der Gewaltopfer).

Dass sie zur Zielscheibe von Aggressionen werden, erfahren Frankreichs Muslime seit Langem. Aber um ihren Verdacht zu verstehen, dass die Intoleranz eine neue Qualität gewonnen hat, müssen wir die politische Entwicklung seit dem überraschenden Erfolg von Jean-Marie Le Pen in der ersten Runde der Präsidentschaftswahlen von 2002 betrachten.[1]

Klarer Sieger in der zweiten Runde war damals Jacques Chirac, der im Juli 2003 eine Kommission berief, die einen Report über »die Anwendung des Prinzips der Laizität in der Republik« erstellte. Auf dieser Basis erfolgte 2004 ein Verschleierungsverbot in Schulen, das auch das traditionelle islamische Kopftuch einschloss. Das Gesetz bezog sich zwar auf »auffällige religiöse Symbole« aller Konfessionen, aber die große Mehrheit der muslimischen Familien sahen in dem Verbot eine neue offizielle Form der Diskriminierung.

Im Oktober 2005 wurden in dem Pariser Vorort Clichy-sous-Bois zwei muslimische Jugendliche durch einen Stromschlag getötet, als sie vor der Polizei in ein Transformatorenhäuschen flüchteten. Der Tod des siebzehnjährigen Zyed Benna aus einer tunesischen und des fünfzehnjährigen Bouna Traoré aus einer mauritanischen Familie fiel in den Fastenmonat Ramadan. Bei darauf folgenden Straßenkämpfen zwischen Jugendlichen und der Polizei feuerten die Ordnungskräfte Tränengasgranaten in den Vorhof eines Lagergebäudes, das eine Moschee beherbergte, in der sich wegen des Ramadans viele Gläubige aufhielten. Viele muslimische Gemeinden in ganz Frankreich werteten das Vorgehen der Polizei als Sakrileg.

In dieser Atmosphäre druckten *Charlie Hebdo* und die Tageszeitung *France Soir* Anfang 2006 die Mohammed-Karikaturen der dänischen Zeitung *Jyllands-Posten* nach. Die Redaktion von *Charlie Hebdo* sprach von einer Geste der Unterstützung für die dänischen Kollegen. Auf der Titelseite brachte sie auch eine neue, harmlose Karikatur, gezeichnet von Jean Cabut (»Cabu«), der zehn Jahre später in den Redaktionsräumen ermordet werden sollte. Auf dieser Zeichnung klagt ein weinender Prophet über die Fundamentalisten: »Es ist hart, von Idioten geliebt zu werden.«

Die dänischen Karikaturen waren freilich aggressiver – und für die französischen Muslime ein Schock. Fünf Monate lang hatten sie vieles schlucken müssen – »von profanisierenden bis zu blasphemischen Darstellungen«, wie es der Sozialwissenschaftler Gilles Kepel formuliert.[2] Doch in Frankreich gibt es kein Anti-Blasphemie-Gesetz. Wohl aber ein Gesetz, das die Gesichtsverhüllung in der Öffentlichkeit untersagt. Das 2011 unter Präsident Sarkozy beschlossene Gesetz richtet sich gezielt den den Nikab – nicht aber gegen die Balaklawa, mit der militante korsische Separatisten ihr Gesicht verhüllen.

Im März 2012 erschoss Mohammed Merah, ein 23-Jähriger aus Toulouse mit französischer und algerischer Staatsbürgerschaft, drei französische Soldaten und vier Menschen vor einer jüdischen Schule, darunter drei Kinder. Die Morde überschatteten das Rennen um die Präsidentschaft, in dem François Hollande gegen den Amtsinhaber Sarkozy antrat. Der Sozialist Hollande schaffte es auch deshalb in den Elysée-Palast, weil seine Partei nach den Unruhen von 2005 in den Banlieues gezielt um Stimmen geworben hatte.

Dann aber bot der neugewählte Präsident seiner muslimischen Wählerschaft keine Gegenleistung. Für Hollandes Vorzeigeprojekt, das Gesetz über die gleichgeschlechtliche Ehe, hatten die Mehrheit der Muslime nicht viel übrig; sie hielten es eher mit der katholischen Opposition. Auf die Irritation und die Enttäuschung der Muslime reagierte Hollandes Ministerpräsident Manuel Valls mit schrillen Auslassungen zur Strandbekleidung muslimischer Frauen, als er etwa den »Burkini« als »Ausdruck eines politischen Projekts« bezeichnete; eine Frau sei umso republikanischer, je mehr sie von ihrem Körper zeige.

In muslimischen Kreisen fragte man sich, was eine »Inklusion« wert ist, die zwar die gleichgeschlechtliche Ehe legalisiert, aber am Schuleingang Mädchen mit Kopftuch abweist und Frauen vom Badestrand oder aus dem Schwimmbad vertreibt, weil sie sich nicht ausziehen. Das bestärkte das Gefühl, dass Frankreich – im Ausland wie zu Hause – eine antiislamische Offensive betrieb.

Im öffentlichen Gedächtnis sind der Amoklauf von Merah und die tödlichen Attacken, die seitdem folgten, noch quälend lebendig. Insbesondere die Pariser Anschläge von 2015 und das Attentat vom 14. Juli 2016, als in Nizza ein Terrorist mit einem Lkw durch eine dichte Menschenmenge raste. Seit 2012 hat es fast zwanzig solcher Attacken gegeben; in den meisten Fällen bekannten sich der Islamische Staat (IS) oder ein Al-Qaida-Ableger zu der Tat.

Seit 2012 wurden in Frankreich nahezu dreihundert Menschen von Dschihadisten umgebracht. Über die Gründe für den Terrorismus wird heftig gestritten. Linke, von rechter Seite gern mit dem Kampfbegriff »Islamo-Gauchisten« bedacht (weil sie sich weigern, benachteiligte Gruppen auf Grund ihrer Religion zu diskriminieren), verweisen gern auf sozioökonomische Ungleichheiten. Eine andere Sicht der Dinge dominiert in einem politischen Spektrum, das von rechts außen bis zur linken Mitte reicht. Hier befürchtet man, dass die französischen Muslime sich langsam aber sicher von republikanischen Prinzipien entfernen. Zu denjenigen, die als Islamo-Gauchisten abgestempelt werden, gehören standhafte Intellektuelle wie Emmanuel Todd, der das Buch »Qui est Charlie?« verfasst hat[3] oder der Journalist Edwy Plenel. Sie sehen im Terrorismus eher ein Symptom sozialer Exklusion als den Ausdruck bewusster sozialer Separation. Ihre Gegner sehen es genau umgekehrt.

Ein weiterer Streitpunkt ist die Frage, inwieweit der inländische Terrorismus eine Reaktion auf die aggressive Außenpolitik Frankreichs und des Westens im Globalen Süden ist. Die Verfechter säkularer republikanischer Werte streiten das glattweg ab. Und gewisse Strategie- und Politikexperten behaupten, Frankreich werde nicht für das angegriffen, was es tut, sondern für das, was es ist. Sein Verbrechen bestehe darin, »das Erbe der Aufklärung« zu verkörpern. Deshalb, und nicht wegen seiner Auslandsinterventionen, bleibe Frankreich ein bevorzugtes Ziel dschihadistischer Angriffe.

»Republikanische Werte«, »Laizismus«, »Islamo-Gauchismus«, »islamistischer Separatismus« – die Begriffe sind allesamt vage. Und es ist ein steriler Diskurs, der sich ausschließlich zwischen Politikern und den Medien abspielt, in dem man sie sich mit heiser gebrüllter Stimmen um die Ohren haut. Die Dschihadisten wiederum setzen dem ihren morbiden Refrain entgegen. Mohammed Merah zum Beispiel benutzte die Unterdrückung der Palästinenser als Vorwand für die Ermordung jüdischer Schulkinder in Toulouse. Der IS jubilierte nach den Attentaten vom November 2015, mit Paris habe es »die Hauptstadt der Abscheulichkeiten und der Perversion« getroffen. Und der Journalist Philippe Lançon, der den Anschlag auf *Charlie Hebdo* überlebte, schilderte, wie an jenem Morgen, als er in seinem Büro mit zerschossenem Kiefer auf dem Boden lag, die Kouachi-Brüder während ihres Gemetzels ständig »Allahu Akhbar!« schrien.

Im September 2020 wurde *Charlie Hebdo* erneut zum zentralen Thema, als sich vor einem Pariser Sonderschwurgericht vierzehn Angeklagte wegen Mittäterschaft an den Gräueltaten vom Januar 2015 zu verantworten hatten. Am ersten Prozesstag brachte *Charlie Hebdo* auf seiner Titelseite noch einmal einige der dänischen Karikaturen, aber auch Cabus Zeichnung mit dem trauernden Propheten. Die Ausgabe war trotz einer dreimal höheren Auflage als normalerweise sofort vergriffen. Diese »Haudrauf«-Strategie ist typisch für die Zeitschrift, die sich seit den Attentaten vom 11. September 2001 als Bollwerk westlicher Werte und als Todfeind des Dschihadismus gibt – aber sich auch wie ein Schulhofbully benimmt, der im Namen des Antiklerikalismus muslimische Menschen und Sitten verspottet und die Sensibilitäten von Minderheiten aufs Äußerste strapaziert.

Solch aggressives Gehabe geht großenteils auf Philippe Val zurück. Der erfolgreiche Singer-Songwriter, TV-Komiker und clevere

Es wäre besser gewesen, schlicht zu fragen: Ist Herabwürdigung eine faire Waffe, mit der die vierte Gewalt – auch in satirischer Form – einer Minderheit begegnen sollte?

Journalist hatte 1992 einen Neustart für das 1981 eingegangene Blatt gewagt. Als *Charlie Hebdo*-Herausgeber und -Verleger überwarf sich Val mit mehreren Redaktionsmitgliedern und formte eine Kernbelegschaft, deren libertäre politische Orientierung – wie seine eigene – ein Überbleibsel der 68er Revolte war. Allerdings hatte er mit der »radikalen Linken« nichts mehr am Hut und zog immer weiter nach rechts.

Val liebte Kontroversen. Und er hegte ein tiefes Misstrauen gegenüber »den Arabern« und Frankreichs »proarabischer« Außenpolitik, während er die Politik Israels vorbehaltlos verteidigte. In vielen der krassen Karikaturen, die unter seiner Ägide und danach erschienen, werden Araber mit Muslimen und Muslime mit Dschihadisten gleichgesetzt – und die Darstellung muslimischer Frauen, die ihren Hintern für IS-Kämpfer entblößen, mit dem Recht auf freie Meinungsäußerung verwechselt.

2006 veröffentlichte *Charlie Hebdo* das »Manifest der 12«, das sich »gegen den neuen Totalitarismus« in Gestalt des radikalen Islamismus richtete. Zu den Unterzeichnern gehörten unter anderem Bernard-Henri Lévy, Ayaan Hirsi Ali, Val selbst und die *Charlie*-Starkolumnistin Caroline Fourest, eine linkslibertäre Publizistin und prominente Feministin, die 2015 das Buch »Éloge du blasphème« (Lob der Blasphemie) publiziert hat.

Die Angst vor radikalen Islamistengruppen gilt auch den nicht gewalttätigen Salafisten. Zu dieser Glaubensrichtung tendieren – den französischen Geheimdiensten zufolge – etwa 100 der 2500 Moscheen im Land. Die salafistische Version des Islam ist ein rückwärtsgewandter Fundamentalismus, orientiert an der strengen Lehre, die sich zu Lebzeiten des Propheten und in den zwei bis drei Generationen nach seinem Tod herausgebildet hat. Zugleich sind die Salafisten aber auch entschiedene Verfechter einer islamischen Wiedergeburt hier und heute. Ihre puritanischen Glaubensregeln sind attraktiv einfach, ihre Kleidervorschriften so rigoros wie die der westlichen Modeindustrie. Das erklärt ihren Einfluss auf junge Leute, die ihre Orientierung verloren haben, aber an ihren ikonoklastischen Neigungen festhalten.

Viele im Westen lebende Salafisten haben sich dem Wahhabismus verschrieben, einer intoleranten Doktrin, die ihre Verbreitung den saudischen Petrodollars verdankt. Dagegen sind die französischen Moscheen, die strenger staatlicher Aufsicht unterliegen, meist mit Geldern aus Nordafrika, der Türkei und durch Spenden ihrer Mitglieder finanziert. Die Golfstaaten haben ihr Interesse an Investitionen in französische Betonmoscheen verloren. Das gilt insbesondere für Saudi-Arabien, das sich heute auf die Förderung salafistischer Bewegungen konzentriert.

Frankreich fühlt sich durch die Salafisten doppelt bedroht. Erstens hielten diese, Geheimdienstberichten zufolge, nichts von den säkularen Prinzipien und verfolgten einen »separatistischen« religiösen Kurs, der frontal mit der Forderung kollidiert, Migranten und ihre Nachkommen hätten sich vollständig zu »assimilieren«. Zweitens gilt der Salafismus als eine Art Einstiegsdroge, die beunruhigend viele ihrer Konsumenten zu der harten Droge namens Dschihadismus verführen würde. Die Strategie des französischen Staats gegenüber dem Islamismus wird allerdings durch die Tatsache kompromittiert, dass derselbe Staat dem globalen Lieferanten der Einstiegsdroge, also den Saudis, mehr Waffen verkauft als je zuvor.[4]

Was der Dschihadismus oder salafistische Ideologien mit der Mehrheit der französischen Muslime zu tun haben soll, ist schwer zu erkennen. Und doch wird auf dieser Frage ständig herumgeritten – ganz anders als bei den Debatten über den deutlichen Anstieg des rechtsextremen Terrorismus, den wir seit den Pariser Anschlägen von 2015 in vielen westlichen Demokratien beobachten. Hier sieht man die Ursache häufig in den Hetzparolen von Politikern und in den sozialen Medien, während die Millionen Wählerinnen und Wähler rechtsextremer Parteien keineswegs für die Gewaltakte verantwortlich gemacht oder ihrer Billigung verdächtigt werden.

Der dschihadistische Terrorismus dagegen – aber auch der nicht gewalttätige Islamismus – wird oft genutzt, um das Gespenst einer großen, homogenen, illoyalen muslimischen Bevölkerung zu zeichnen, die mit den Terroristen gemeinsame Sache macht. Und das, obwohl zahlreiche Umfragen und wissenschaftlichen Studien dieses Vorurteil widerlegen.

2016 veröffentlichte das Montaigne-Institut, ein neoliberaler Thinktank, einen Report über den Islam in Frankreich, der auf einer differenzierten Ifop-Umfrage über die Einstellungen und Ansichten der muslimischen Gemeinschaften basierte. Der Befund: Etwa 30 Prozent der Befragten besuchten regelmäßig eine Moschee (rund 30 Prozent nie). Etwa 40 Prozent sehen sich selbst als »säkular« orientiert, wenn auch die Religion in ihrem Leben eine symbolische Rolle spielt (gelegentliche Moscheebesuche zum Beispiel). Für 28 Prozent der Befragten, von denen die Hälfte jünger als fünfundzwanzig Jahre ist und in den Armutsvierteln der Banlieues lebt, steht der islamische Glaube für trotzige Verweigerung und symbolisiert die Entfremdung von »republikanischen Werten«. Es ist diese Gruppe, an die Macron und seine Redenschreiber dachten, als sie im Oktober 2020 ihre Initiative gegen eine »Ghettobildung« ankündigten.

Der Gesetzentwurf zur Stärkung »des Respekts für republikanische Prinzipien« erlaubt ein hartes Vorgehen gegen Hasspropaganda im Internet, Einschränkungen für den Hausunterricht von Kindern, strengere Kontrollen ausländischer Gelder für Moscheen und eine strikte Überwachung privater Vereinigungen mit »antirepublikanischer«, sprich islamistischer Orientierung. Investitionen in heruntergekommene Wohnviertel hingegen sieht das Gesetz nicht vor. Damit steht Macron als ein Präsident da, der die Ghettobildung rhetorisch beklagt, aber in der Praxis nichts gegen schlechte Wohnverhältnisse und unzureichende kommunale Einrichtungen tut.

Am 2. Oktober 2020, zwei Wochen vor der Ermordung Patys, hielt Macron eine Rede über die Gefahren des Separatismus, in der er vor Wahhabisten, Salafisten und den Muslimbrüdern warnte, die eine radikale Hinwendung zur Gewalt vollzogen hätten. Zwar sprach er auch über die koloniale Vergangenheit und über »Tabus, die wir selbst gepflegt haben«, aber trotz solcher selbstkritischen Akzente kam seine Rede als Moralpauke an, mit der er fast 2 Millionen französischen Muslimen vorhielt, dass ihre Religion auf den Hund gekommen sei. Auch bei der Gedenkfeier für Paty an der Pariser Sorbonne brach Macron eine Lanze für den Säkularismus, offenbarte aber erneut eine argumentative Schwachstelle.

In einer der Karikaturen, die Paty in seiner Schulklasse gezeigt hatte, kniet der Prophet auf allen vieren, mit hochgerecktem Hintern und baumelnden Hoden.[5] Die Ermordung Patys hat es unmöglich gemacht, eine Selbstverständlichkeit auszusprechen: Diese Karikatur im Sozialkundeunterricht zu verwenden, war keine gute Idee. Und Macron riskierte mit seiner Ehrung des Lehrers im Namen Frankreichs, dass man ihn mit dem mangelndem Urteilsvermögen Patys und mit den sabbernden, provokativen *Charlie*-Karikaturen identifiziert.

Während der ersten Karikaturen-Kontroverse von 2006 hatte Präsident Chirac »offensichtliche Provokation jeglicher Art« bedauert (worüber sich Philippe Val damals empört hatte). Aber zwischen Chirac und Macron liegen fünfzehn schmerzvolle Jahre, hunderte von dschihadistischen Mordtaten und ein Gedenkmarsch, an dem nach dem *Charlie Hebdo*-Attentat 4 Millionen Menschen teilnahmen. Angesichts des verstümmelten Leichnams eines Lehrers hätte kein Präsident zu sagen gewagt, was Chirac 2006 noch sagen konnte.

Dagegen erklärte Macron in der Sorbonne: »Nous ne renoncerons pas aux caricatures, aux dessins.« Die Aussage, dass »wir uns nicht von den Karikaturen, von den Zeichnungen distanzieren«, gründet in einer langen kulturellen Tradition von deftigen Karikaturen und skurrilen Darstellungen. Doch der Tod Patys hat Frankreich in heillose Konfusion gestürzt. Nach diesem Mord und nach den Toten in der Basilika von Nizza wurden Karikaturen aus *Charlie Hebdo* in ganz Südfrankreich an öffentliche Gebäude projiziert. Ein unfassslicher Vorgang: Damit hat es eine Zeitschrift, deren Berufung auf republikanische Werte durchaus umstritten ist, erneut geschafft, zum Symbol erhoben zu werden.

Auch diesmal konnten sich die staatlichen Akteure dem charismatischen Sog von *Charlie Hebdo* nicht entziehen: weder die gewählten Lokalpolitiker, die beleidigende Karikaturen auf öffentliche Gebäude projizieren ließen, noch die nationale Exekutive und Legislative, und auch nicht die Lehrerinnen und Polizisten, Krankenwagenfahrer und Medizinerinnen. Innenminister Gérald Darmanin ging in seinem Furor gegen den muslimischen »Separatismus« so weit, gegen Regale mit koscheren und Halal-Lebensmitteln in Supermärkten zu argumentieren.

Mohammed Moussaoui, Ehrenpräsident des Dachverbands der Muslime in Frankreich (CFCM), und mehrere prominente Imame verurteilten den Mord an Paty; und der CFCM machte sich auf Drängen Macrons daran, eine Charta der Grundsätze für den »Islam in Frankreich« auszuarbeiten. In der Diskussion über dieses Dokument ist vor allem die Formulierung umstritten, für Muslime sei es unziemlich, sich als Opfer eines »angeblichen staatlichen Rassismus« darzustellen oder auch nur diesen Ausdruck zu gebrauchen.

Ohne Zweifel hat der nichtinstitutionellen Rassismus unter dem Eindruck der geschilderten Ereignisse an Boden gewonnen. Auf der anderen Seite wurden inzwischen Einzelheiten über Paty und seine Klasse bekannt. Heute wissen wir, dass auch Paty von eigenen Fehlern gesprochen hat. Das geht aus dem hektischen E-Mail-Austausch hervor, der wenige Tage vor Patys Ermordung innerhalb des Kollegiums lief.[6] Dabei erklärte Paty – entsetzt über die empörten Reaktionen mancher Eltern – gegenüber seinem Schulleiter, er werde künftig statt der Unterrichtseinheit über die Freiheit der Meinungsäußerung ein weniger kontroverses Thema wählen. Der Schulleiter teilte dem Kollegium mit, Paty habe seine »Ungeschicklichkeit« (maladresse) eingestanden, und bat, ihn zu unterstützen.

Zwei Kollegen waren anderer Meinung: Der eine sagte, Paty habe das heikle Vertrauensverhältnis zwischen Eltern und Schule untergraben; der andere meinte, Paty habe die Sache der Islamisten gefördert und dem Säkularismus geschadet, indem er dessen »intolerante Seite« ausgespielt habe. Paty selbst erläuterte in einer E-Mail, die er kurz vor seiner Ermordung an das ganze Kollegium schickte, er habe seine Klasse eigentlich mit den folgenden Fragen konfrontieren wollen: »Sollte man Karikaturen des Propheten nicht veröffentlicht, um Gewaltausbrüche zu vermeiden? Oder sollte man sie veröffentlichen, um ›die Freiheit‹ hochzuhalten?«

Aber keine der beiden Fragen ist richtig gestellt. Es wäre besser gewesen, das Thema Gewalt beiseitezulassen und schlicht zu fragen: Ist Herabwürdigung eine faire Waffe, mit der die vierte Gewalt – auch in satirischer Form – einer Minderheit begegnen sollte? *Charlie Hebdo* konnte diesen abstrakten Gedankengang nicht vollziehen, aber ein besonnener Sozialkundeunterricht hätte genau dies zu leisten.

Vor dem realen Hintergrund der dschihadistischen Mordtaten lautet die eigentliche Frage: War *Charlies* Krieg gegen Fanatismus und Gewalt eine präzisisionsgesteuerte Offensive – oder ein blindwütiges Flächenbombardement muslimischer Empfindlichkeiten? Für beide Fälle stellt sich sodann die Frage, ob die dschihadistische Gewalt vermindert oder verstärkt wurde. Und weiter: Ob *Charlie Hebdo* in seiner Verbissenheit den terroristischen Feind hinreichend von der großen Mehrheit der französischen Muslime unterschieden hat? Oder ob das Blatt die republikanische Loyalität dieser Mehrheit einer ganz neuen Belastungsprobe aussetzen wollte?

Was zu der letzten Frage führt: Ist die Freiheit der Meinungsäußerung ein absolutes Recht, auf die sich jeder und jede berufen kann, um im Namen dieser Freiheit eine Zeichnung anzufertigen, einen Rap-Text zu schreiben, zu lehren, zu publizieren – oder zu töten? Einige dieser Fragen sind für die Vierzehnjährigen, die Paty unterrichtete, sicher zu kompliziert. Doch für die französische Regierung, die Medien und die Wählerschaft sollten sie nicht zu schwer sein.

Aus dem Englischen von Niels Kadritzke

1 Mit 16,9 Prozent der Stimmen erreichte Le Pen im ersten Wahlgang den zweiten Platz und damit die zweite Runde, in der er mit einem Stimmenanteil von 17,8 allerdings haushoch gegen den Amtsinhaber Jacques Chirac (82,2 Prozent) unterlag.

2 Siehe Gilles Kepel, *Terreur dans l'Hexagone, Genèse du Djihad Francaise*, Paris (Gallimard) 2015.

3 Deutsche Ausgabe: Emmanuel Todd, *Wer ist Charlie? Die Anschläge von Paris und die Verlogenheit des Westens*, München (C. H. Beck) 2015.

4 Deren Wert belief sich 2019 auf 1,4 Milliarden Euro. Aus Anlass eines Kurzbesuchs von Macron in Saudi-Arabien im Dezember 2021 meldete der Staatskonzern Saudi Arabian Military Industries die Gründung von Joint Ventures mit französischen Luftfahrtunternehmen: *Financial Times*, 4. Dezember 2021.

5 Die Karikatur stammte von Corinne Rey, die unter dem Namen »Coco« publiziert.

6 Der E-Mail-Austausch wurde am 18. November 2020 in *Le Monde* veröffentlicht.

Waffendeals mit Despoten

Seit Jahrzehnten verkauft Frankreich Rüstungsgüter an repressive Regime

Von Sébastien Fontenelle

In den 1960er Jahren verlor Frankreich seinen Status als Großmacht, was sich nicht zuletzt an den rückläufigen Waffenverkäufen zeigte. 1953 hatten Indien und Israel noch mehrere Dutzend des ersten in Frankreich produzierten Kampfflugzeugs mit Strahltriebwerk gekauft: den von Dassault Aviation hergestellten Düsenjäger Ouragan. Dieser kommerzielle Erfolg war aber nur von kurzer Dauer. 1958 und 1959 kauften zuerst die Bundesrepublik Deutschland und später die Niederlande, Belgien, Italien, Kanada und Japan den in den USA entwickelten und produzierten F-104 Starfighter, und nicht die nagelneue Mirage III aus Frankreich. Die Industrieländer und insbesondere die Mitgliedstaaten des atlantischen Bündnisses waren schon damals »die Domäne der USA, was die Lieferung militärischen Großgeräts anbelangt«, schreibt der Historiker Jean-Paul Hébert.[1]

Frankreich musste neue Absatzmärkte für seine Produktion finden und entwickelte seine ganz eigene Rüstungsexportdoktrin. Die französische Waffenindustrie baute sich eine illustre, primär aus despotischen Regimen bestehende Kundschaft auf, von denen einige mit UN-Sanktionen belegt waren. Die Regierung in Paris war der Ansicht, Frankreich sei auf solche Deals angewiesen, um seine Unabhängigkeit zu wahren. 1969 formulierte dies Verteidigungsminister Michel Debré so: »Heutzutage ist eine große Rüstungsindustrie ohne Export nicht denkbar. Die Investitionskosten sind so hoch, dass diese Güter auf dem Weltmarkt wettbewerbsfähig sein müssen, um exportiert werden zu können. Andernfalls werden die Kosten ein solches Niveau erreichen, dass sie vom Staatshaushalt nicht mehr getragen werden können.«

1972 schob die Regierung im Weißbuch über die Landesverteidigung dieser ersten wirtschaftlichen Rechtfertigung einen schrägen politischen Vorwand nach. Demnach helfe Frankreich Ländern, die eventuell mit Embargos belegt sind, mit Waffenlieferungen dabei, sich zu emanzipieren. Denn diese könnten so »ungehindert für ihre Verteidigung sorgen, ohne auf die Führungsmächte der beiden Blöcke angewiesen zu sein« – mit den Blöcken waren die Nato und der Warschauer Pakt gemeint.

Diese Strategie wirkte: Erstmals in seiner Geschichte stieg Frankreich zum drittgrößten Waffenhändler der Welt auf – mit Exporterlösen von gut 7 Milliarden Francs im Jahr 1970 (7,8 Milliarden Euro in heutigen Preisen). Und Paris gelang es, diesen unrühmliche Rang zu behaupten. Die politische Rechte brüstete sich lautstark mit dieser Leistung. In den Wochen vor den Parlamentswahlen 1973 machten die konservativen Abgeordneten Wahlkampf mit Aussagen wie: »Die Rüstungsverkäufe sichern die Vollbeschäftigung.«

Die ersten drei von 24 Rafale-Kampfjets (rechts), die Frankreich an Ägypten verkauft hat, Kairo, Juli 2015. ANADOLU/PICTURE ALLIANCE

Diese Begeisterung teilten jedoch nicht alle. Edmond Maire, der damalige Generalsekretär der Confédération Française Démocratique du Travail (CFDT), einer der größten Gewerkschaften Frankreichs, stellte unumwunden fest: »Frankreich ist der drittgrößte Waffenexporteur der Welt«, weil sich das Land »zum Stammlieferant zahlreicher faschistischer, diktatorischer, rassistischer oder kolonialistischer Regime auf dem ganzen Planeten aufgeschwungen hat«.

Zu den Abnehmern gehörten damals die argentinische und die brasilianische Junta, Franco-Spanien und das griechische Obristen-Regime. Des Weiteren die portugiesische Diktatur unter Salazar, der in dieser Zeit blutige Kolonialkriege in Angola, Guinea-Bissau und Mosambik führte – mit Jagdflugzeugen und Hubschraubern aus französischer Produktion.

Die Erklärung für dieses Phänomen lieferte Michel Debré: »Dass Frankreich« bei diesen so speziellen Kunden »sehr gefragt ist, liegt daran, dass das Land – anders als andere Mächte – seine Waffenverkäufe nicht an politische Bedingungen knüpft«. Durch diese vom Motto »Geld stinkt nicht« geprägte Haltung, die blutige Konflikte befeuerte, avancierte Frankreich auch zum größten Waffenlieferanten Südafrikas. Dort war 1948 das Apartheidsystem eingerichtet und von der UN nach dem entsetzlichen Massaker von Sharpeville im März 1960 verurteilt worden. In dem in Transvaal gelegenen Township hatten weiße Polizeibeamte 69 schwarze Demonstrantinnen und Demonstranten erschossen und fast 200 Menschen verletzt.

Dieses Blutbad hatte weltweit Bestürzung ausgelöst und der UN-Sicherheitsrat forderte in einer Resolution vom August 1968 die Einstellung sämtlicher Rüstungsgeschäfte mit Pretoria. Trotzdem blieb die südafrikanische Regierung weiter ein privilegierter Kunde Frankreichs. Paris gewährte Südafrika weiterhin einen jährlichen Kredit über 120 Millionen US-Dollar, um das Land beim Kauf von natürlich ausschließlich französischen Transportflugzeugen, Kampfhubschraubern und U-Booten zu unterstützen.[2]

Es gab durchaus Stimmen, die sich gegen diesen schändlichen Handel erhoben. So versprach die Parti Socialiste (PS) 1972, dass ihr damaliger Kandidat François Mitterrand im Falle eines Siegs bei den Präsidentschaftswahlen 1974 als eine der »ersten Maßnahmen« die sofortige Aussetzung der französischen Rüstungsexporte nach Südafrika, Griechenland und Portugal anordnen würde. Sie setzte sogar noch einen drauf: »Direkt nach der Machtübernahme wird die Links-Regierung die Erstellung einer objektiven Bilanz der neokolonialen Politik der Fünften Republik anordnen«, die nach Ansicht der PS zu lange »die schlimmsten rassistischen und kolonialistischen Regime durch Waffenlieferungen unterstützt« hatte.

1974 unterlag Mitterrand noch Valéry Giscard d'Estaing, aber 1981 wurde er zum Präsidenten gewählt. In der Zwischenzeit hatte er die wohlklingenden Versprechen aus dem Programm seiner Partei offenbar komplett vergessen. Denn Frankreich, das nach kurzer Pause wieder Platz drei auf der globalen Rangliste der Rüstungsexporteure erobert hatte, setzte seine Waffenverkäufe an Pretoria während Mitterrands gesamter Amtszeit fort.

Jahre später wurde das ganze Ausmaß dieses Skandals in einem Buch aufgedeckt.[3] Dessen Autor, Hennie Van Vuuren, recherchierte in den nicht vernichteten südafrikanischen Archiven. Er hält es für »wahrscheinlich«, dass die 1988 in Paris ermordete Vertreterin des Afrikanischen Nationalkongresses (ANC), Dulcie September, vom damaligen südafrikanischen Regime »mit Beteiligung oder Zustimmung der französischen Geheimdienste eliminiert« worden war. Sie hatte sich in Paris aufgehalten, um zur jahrelang »von der französischen Armee gewährten Unterstützung« für Pretoria zu recherchieren.

Nach der langen Ära Mitterrand stieg Deutschland zum drittgrößten Waffenlieferanten der Welt auf und verdrängte Frankreich auf Platz vier dieser unrühmlichen Rangliste. In Paris war mittlerweile mit der Wahl von Jacques Chirac und später von Nicolas Sarkozy wieder die politische Rechte an die Macht gekommen. François Hollande, der sozialistische Präsidentschaftskandidat von 2012, formulierte im Wahlkampf ebenfalls Versprechungen. Sie waren weniger radikal als die Beteuerungen der PS aus den 1970er Jahren, ließen einen Richtungswechsel aber zumindest möglich erscheinen. Im Falle seines Wahlsiegs wolle er auf eine »strengere« französische Waffenexportpolitik hinarbeiten, sagte Hollande damals.

Nachdem er sich für den zweiten Wahlgang qualifiziert hatte, legte er in einem Schreiben an die drei NGOs Amnesty International, Terre Solidaire und Oxfam nach: Er werde sich persönlich dafür einsetzen, »dass Frankreich in führender Rolle zum Abschluss eines ehrgeizigen und soliden internationalen Abkommens über den Waffenhandel beiträgt, das sich an der Achtung der Menschenrechte, des humanitären Völkerrechts sowie der für die Entwicklungspolitik erforderlichen wirtschaftlichen und sozialen Rechte orientiert«.

Tatsächlich verabschiedete die UN im April 2013, also ein Jahr nach der Wahl von François Hollande, den Vertrag über den Waffenhandel (Arms Trade Treaty, ATT). Darin ist festgelegt, dass ein

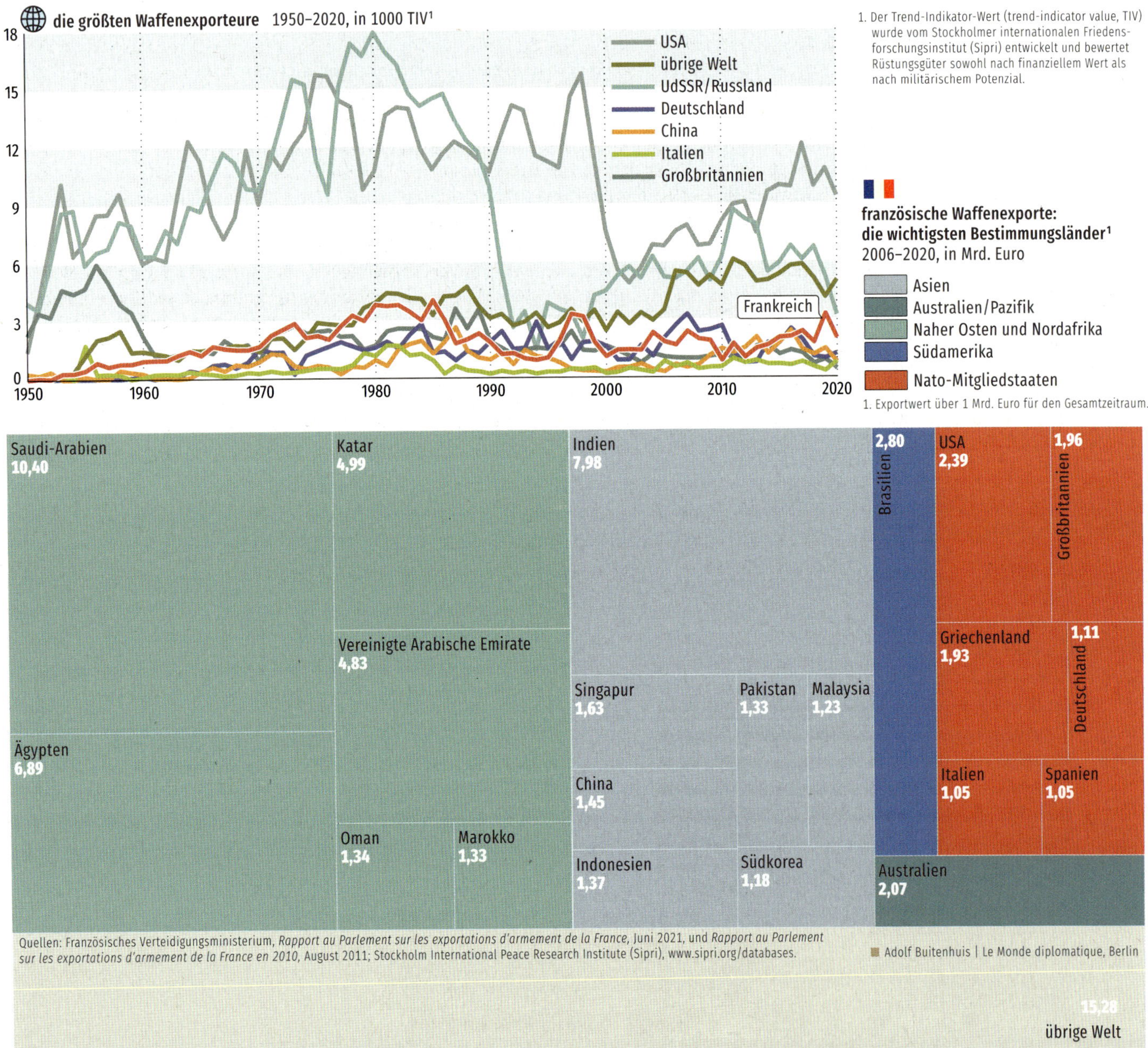

1. Der Trend-Indikator-Wert (trend-indicator value, TIV) wurde vom Stockholmer internationalen Friedensforschungsinstitut (Sipri) entwickelt und bewertet Rüstungsgüter sowohl nach finanziellem Wert als nach militärischem Potenzial.

1. Exportwert über 1 Mrd. Euro für den Gesamtzeitraum.

Quellen: Französisches Verteidigungsministerium, *Rapport au Parlement sur les exportations d'armement de la France*, Juni 2021, und *Rapport au Parlement sur les exportations d'armement de la France en 2010*, August 2011; Stockholm International Peace Research Institute (Sipri), www.sipri.org/databases.

Adolf Buitenhuis | Le Monde diplomatique, Berlin

Vertragsstaat keinerlei Verkauf von Rüstungsgütern genehmigen darf, »wenn er Kenntnis davon hat, dass diese zur Begehung von Völkermord, Verbrechen gegen die Menschlichkeit, Angriffen auf zivile Objekte oder Zivilpersonen, oder anderen Kriegsverbrechen beitragen.« Frankreich brüstete sich damit, maßgeblich am Vertragsabschluss mitgewirkt zu haben.

Leider stellte sich schnell heraus, dass die Taten von Präsident Hollande – wie ehemals die von François Mitterrand – deutlich hinter den Formulierungen des ehrgeizigen Vertragstexts zurückblieben. Er knüpfte mit seiner Politik an die traurige 50-jährige Tradition der Fünften Republik an, Waffen an kriminelle Regime zu verkaufen. Vor allem seine Haltung gegenüber dem Regime in Ägypten machte das deutlich.

Im Juli 2013 wurde der ein Jahr zuvor gewählte ägyptische Präsident Mohammed Mursi von Militärs unter Führung von General Abdel Fattah al-Sisi aus dem Amt gejagt. Al-Sisi nahm schließlich dessen Platz ein. Infolge des Putschs kam es zu brutalen Übergriffen: Am 14. August 2013 töteten Sicherheitskräfte bei der Stürmung eines Pro-Mursi-Protestcamps laut Amnesty International fast 1000 Menschen. In den folgenden Wochen wurden tausende Oppositionelle verhaftet, eingesperrt und gefoltert.

Die Brutalität des neuen Regimes in Kairo wurde nicht von allen reaktionslos hingenommen: Die USA, die Ägypten jährlich mehr als 1 Milliarde US-Dollar Militärhilfe gewährten, setzten die Lieferung schwerer Waffen an das Land aus.[4] Al-Sisi brauchte somit einen neuen Waffenlieferanten, der weniger sensibel auf seine Menschenrechtsverletzungen reagierte. Frankreich sprang in die Bresche und setzte sich damit über eine Entscheidung der EU-Außenminister hinweg, »die Unterstützung [für Kairo] im Sicherheitsbereich zu überprüfen«.

Ab Sommer 2014 kaufte Ägypten vier französische Korvetten, die mit dem landeseigenen Gefechtssystem ausgestattet wurden. Die französische Presse feierte den Verkauf als »einen sehr schönen Coup«.[5] Der Korvetten-Deal bildete jedoch nur den Auftakt. Ein Jahr später, am 16. Februar 2015, unterzeichneten Paris und Kairo Verträge über Rüstungslieferungen im Gesamtwert von 5,2 Milliarden Euro. Der wichtigste Posten war der Verkauf von 24 Rafale-Kampfjets des Dassault-Konzerns. Dieser Flugzeugtyp war zuvor noch nie ins Ausland veräußert worden.

Innerhalb kürzester Zeit entwickelte sich Ägypten unter Präsident al-Sisi zu einem der repressivsten Regime der Welt und gleichzeitig zum größten Kunden der französischen Rüstungsindustrie – eine Position, die bis dahin Saudi-Arabien innehatte. In Paris feierten die Sozialisten diesen »Erfolg«. Es gelang ihnen sogar, diese erschreckende Bilanz, mit der Frankreich seinen Platz als drittgrößter Rüstungsexporteur der Welt zurückeroberte, als Beitrag zur künftigen Entfaltung des ägyptischen Volkes zu verkaufen. So erklärte der damalige Verteidigungsminister Jean-Yves Le Drian, der enge Verbindungen zum ägyptischen Präsidenten pflegte: »Die Entwicklung der Demokratie folgt auf die Gewährleistung der Sicherheit. Es braucht als erstes Sicherheit, um danach für das eigene Land eine positive Strategie verfolgen zu können.«

Sieben Jahre später lässt dieser »positive« Effekt der französischen Waffenverkäufe aber noch immer auf sich warten. Laut einem Bericht von Amnesty International von 2020 bestraft das ägyptische Regime »weiterhin jede öffentlich zum Ausdruck gebrachte oder auch nur vermutete Opposition«. Im ganzen Land befänden sich »noch immer tausende Menschen, darunter insbesondere Menschenrechtsvertreter, Journalisten, politisch Verantwortliche, Rechtsanwälte und in den sozialen Netzwerken aktive Influencer und Influencerinnen in verlängerter Untersuchungshaft«. Die Haftbedingungen seien »brutal und unmenschlich« und hätten 35 Personen das Leben gekostet.[6]

Die Wahl von Emmanuel Macron 2017 zum Präsidenten tat den freundschaftlichen Beziehungen, die sein Vorgänger mit al-Sisi geknüpft hatte, keinen Abbruch. Im Mai 2021 verkaufte Paris Kairo für 3,7 Milliarden Euro 30 weitere Rafale-Kampfflugzeuge. Und weil der treue Kunde auf wackligen Beinen steht, gewährten ihm französische Banken ein vom französischen Staat garantiertes Darlehen, um das Geschäft zu finanzieren. Sollte Ägypten die Rechnung für die Kampfflugzeuge nicht bezahlen können, kommt somit der französische Steuerzahler dafür auf.

Einen noch weit größerer Coup konnte Macron am 3. Dezember 2021 bei seinem Besuch der Vereinigten Arabischen Emiraten (VAE) verkünden. Der französische Präsident war »der Einladung Seiner Hoheit Scheich Mohammed bin Zayid Al Nahyan, Kronprinz von Abu Dhabi und stellvertretender Oberbefehlshaber der Streitkräfte« der VAE gefolgt, wie es in der Pressemitteilung des Élysée-Palastes hieß.

Am Ende ihres Treffens lobten beide Staatschefs »die außergewöhnlichen Erfolge der strategischen Partnerschaft«, die ihre beiden Länder seit 30 Jahren verbinde. Vor allem aber bekräftigen sie »die Ausweitung dieser Partnerschaft durch den Verkauf von 80 Rafale-Kampfflugzeugen«. Die französische Presse überschlug sich vor Begeisterung und jubelte zusammen mit der Regierung über einen »historischen Erfolg«.

Der Zweitpunkt war schlecht gewählt. Denn nur zehn Tage später veröffentlichte die Internationale Liga für Menschenrechte (FIDH) einen besonders vernichtenden Bericht mit Bezug auf die VAE. Darin erinnerte die Organisation daran, dass dieser Partner, mit dem sich die französische Regierung rühmt, ausgezeichnete Handels- und Sicherheitsbeziehungen zu unterhalten, »in Wirklichkeit eine besonders repressive Diktatur ist, in der jede abweichende Stimme mit Inhaftierung und Folter rechnen muss«.

Zudem verwies die FIDH auf die »direkte und indirekte Verantwortung der VAE für einige der schwersten Verstöße« im Jemen. Dort sind die Emirate seit 2015 an der Seite Saudi-Arabiens an einem besonders grausamen Krieg beteiligt, der bereits mehr als 350 000 Menschenleben gefordert hat, vor allem unter der Zivilbevölkerung.

Aus dem Französischen von Markus Greiß

1 Jean-Paul Hébert, »Les exportations françaises d'armement au début de la Ve République: la mise en place des éléments d'une politique«, in: *Armement et Ve République,* CNRS éditions, 2002.
2 Die Allianz zwischen Frankreich und dem Apartheidsregime manifestierte sich nach 1964 auch in der Entwicklung eines Boden-Luft-Raketen-Systems, das zwar in Frankreich entworfen, aber zu 85 Prozent von Südafrika finanziert wurde – die ersten dieser Systeme gingen 1971 an die südafrikanische Armee. Siehe Thomas Borrel, Amzat Boukari-Yabara, Benoît Collombat und Thomas Deltombe, *L'empire qui ne veut pas mourir. Une histoire de la Françafrique,* Paris (Seuil) 2021.
3 Hennie van Vuuren, *Apartheid Guns and Money: A Tale of Profit,* London (Hurst) 2018.
4 Präsident Barack Obama widerrief diese Entscheidung später.
5 Michel Cabirol, »DCNS: les quatre corvettes en Égypte, c'est fait!«, *La Tribune,* 10. Juli 2014.
6 Amnesty International, *Egypt Overview,* 2020.

Mitterrand und der Völkermord in Ruanda

Jahrzehntelang hat Paris jede Mitschuld von sich gewiesen und die Archive sorgsam unter Verschluss gehalten

Von François Graner

Bald 30 Jahre sind seit dem Völkermord an den Tutsi vergangen. Im März 2021 legte eine Untersuchungskommission unter der Leitung des Historikers Vincent Duclert einen mehr als 1000 Seiten umfassenden Bericht zur Rolle Frankreichs in Ruanda vor; zwei Jahre lang hatten die Wissenschaftler:innen Archivmaterial ausgewertet.[1] Die darin konstatierte »erdrückende Verantwortung« war ein Tabubruch und wirft ein neues Licht auf das Handeln der Grande Nation in dem kleinen ostafrikanischen Land. Und doch bleibt vieles weiterhin im Dunkeln, weil der Zugriff auf die offiziellen Dokumente der französischen Afrikapolitik aus jener Zeit immer noch erschwert wird.

Die Militärs sind zwar von der Schweigepflicht entbunden, aber viele Dokumente können weiterhin nur mit einer Sondergenehmigung eingesehen werden. Laut dem »Code du Patrimoine« dürfen die Archive des Staatspräsidenten und der Regierung erst nach Ablauf von mindestens 25 Jahren geöffnet werden. Nach Ansicht des Juristen Bertrand Warusfel verlieren jedoch die meisten Geheimnisse, auch die militärischen, schon nach zehn bis fünfzehn Jahren an Relevanz.

Wissenschaftler dürfen zwar Einsicht beantragen, die Genehmigung unterliegt jedoch der Willkür der Exekutive. So kann dieselbe diplomatische Depesche von 1993 im Zentralarchiv des Außenministeriums für alle Forschenden zugänglich sein, im Nationalarchiv jedoch nur auf Anfrage; ein Dossier des Auslandsgeheimdienstes DGSE kann wiederum im Nationalarchiv eingesehen werden, nicht aber im Archiv des Verteidigungsministeriums und so weiter.

Noch ein weiterer Riegel schützt den Staat vor der Neugier von Bürgern und Wissenschaftlerinnen: das Verteidigungsgeheimnis. Trotz seines Namens schützt es auch Archive, die überhaupt nichts mit Verteidigung zu tun haben. Nach einem offiziellen Bericht von 2018 unterliegen 5 Millionen Dokumente diesem Geheimnisschutz, nicht einmal die Hälfte davon wurden vom Verteidigungsministerium klassifiziert; die anderen werden vom Innenministerium unter Verschluss gehalten, betreffen die zivile Nutzung der Atomenergie oder sogar Fragen der Landwirtschaft.[2]

Die Dokumente, die das Verteidigungsministerium freigibt, sind oft belanglos, unvollständig oder geschwärzt. »Die freigegebenen Dokumente sind ein Konvolut der Harmlosigkeit«, empört sich der frühere Richter für Terrorismusbekämpfung Marc Trévidic. Er bezweifelt die Verfassungsmäßigkeit eines Geheimhaltungsprinzips, das der Exekutive erlaubt, die Arbeit der Justiz bei »sensiblen« Themen zu behindern.[3]

Die französische Ruanda-Politik zwischen 1990 und 1994 gehört zu diesen sensiblen Themen. Wie alle Präsidenten der Fünften Republik hat auch François Mitterand für die »Stabilität« des afrikanischen Kontinents autoritäre Regime unterstützt, wenn es im Interesse Frankreichs lag.

Als 1990 ein Aufstand der Ruandischen Patriotischen Front (RPF) drohte, profitierte davon auch der ruandische Präsident Juvénal Habyarimana. Wie aus dem Duclert-Bericht hervorgeht, entschied François Mitterand damals ganz allein und ohne das Parlament und die Regierung einzubeziehen.

Soldaten der französischen Marineinfanterie in einem Hutu-Flüchtlingslager bei Butare, Ruanda, Juli 1994. ■ DPA/PICTURE ALLIANCE

So wurden Informationen über die Vorbereitung eines Völkermords an den Tutsi hartnäckig ignoriert. Und wer davor warnte, wie zum Beispiel der Militärattaché in Kigali, Oberst René Galinié, der Chef der Militärkooperation General Jean Varret oder Claude Silberzahn, bis 1993 DGSE-Leiter, wurde ignoriert oder versetzt.

Als Anfang 1993 erste Warnungen an die Öffentlichkeit drangen,[4] entfachten Regierung und Generalstab ein mediales Gegenfeuer: Sie verbreiteten die stark vereinfachte Geschichte eines legitimen Regimes, das von einer ausländischen bewaffneten Bewegung angegriffen werde, die von Uganda aus operiere und den angelsächsischen Interessen diene. Die RPF diffamierten sie als »Schwarze Khmer«.

Diese Verleugnung, die in der Geheimhaltungspolitik der Regierungsentscheidungen wurzelte, wurde ein Vierteljahrhundert lang aufrechterhalten. Nach dem Attentat vom 6. April 1994, bei dem Präsident Habyarimana und sein burundischer Amtskollege Cyprien Ntaryamira ums Leben kamen, verrannte sich die französische Regierung in die Unterstützung der Hutu-Extremisten. Diese ermordeten ihre Hauptgegner, übernahmen die Macht und fingen an, systematisch Tutsi umzubringen. Zwischen dem 7. April und dem 17. Juli 1994 wurden nach UN-Angaben 800 000 Männer, Frauen und Kinder ermordet.[5] Wie lässt sich die Haltung der französischen Staatsmacht begreifen? Nur die Archive können Antworten geben.

Im Fokus stehen dabei etwa zehntausend Dokumente der Staatspräsidentschaft, die am neuen Standort des Nationalarchivs in Pierrefitte-sur-Seine liegen, und etwa ebenso viele des Außenministeriums, darunter viele diplomatische Depeschen, außerdem rund 500 Dokumente des Auslandsgeheimdienstes. Viele Dokumente tauchen in mehreren Archiven auf. Hinzu kommen etwa 200 000 Dokumente von sehr unterschiedlicher Bedeutung, die in verschiedenen Abteilungen des Service historique de défense (SHD), des Archivs des Verteidigungsministeriums, in Vincennes liegen. Insgesamt etwa 20 Regalmeter.

Unter dem wachsenden Druck der Medien und Opferverbände genehmigten das Parlament, die Justiz und die Präsidenten Hollande und Macron die Freigabe von mehreren tausend Dokumenten. Das meiste ist jedoch bis heute unzugänglich.

Außerdem schrecken die Recherchebedingungen viele Wissenschaftler ab, vor allem, dass sie keine Kopien machen dürfen. Es ist auch verboten, Dokumente online zu stellen. Am schwierigsten ist der Zugang zu den Archiven des Verteidigungsministeriums, das nicht einmal Inventarlisten rausgibt.[6]

Auf Enthüllungen und Anschuldigungen von Wissenschaftlerinnen und Ermittlern reagierten die Behörden nur sehr zögerlich und äußerst zurückhaltend. Als etwa der Journalist Patrick de Saint-Exupéry im Januar 1998 in einer Artikelserie für den *Figaro* Frankreichs Verhalten während des Völkermords infrage stellte, führte das lediglich zur Einsetzung eines einfachen parlamentarischen Informationsausschusses. Ein Untersuchungsausschuss wäre viel wirksamer gewesen.

»Viele Dokumente sind erst nach dem Ende der Arbeit des Parlamentsausschusses wieder aufgetaucht«, beklagte Oberst André Ronde, der damals die Fragen der Parlamentarier beantworten musste, am 7. April 2016 bei France Culture. »Ich weiß nicht, ob das Absicht war oder nicht.«

Auch der Parlamentsausschuss selbst arbeitete damals nicht ganz sauber. Zum Beispiel wurde Paul Barril, der erst Polizeioffizier im Élyséepalast und dann Söldner wurde, nicht vorgeladen, obwohl er in vielen Ermittlungsakten zu Ruanda zitiert wurde. Es gab zahlreiche Anhörungen, viele davon nichtöffentlich, wie die der Geheimdienstler und Militärs. Selbst der Brief von General Jean Rannou vom 15. Juni 1998 wurde nicht veröffentlicht, obwohl er Informationen zu dem damals als verschollen geltenden Flugschreiber der am 6. April 1994 abgeschossenen Präsidentenmaschine Falcon 50 enthielt.

Ein paar wichtige Informationen brachte der Ausschuss aber ans Licht, wie die Warnung von General Jean Varret, der schon 1990 ein Zitat des ruandischen Polizeichefs übermittelt hatte, in dem dieser ankündigte, die Tutsi »zu liquidieren«.

> Der nun vorliegende Bericht widerlegt endlich diejenigen, die den Völkermord zu leugnen versuchen oder Frankreich von jeder Verantwortung freisprechen wollen

Der Ausschuss deckte in Teilen auch die Kontrolle auf, die der französische Oberst Didier Tauzin im Februar und März 1993 über die ruandische Armee ausgeübt hatte.

Ab 2005 erreichten Klagen von Tutsi-Überlebenden, dass die französische Justiz die Freigabe von Dokumenten aus Militärarchiven forderte. Doch auch hier blieb der Zugang begrenzt; Mehrere richterliche Anträge wurden abgelehnt.[7] 2015 versprach Präsident Hollande, die Archive des Élysée für alle Ermittler zu öffnen. Allerdings genehmigte Mitterrands langjährige Bevollmächtigte, Dominique Bertinotti, Akteneinsichten nur in homöopathischen Dosen, und man durfte auch nichts fotokopieren.

Ermittler und Opferverbände riefen den Conseil d'État an, der am 12. Juni 2020 erklärte, das »Interesse, die Öffentlichkeit über diese historischen Ereignisse zu informieren«, stehe über dem »Schutz von Staatsgeheimnissen«.[8] Dieses allgemeine Urteil, wenngleich für einen konkreten Fall gefällt, klingt wie eine Mahnung an die Pariser Behörden. In anderen demokratischen Staaten wie Großbritannien wird eine vergleichbare Archivanfrage in sechs Wochen beantwortet, nach weiteren sechs Wochen sind die Dokumente online zugänglich.

Als Präsident Macron im April 2019 die Kommission unter dem Vorsitz von Duclert einsetzte, ging es ihm auch darum, Frankreichs Image in Ruanda und ganz Afrika zu verbessern. Er gewährte den Wissenschaftlern Zugang zu diversen zivilen und militärischen Archiven. Dass aber in der Kommission kein einziger Experte für die Region der Großen Afrikanischen Seen saß, wurde damit erklärt, dass diese vor allem die Abläufe innerhalb des französischen Staatsapparats analysieren soll.

Der nun vorliegende Bericht zitiert aus 8000 Dokumenten, vor allem aus dem Élyséepalast, dem Büro des Ministerpräsidenten, der DGSE und des Verteidigungsministeriums. Er widerlegt endlich diejenigen, die den Völkermord an den Tutsi zu leugnen versuchen und der RPF ein vergleichbares Verbrechen vorwerfen (die trügerische These vom »doppelten Völkermord«) oder Frankreich von jeder Verantwortung freisprechen wollen.

Dieser Bericht war zwar dringend notwendig, bleibt aber unzureichend und hinter den Ergebnissen der Forschung und der journalistischen Recherchen zurück. Die Mängel liegen auf verschiedenen Ebenen. Die Autoren erklären selbst, dass Dokumente fehlen und womöglich vernichtet wurden. Das Büro der Nationalversammlung hatte sich geweigert, die Protokolle der nichtöffentlichen Anhörungen des parlamentarischen Informationsausschusses zu übergeben und behielt auch andere Ordner unter Verschluss.

Außerdem hatte die Duclert-Kommission nur den Auftrag, den Zeitraum von 1990 bis 1994 zu untersuchen. Spätere Dokumente, die unverzichtbar gewesen wären, wurden nicht einbezogen. So heißt es auf Seite 334 des Berichts: »Die angebliche Verwicklung französischer Militärangehörige in das Attentat [vom 6. April 1994] wird nur in einem Artikel der Journalistin Colette Braeckman erwähnt, der am 22. Juni in der belgischen Tageszeitung *Le Soir* erschien und vom französischen Botschafter in Belgien als ›Lügenmärchen‹ bezeichnet wurde.« Andere Quellen stützen jedoch diese Verwicklung, vor allem ein DGSE-Dokument vom 14. November 1995, nach dem »ein französischer Söldner, Patrick Ollivier, in diese Angelegenheit verwickelt gewesen sein soll und seine Beziehungen zum französischen Entwicklungsministerium und zum Außenministerium genutzt haben soll, um die Wahrheit zu verbergen«.[9]

Auch scheint die Kommission nicht das gesamte relevante Archivmaterial, das ihr zugänglich war, in den Bericht aufgenommen zu haben. Man sucht darin zum Beispiel vergeblich nach den Gesprächsprotokollen vom 9. bis 13. Mai 1994 zwischen General Jean-Pierre Huchon, dem Militärattaché in Kigali, und Oberstleutnant Ephrem Rwabalinda, der um Unterstützung aus Paris nachsuchte.

Rwabalinda war stellvertretender Generalstabschefs der Ruandischen Armee (FAR), die damals am Völkermord beteiligt war. »Dem französischen Militär sind die Hände gebunden, um irgendetwas zu unseren Gunsten zu unternehmen, weil die öffentliche Meinung allein von der RPF gesteuert zu sein scheint«, erklärte der FAR-Offizier in seiner Zusammenfassung. »Wenn nichts unternommen wird, um die Wahrnehmung des Landes im Ausland zu ändern, werden die militärisch und politisch Verantwortlichen Ruandas für die Massaker verantwortlich gemacht werden, die begangen wurden.« Deshalb, so führte Rwabalinda aus, »ist der Kampf um die Medien dringend notwendig. Er ist die Voraussetzung für weitere Operationen.«[10]

Grundsätzlich spielt der jüngste Bericht, der sich auf die Zeit vor dem Völkermord konzentriert, die von General Christian Quesnot als »indirekte Strategie« bezeichnete Unterstützung herunter, die Frankreich während der Massaker der Ruandischen Übergangsregierung (GIR) und der FAR gewährte. Nur am Rand erwähnt er die Munitionslieferungen nach dem 6. April 1994, obwohl diese so hinreichend belegt sind, dass sie eine Klage wegen Mittäterschaft beim Völkermord rechtfertigen würden.

Völlig unerwähnt bleibt, obwohl es gut belegt ist, dass sich zwischen April und Juni 1994 noch mindestens ein Dutzend französischer Soldaten im Regierungsviertel aufgehalten haben, nachdem offiziell alle französischen Staatsangehörigen das Land verlassen hatten. Welche Rolle haben sie gespielt?

Der Bericht wertet auch die sechs DGSE-Ordner über die zwei kleinen, von Paul Barril und Bob Denard geführten Söldnertruppen nicht aus. Barril hatte am 28. Mai 1994 mit dem Ministerpräsidenten der Übergangsregierung eine Unterstützungsvereinbarung unterzeichnet, die den Namen »Insektizid« trug. Zur Erinnerung: Die Hutu-Extremisten bezeichneten ihre Tutsi-Opfer als Kakerlaken.

Ein weiterer großer blinder Fleck betrifft die Militäroperation »Turquoise«, die Paris vom 22. Juni bis 22. August 1994 mit Zustimmung des UN-Sicherheitsrats durchführte, um die Massaker zu beenden. In den ersten Tagen nach Beginn der Operation wurden 2000 Tutsi, die sich in die Hügel von Bisesero im Westen Ruandas geflüchtet hatten, ihren Mördern überlassen, obwohl das französische Militär in der Nähe war und den Zufluchtsort kannte.

Für Nichteingeweihte liefert der Bericht eine unverständliche Version der Vorgänge und erwähnt seltsamerweise auch nicht, dass 800 dieser Flüchtlinge am 30. Juni von französischen Soldaten gerettet wurden, die ohne Befehl handelten. Der Bericht zitiert lediglich die Rechtfertigungen der Armeeführung – »Versagen der Sicherheitsdienste«, »begrenzte militärische Kräfte«, »Befehle staatlicher Stellen« –, obwohl zahlreiche Dokumente diese Darstellung widerlegen.

2005 haben Überlebende von Bisesero die französische Armee wegen unterlassener Hilfeleistung und Beihilfe zum Völkermord verklagt. Der Prozess sollte unter anderem klären, warum kein Befehl zum Schutz und zur Rettung der Tutsi gegeben wurde und wer dafür vor Ort und in Paris verantwortlich gewesen war. Die geheimen Dokumente, die den Richtern damals vorenthalten wurden, konnte die Duclert-Kommission nun einsehen.

Unklar ist allerdings, ob sie gezielt danach gesucht hat. Nur eines ist klar: Sollte sie die Dokumente gefunden haben, hat sie der Justiz auf jeden Fall nichts davon mitgeteilt. Der Bericht erwähnt, dass sich die FAR im Juli in die von Soldaten der Turquoise-Operation kontrollierte »sichere humanitäre Zone« (Zones Humanitaires Sures, ZHS) zurückzog, wo sie entwaffnet werden sollte. Er benennt zwar den begrenzten Handlungsspielraum der Franzosen, lässt aber unerwähnt, dass die FAR aus der ZHS heraus weitergekämpft hat, was die DGSE-Karten und die Lageberichte des Generalstabs bestätigen.

Ausführlich beschreibt der Bericht die Diskussionen innerhalb der französischen Regierung und im UN-Sicherheitsrat, um zu klären, ob die Mitglieder der Übergangsregierung, die sich in die ZHS geflüchtet hatten, verhaften werden durften oder ob die Turquoise-Soldaten sie lediglich überwachen sollten, um sie später der internationalen Justiz zu übergeben. Wie der Bericht auf Seite 632 erwähnt, schrieb Bernard Emié, damals im Büro von Außenminister Alain Juppé, an seinen Vertreter in Ruanda: »Nutzen Sie alle indirekten Kanäle und vor allem Ihre afrikanischen Kontakte, um den Regierungsvertretern unseren Wunsch zu übermitteln, sie mögen die ZHS verlassen. Weisen Sie darauf hin, dass die internationale Gemeinschaft und vor allem die UNO sehr bald entscheiden werden, wie mit dieser sogenannten Regierung zu verfahren ist.«

Der Bericht ignoriert jedoch ein wesentliches Element, das diesen Schriftwechsel erklärt. Noch bevor eine Entscheidung getroffen wurde, stellten der französische Präsident und das Außenministerium den Rest der Regierung, das französische Parlament und die UNO vor vollendete Tatsachen: Auf Antrag des Außenministers ließ die französische Armee die Täter nach Zaire (heute Demokratische Republik Kongo) entkommen, wo sie sich später neu organisierten und versuchten Ruanda zurückzuerobern. Auch nach dem Völkermord unterstützte der Staat seine ruandischen Verbündeten, sowohl in Zaire wie auch in Frankreich, wo viele von ihnen Aufnahme fanden. Dieser Punkt fehlt im Bericht völlig.

Insgesamt weckt der Duclert-Bericht den Eindruck, dass er alles ausspart, was den Weg zu einer strafrechtlichen Verfolgung eröffnen könnte. In der französischen Rechtsprechung gibt es drei Kriterien für Mittäterschaft: aktive Unterstützung, die in Kenntnis der Sachlage erbracht wird und die Auswirkung auf das Begehen der Straftat hat. Angesichts der zusammengetragenen und geprüften Indizien könnte die Justiz sofort tätig werden.

Die Duclert-Kommission erklärt sich zwar für nicht zuständig, ein solches Urteil zu fällen, erlaubt sich jedoch ein höchst politisches Abschlussstatement: Da bei den französischen Entscheidungsträgern keine Absicht eines Völkermords erkennbar sei, spricht sie sie von jeder Mittäterschaft frei.

Der Bericht stellt Mitterrand und seine Berater als nicht repräsentativ für die französische Politik dar. Ihr Verhalten sei ein historischer Fehler, der aber inzwischen behoben sei. Geht es darum, Frankreich und Ruanda zu versöhnen, auch wenn die historischen Tatsachen und die Gerechtigkeit dabei auf der Strecke bleiben?

In jedem Fall hat er für eine deutliche Erwärmung der Beziehungen gesorgt. Am 27. Mai 2021 räumte Emmanuel Macron bei einem Besuch in Kigali nicht nur eine Mitverantwortung seines Landes beim Völkermord ein, er kündigte auch an, nach sechsjähriger Pause wieder einen Botschafter nach Ruanda zu entsenden. Dass mit dieser Offensive auch ökonomische Interessen verbunden sind – das Wirtschaftswachstum Ruandas lag vor der Pandemie bei knapp 8 Prozent –, zeigte dann der Besuch von Handelsminister Franck Riester im Oktober 2021; begleitet wurde er von einer Delegation französischer Unternehmer. ●

Aus dem Französischen von Claudia Steinitz

1 Vincent Duclert, »La France, le Rwanda et le génocide des Tutsi (1990-1994) - Rapport remis au Président de la République«, 26. März 2021.
2 »Rapport sur le secret de la défense nationale en France/II«, Secrétariat général de la défense et de la sécurité nationale, Paris, Januar 2018.
3 Fabrice Arfi und Fabrice Lhomme, »Le juge Trévidic dénonce: ›Le dispositif sur le secret défense n‹est pas constitutionnel‹«, Mediapart, 24. Februar 2011.
4 Jean Carbonare, damals Präsident von Survie, forderte den Élysée auf, Frankreich solle - solange noch Zeit sei - aufhören, diejenigen zu unterstützen, die einen Völkermord vorbereiteten. Diese Forderung trug er am 24. Januar 1993 auch in den 20-Uhr-Nachrichten auf France 2 vor.
5 Siehe Colette Braeckman, »Chronik unterlassener Hilfeleistungen«, *Le Monde diplomatique,* März 2004.
6 Siehe Philippe Leymarie, »Secret défense ou l'État de non-droit«, Les blogs du »Diplo«, 10. März 2018.
7 Die Ablehnungen sind nachzulesen im: *Journal officiel de la République française* vom 14. Dezember 2007, 13. Juni und 18. Oktober 2008, 20. Februar und 7. Juli 2009, 30. Juli 2010, 1. November 2012.
8 Entscheidungen Nr. 422 327 und 431 026 vom 12. Juni 2020 der Assemblée du contentieux, François Graner gegen das Ministerium für Kultur, Conseil d'État, Paris. Siehe auch Entscheidung Nr. 2017-655 vom 15. September 2017, Conseil constitutionnel, Paris.
9 Akte Nr. 16053/N, »France - Belgique - Rwanda: Au sujet de l'assassinat du président Habyarimana«, DGSE, Paris, 14. November 1995.
10 Siehe Jacques Morel, *La France au cœur du génocide des Tutsis,* Paris (Esprit frappeur) 2010.

Erstmals erschienen in *Le Monde diplomatique* vom Mai 2021. Leicht aktualisiert.

Geraubte Schätze

2017 versprach Präsident Macron die Restitution afrikanischer Kulturgüter – aber noch immer lagern zehntausende Objekte in staatlichen Museen

Von Philippe Baqué

Ein Auktionssaal in Nantes, 23. März 2019. »Sie bekommen für Ihren Kauf eine Quittung. Die Quittung, die die Erschaffer dieser Objekte bekamen, war der Tod«, ruft Thomas Bouli, Sprecher des Vereins Afrique Loire. »Frankreich hat soeben die Restitution von geraubten und unrechtmäßig erworbenen afrikanischen Kulturgütern angekündigt. Dazu gehören auch die Objekte, die hier angeboten werden.« Der Auktionator entgegnet, er habe auf Wunsch des Kulturministeriums bereits 30 Objekte aus Benin aus dem Auktionskatalog entfernt. Die beninische Regierung war die einzige gewesen, die eine Restitution verlangt hatte, nachdem sie von den Afrique-Loire-Aktivisten aus Nantes alarmiert worden war.

»Diese Schreihälse sind eine Schande für die Sache, die sie vertreten! Wenn es überhaupt etwas zu vertreten gibt«, schimpft Yves-Bernard Debie, Anwalt des Kunsthändlerverbands Collectif des antiquaires de Saint-Germain-des-Prés, dem die meisten französischen Händler für afrikanische Kunst angehören. Debie ist nicht nur enttäuscht, weil er in Nantes nicht das kaufen konnte, was er haben wollte. Er hält allein schon den Begriff »Restitution« für falsch, weil damit von vornherein unterstellt werde, es handle sich bei allen versteigerten Objekten aus Afrika um Beutekunst.

Den Anstoß zu einer Wiederaufnahme der Restitutionsdebatte[1] hatte Präsident Emmanuel Macron gegeben, als er am 28. November 2017 an der Universität von Ouagadougou (Burkina Faso) eine Rede hielt: »Ich kann nicht hinnehmen, dass ein großer Teil des kulturellen Erbes mehrerer afrikanischer Staaten in Frankreich liegt. Es gibt dafür historische Erklärungen, aber es gibt keine akzeptable Rechtfertigung dafür.« Das afrikanische Kulturerbe könne nicht allein in europäischen Privatsammlungen und Museen liegen, so Macron. »Ich möchte, dass in fünf Jahren die Voraussetzungen erfüllt sind, um das afrikanische Erbe zeitweise oder endgültig an Afrika zu restituieren.«

Macron brach damit ein Tabu. Noch im Juli 2016 hatte Außenminister Jean-Marc Ayrault im Namen der Unveräußerlichkeit des französischen Kulturerbes dem frisch gewählten Präsidenten von Benin, Patrice Talon, eine kategorische Absage erteilt, als dieser die Schätze aus dem Palast der Königsstadt Abomey zurückforderte, den französische Soldaten am 17. November 1892 geplündert hatten. Zwischen 1893 und 1895 hatten General Alfred Amédée Dodds und andere Offiziere 27 Objekte aus dieser Kriegsbeute einem Pariser Museum »geschenkt«, dem heutigen Musée du Quai Branly - Jacques Chirac.

Anfang März 2018 beauftragte Macron die französische Kunsthistorikerin Bénédicte Savoy und den senegalesischen Wirtschaftswissenschaftler Felwine Sarr mit der Erstellung eines Berichts zur Restitution des afrikanischen Kulturerbes, der ein halbes Jahr später veröffentlicht wurde. Das 230 Seiten starke Dokument ist »das Resultat einer umfangreichen Befragung von Experten und politischen Akteuren in Frankreich und in vier französischsprachigen Ländern (Benin, Senegal, Mali und Kamerun).«[2]

Die beiden Forschenden stellten fest, dass sich hunderttausende Objekte im Besitz europäischer Institutionen und Privatsammlungen befinden, darunter 88 000 in den staatlichen Museen Frankreichs. In afrikanischen Museen hingegen stehen nur wenige tausend. In ihrem Bericht beschreiben Savoy und Sarr die französische Kolonialzeit zwischen 1883 und 1960 als eine Phase »extrem hemmungsloser ›Beschaffung‹ von Kulturgütern«, in der Offiziere und Zivilisten, Kolonialbeamte und Wissenschaftler ausdrücklich dazu aufgefordert wurden, jegliche materiellen Zeugnisse aus den eroberten Gebieten »ins Mutterland« zu transferieren.

Betroffen waren nicht nur Kulturgüter, sondern sogar die sterblichen Überreste der getöteten Einheimischen: »Sie haben mich um Schädel aus dem Nigertal gebeten«, schrieb etwa 1883 ein Offizier an den Direktor des Musée d'Ethnographie du Trocadéro, dem Vorläufer des Musée du Quai Branly. »Ich habe zwei von Samory-Kriegern eingesammelt, die in Bamako getötet wurden.«[3]

Die beiden Wissenschaftler:innen betonten, dass es ihnen nicht darum gehe »die Museen der einen zu leeren, um die der anderen zu füllen«. In ihrem Fazit empfahlen sie stattdessen eine nach den unterschiedlichen Formen der Enteignung differenzierte Rückgabe der Objekte. So forderten sie einerseits eine »zügige Restitution ohne zusätzliche Provenienzprüfung derjenigen Objekte, die in Afrika gewaltsam in Besitz gebracht wurden«. Andererseits sollten jene Stücke in Frankreich verbleiben, bei denen erwiesen ist, dass sie erworben wurden »infolge einer einvernehmlichen Transaktion, die unter freien und fairen Bedingungen stattfand und dokumentiert ist«.

Darüber hinaus empfahlen sie »die Restitution der Stücke, die nach 1960 unter den Bedingungen nachweislich illegalen Handels erworben wurden«. Um die Debatte über das Prinzip der Unveräußerlichkeit der staatlichen Sammlungen zu beenden, schlugen Sarr und Savoy außerdem die Verabschiedung eines Sondergesetzes oder die Modifikation des Kulturerbegesetzbuchs (Code du Patrimoine) vor.

Präsident Macron während einer Zeremonie zur Rückgabe von Raubkunst aus Benin, Musée du Quai Branly, Paris, Oktober 2021. ■ STEPHANE LEMOUTON | POOL/ABACA/PICTURE ALLIANCE

Nach der Übergabe des Berichts verpflichtete sich Macron zur Rückgabe von 26 Objekten an Benin, die teilweise zu den bereits 2016 beanspruchten Gegenständen (Throne, Statuen, geschnitzte Türen, Reliquien und Königsinsignien) gehören. Die Empörung ließ nicht lange auf sich warten: »Die Museen dürfen nicht zur Geisel der schmerzhaften Geschichte des Kolonialismus werden«, forderte

Photochromdruck vom Musée d'Ethnographie du Trocadéro, dem Vorläufer des Musée du Quai Branly, Paris, um 1900. PHOTOGLOB CO | LIBRARY OF CONGRESS

etwa Stéphane Martin, von 1998 bis 2019 Direktor des Musée du Quai Branly. Und sein Kollege Julien Volper, Konservator am belgischen Musée royale de l'Afrique centrale, das eine der bedeutendsten europäischen Sammlungen afrikanischer Kunst beherbergt, warnte vor dem Schaden für die nationalen Sammlungen.[4]

Obwohl der Bericht von Savoy und Sarr nur öffentliche Einrichtungen betraf, mischten sich auch Kunsthändler und private Sammler in die Diskussion ein. »Nachdem Frankreich seine Vormachtstellung in Afrika verloren hat, bietet der Präsident die Rückgabe an die afrikanischen Staatschefs nur deshalb an, weil er die Märkte nicht an China verlieren will«, behauptet etwa Bernard Dulon, Präsident des Kunsthändlerverbands von Saint-Germain-des-Prés. »An wen sollen diese Kunstwerke, die zum Menschheitserbe gehören, zurückgegeben werden? Haben die afrikanischen Regierungen dieselbe Vorstellung von der Bewahrung dieses Erbes wie wir? Werden sie womöglich alles sofort weiterverkaufen?«

Die angekündigten Restitutionen wirkten sich kaum auf den Handel aus. Dennoch sorgte sich der Kunsthändler Réginald Groux bereits im Vorfeld um die Folgen und behauptete, dass »ohne die Sammler heute 99 Prozent der Objekte, die sich in Europa befinden, in Vergessenheit geraten, den Termiten zum Opfer gefallen oder auf dem Scheiterhaufen religiöser Fanatiker gelandet wären«. Selbst wenn damals viele Objekte von Amateuren gerettet wurden, haben diese am Ende von den Kriegen und Hungersnöten profitiert, um sich über Mittelsmänner die Schätze anzueignen.

Bénédicte Savoy bedauert, dass viele Konservatoren anscheinend immer noch nicht begreifen wollen, worum es geht: »Alle Gesprächspartner, die wir in Afrika getroffen haben, sagten uns, dass sie keineswegs alles aus den französischen Museen zurückholen wollen, denn viele Objekte sind hervorragende Botschafter für die Kultur ihrer Länder. Aber sie verlangen, dass ein bedeutender Teil dieses Kulturerbes den jungen Menschen in Afrika, die nicht nach Europa kommen können, zugänglich gemacht wird, damit sie aus der Kreativität ihrer Vorfahren schöpfen, sich davon inspirieren lassen und darauf beziehen können.«

Die Kunsthistorikerin Marie-Cécile Zinsou hat 2013 mit Unterstützung ihrer Eltern Marie-Christine und Lionel Zinsou – der Investmentbanker und kurzzeitige Ministerpräsident Benins ist auch ein Vertrauter Macrons – in Ouidah ein Museum für Gegenwartskunst gegründet. Die Küstenstadt im Süden Benins war im 18. Jahrhundert ein Zentrum des Sklavenhandels. In der schlichten Kolonialvilla in afrobrasilianischem Stil stellen regelmäßig zeitgenössische afrikanische Künstler ihre Werke aus.

Zinsou, die 1982 in Paris geboren wurde und in Frankreich und England aufwuchs, verbindet mit der Restitution wiedergewonnene Würde und neuen Stolz. Inzwischen leitet die junge Frau auch die 2005 gegründete Stiftung Fondation Zinsou, zu der unter anderem das Museum in Ouidah gehört. 2006 organisierte die Stiftung in Zusammenarbeit mit dem Musée du Quai Branly eine Ausstellung in Cotonou, die König Behanzin gewidmet war, der nach der Eroberung von Abomey 1892 in französische Gefangenschaft geraten und deportiert worden war. Innerhalb von drei Monaten besuchten 275 000 Menschen die Ausstellung – ein großer Erfolg. Viele Beniner hätten aber nicht verstanden, warum die Ausstellungsstücke danach wieder nach Frankreich zurückgeschickt werden mussten, erzählt Zinsou.

»Egal ob als Hinterlegung oder Leihgabe, mittel- oder langfristig können wir nur passiv auf die Entscheidung Frankreichs warten«, bedauerte Alain Godonou, Vizepräsident des französisch-beninischen Museumskomitees. »Wir wollen, dass Benin das Eigentumsrecht für diese Objekte zurückbekommt. Wenn sie wieder offiziell Benin gehören, können sie in Paris, Abomey oder Dakar gezeigt werden. Aber dann entscheiden wir, was damit geschieht.«

Während die Staaten auf die Restitutionen warten, müssen sie sich Gedanken darüber machen, wo sie die Objekte unterbringen wollen. Denn in vielen afrikanischen Ländern wurden die aus der Kolonialzeit übernommenen Museen, insbesondere die vom ehemaligen Institut français d'Afrique noire (Ifan) gegründeten Häuser, nicht nur nicht gepflegt, sondern oft auch geplündert. 2016 zog der Beniner Künstler Romuald Hazoumé eine niederschmetternde Bilanz: »Seit fünfzig Jahren wird unsere Kunst vernachlässigt«, stellte er damals fest.[5] Deshalb hält er auch die Restitution der 26 königlichen Kunstschätze heute für »eine falsche gute Idee«. Er fürchtet, die Stücke könnten ein zweites Mal verloren gehen.

Ein passender Ort wäre zum Beispiel das historische Museum von Abomey, das in den beiden einzigen öffentlich zugänglichen Gebäuden auf dem riesigen Areal der Königspaläste von Abomey untergebracht ist. Die zehn Paläste wurden unter der Herrschaft von zwölf Königen zwischen dem 17. und 19. Jahrhundert errichtet. Nach einer hastigen Restaurierung ist ein Teil der königlichen Ausstellung seit Anfang 2020 wieder zu sehen, doch eine große Vitrine bleibt leer: In ihr befand sich das große heilige Schwert und Symbol der königlichen Zauberkraft, das 2001 gestohlen und nie wiedergefunden wurde.

In dem Museum wurde schon mehrfach eingebrochen, und gebrannt hat es auch. Weil dieses Haus nicht sicher ist, soll für die

26 Objekte aus Paris ein neues Gebäude errichtet werden: Das Musée de l'épopée des amazones et des rois du Danhomè wird unter anderem mit einem 12-Millionen-Euro-Kredit von der französischen Entwicklungsagentur finanziert. Das Haus war allerdings noch nicht fertig, als Präsident Talon am 7. November 2021 nach Paris kam, um die Artefakte endlich offiziell in Empfang zu nehmen.

»Wir wurden von Macrons Entscheidung überrumpelt«, gesteht José Pliya, Programmdirektor der Nationalen Agentur zur Förderung des Kulturerbes und Entwicklung des Tourismus (ANPT). Dabei ist er sich mit Präsident Talon darin einig, dass die Rückgabe dieser Objekte – abgesehen von der symbolischen Reparation – auch ökonomische Vorteile bietet. Denn die restituierten Objekte könnten den Ausbau des Kulturtourismus unterstützen. Didier Houénoudé, Direktor des Nationalen Instituts für Kunsthandwerk, Archäologie und Kultur an der Universität von Abomey-Calavi in Cotonou, findet das problematisch: »Die Regierung hat die Restitution dieser Objekte verlangt, um einen Massentourismus zu entwickeln. Das Ganze droht zu einem rein wirtschaftlichen Projekt zu werden.«

Didier N'Dah hat auf dem Gelände der Königspaläste alte Werkstätten zur Herstellung von Kaurigeld mit einzigartigen Fundstücken entdeckt. Der Dozent für Archäologie und Vor- und Frühgeschichte an der Universität von Abomey-Calavi wünscht sich, dass die Restitution der Königsobjekte auch der Forschung und Lehre zugutekommt, und kritisiert, dass die Politiker die Meinung der Wissenschaftler nicht berücksichtigen.

In seinem winzigen, vollgestopften Büro erzählt er begeistert von den Ausgrabungen, die er trotz fehlender Mittel fortsetzt. Da es keine präventive Archäologie gibt, wurden bei großen Bauarbeiten – teils von der Weltbank finanziert – bereits mehrere Fundstellen zerstört; weitere sind durch ein chinesisches Pipelineprojekt bedroht, weil man sich in der Planungsphase nicht darum gekümmert hat, Archäolog:innen hinzuzuziehen. Bei seinen Reisen durch Benin hat N'Dah auf dem Land noch viele heilige oder profane Kultobjekte entdeckt, die mehrere Jahrhunderte alt sind und offensichtlich von Generation zu Generation weitergereicht wurden.

Der Archäologe wünscht sich ein Programm zur Erforschung dieser Objekte: »Bevor man in den Massentourismus einsteigt, muss man die Menschen für den kulturellen und historischen Wert ihres Eigentums sensibilisieren, sonst werden sie es verkaufen.« Noch heute werden viele archäologisch bedeutsame Objekte im Auftrag lokaler Antiquitätenhändler gekauft oder gestohlen, um sie an ausländische Sammler weiterzuverkaufen. Besonders begehrt sind Objekte des Voodoo, eine in Benin weit verbreitete animistische Religion. Durch diesen illegalen Handel verliert das Land Stück für Stück sein kulturelles Erbe.[6]

Für den Künstler Dominique Zinkpè liegt die Verantwortung bei den westlichen Kunstliebhabern, die das Land besuchen oder hier leben. »Die Werke, auf die sie aus sind, finden sie nicht in den Kunsthandwerkszentren, sondern in den Dörfern, und sie wissen, dass sie jemanden bezahlen müssen, der sie stiehlt. Die Menschen haben Hunger; manche sind sogar bereit, bedeutende Objekte vom Hof ihrer Großeltern zu verkaufen.« Die Sammler suchten vor allem nach heiligen Objekte, erklärt Zinkpè. »Das ist kriminell, denn sie sind feste Bestandteile unserer Religion.« Die Zwischenhändler nutzen auch den Einfluss der Imame und christlichen Priester, die ihre Gemeindemitglieder dazu drängen, sich von ihren »dämonischen« Voodoo-Objekten zu trennen.

»Wir wissen ungefähr, wie viele unserer Objekte in den französischen Museen ausgestellt werden«, erklärt Franck Ogou, Direktor der Schule für afrikanisches Kulturerbe (EPA) in der Hauptstadt Porto-Novo. »Aber über die Zahl der Objekte, die von Antiquitätenhändlern und privaten Sammlern bis heute außer Landes gebracht wird, können wir nur mutmaßen. Die Grenzen sind durchlässig, und die Kontrolle ist schwierig.« Eigentlich dürfen nur zertifizierte Kopien aus Benin ausgeführt werden. Doch »die Sammler missbrauchen die Zertifikate, um die Kopien durch Originale zu ersetzen«, erzählt der Archäologe N'Dah. »Man müsste die Zöllner besser ausbilden und entschlossen gegen den Schmuggel vorgehen.«

Am 17. Januar 2020 fand im Petit Musée de la Récade am Stadtrand von Cotonou eine ungewöhnliche Zeremonie statt: Der französische Botschafter, ein Vertreter des Beniner Kulturministeriums, Mitglieder der Königsfamilie von Abomey, Vertreter des Auktionärsverbands von Saint-Germain-des-Prés sowie Kunstschaffende und Studierende wohnten der Ankunft von etwa 30 Objekten bei – mehrheitlich Zepter (récades) der Könige von Danhomey.

Das Museum wurde bereits 2015 durch den französischen Kunsthändler Robert Vallois, einen Sammler zeitgenössischer beninischer Kunst, und mit Unterstützung des Kunsthändlerverbands aus Paris eröffnet. »Für uns ist die Restitution der Werke etwas ganz Konkretes!«, verkündete Vallois. »Ich habe dieses Museum geschaffen, um es mit Objekten aus Benin dem Land Benin zu geben.« Anwalt Debie betont jedoch, es handle sich um ein »ausschließlich französisches Museum, das eine ausschließlich französische Spende erhalten hat«.

Mit dieser von einigem Medienrummel begleiteten Aktion[7] setzten sich die Restitutionsgegner in Szene – und zeigten dem französischen Kulturministerium eine lange Nase: Bei den 2020 überführten Gegenständen handelt es sich nämlich genau um die 30 Objekte, die im März 2019 in Nantes aus dem Auktionskatalog entfernt worden waren. Da Benin sie letztendlich nicht gekauft hat, haben die Kunsthändler sie wie ursprünglich angeboten für 24 000 Euro erworben. ●

Aus dem Französischen von Claudia Steinitz

1 Als der Generalsekretär der Unesco, Amadou Mahtar M'Bow, am 7. Juni 1978 zur Restitution außereuropäischer Kunstwerke aufrief, kam es in Frankreich und anderswo zu einer heute nahezu vergessenen breiten öffentlichen Debatte, die darin mündete, dass damals eine Regierung nach der anderen die Restitutionsforderungen erst mal ablehnte.

2 Felwine Sarr und Bénédicte Savoy, *Restituer le patrimoine africain,* Paris (Philippe Rey-Seuil) 2018, www.restitutionreport2018.com. Eine gekürzte Fassung wurde von Daniel Fastner ins Deutsche übersetzt: *Zurückgeben: Über die Restitution afrikanischer Kulturgüter,* Berlin (Matthes & Seitz) 2019. Sofern nicht anders angegeben, stammen alle folgenden Zitate aus diesem Bericht.

3 In ihrem Abschlussbericht zur Konferenz »Beyond Collecting. New Ethics for Museums in Transition« vom März 2020 forderten internationale Museumsexperten ein Forschungsverbot an menschlichen Überresten aus Afrika und deren proaktive Restitution durch Europa.

4 Siehe Nicola Truong, »Restitutions d'art africain: ›Au nom de la repentance coloniale, des musées pourraient se retrouver vidés‹«, *Le Monde,* 28. November 2018.

5 »Romuald Hazoumé: ›Cela fait cinquante ans que la culture béninoise est à l'abondan‹«, *Télérama,* Paris, 17. September 2016.

6 Siehe Philippe Baqué, »Räuber und Sammler«, *Le Monde diplomatique,* Januar 2005.

7 Siehe »Retour au Bénin de vingt-huit objets appartenant aux anciens rois d'Abomey«, *Le Monde,* 18. Januar 2020.

Erstmals erschienen in *Le Monde diplomatique* vom August 2020. Leicht gekürzt und aktualisiert.

Der kulinarische Adel

Wer in der Haute Cuisine was werden will, braucht gute Verbindungen

Von Rick Fantasia

Am Nachmittag des 24. Februar 2003 erschoss sich Bernard Loiseau, einer der bekanntesten Köche Frankreichs, in seinem Haus in Saulieu mit einem Jagdgewehr. Die Autopsie ließ keinen Zweifel an einem Selbstmord, doch weil ein Abschiedsbrief fehlte, begaben sich seine Familie, die Medien und Berufskollegen auf die Suche nach einem Motiv.

Schon bald konzentrierten sich die Spekulationen auf die Herabstufung seines Restaurants La Côte d'Or durch den Guide Gault & Millau von 19 auf 17 Punkte – die Höchstzahl beträgt 20. Paul Bocuse (1926–2018), Loiseaus langjähriger Freund und damals wahrscheinlich der angesehenste Küchenchef Frankreichs, fand harte Worte: »Bravo GaultMillau, Sie haben gewonnen. Ihr Urteil hat einem Menschen das Leben gekostet.«[1] Der Starkoch Jacques Pourcel machte in einem Brief an seine Kollegen die Medien für Loiseaus Tod verantwortlich. François Simon, Kochkritiker beim *Figaro,* mutmaßte, das Côte d'Or sei kurz davor gewesen, den dritten Stern im Guide Michelin zu verlieren.[2] GaultMillau wies jede Verantwortung zurück. Direktor Patrick Mayenobe versicherte: »Diese Bewertung bringt einen nicht um, auch nicht ein Stern weniger. Dieser Meisterkoch hatte sicher andere Probleme.«[3]

Die Köche beschuldigten die Gastroführer und die Restaurantkritiker; die Gastroführer und die Kritiker verwiesen auf die Finanzlage des Kochs; sein Finanzberater leugnete Geldprobleme und vermutete, Loiseau sei psychisch angeschlagen gewesen; seine Ehefrau Dominique schließlich, Eigentümerin und Geschäftsführerin der Unternehmen Loiseaus, klagte über den Druck auf den gesamten Berufsstand.

In einem Essay über die Haute Couture beschreibt der Soziologe Pierre Bourdieu die typischen Eigenschaften des Marktsegments für Luxusgüter.[4] Erstens spiegele der Wert hier eher die Seltenheit des Produzenten wider als die Seltenheit des Produkts. Zweitens erkläre sich die Seltenheit des Produzenten aus seiner Position auf einem Feld. Und drittens lasse sich das Charisma des Produzenten durch den Glauben an die Magie seiner Handschrift (seines Markenzeichens) auf das kulturelle Produkt übertragen. Zur Analyse des gastronomischen Felds muss man sich also zunächst ansehen, wie der Glaube an die Virtuosität des Kochs und an den Wert der Haute Cuisine zustande kommt. Dafür sind alle Akteure unter die Lupe zu nehmen, die an der Entstehung dieses Glaubens beteiligt sind.

Da sind zunächst die Restaurantführer (Michelin, GaultMillau, aber auch Bottin gourmand) zu nennen. Wobei der Guide Michelin klar an erster Stelle steht. Er besitzt quasi ein Monopol auf die kulinarische Legitimation, denn er bestimmt, wer sich als »grand chef« bezeichnen darf *(siehe Kasten auf Seite 65)*. Daneben mischen unzählige Zeitschriften und Magazine und deren Restaurantkritiker mit. Besonders einflussreich war die US-amerikanische Köchin Patricia Wells, die unter anderem für die in Paris erscheinende *International Herald Tribune* schrieb. Ihre Kolumnen ließen den Ruhm der großartigen französischen Küche in der ganzen Welt erstrahlen. Ihren Empfehlungen folgten die reichen US-amerikanischen Tourist:innen und Geschäftsleute, eine der wichtigsten Zielgruppen der Spitzenrestaurants.

Sterne-Köchin Eugénie Brazier (4. von rechts) inmitten von neun Sterne-Köchen in der Küche ihres Restaurants Col de la Luère, Pollionnay, April 1968. FRANÇOIS GRAGNON | PARIS MATCH/GETTY IMAGES

Wells schrieb wunderbare Elogen. Besonders bekannt war sie für ihre Treue zu Joël Robuchons Küche, einem der wenigen »Superstars« auf diesem Gebiet. Zusammen schrieben sie ein Kochbuch[5], und als sich Robuchon zurückzog, rühmte Wells ihn als »besten Koch des Jahrhunderts«. Außerdem wachte sie über sein Erbe, indem sie die Karrieren seiner zahlreichen Schüler förderte. Über einen von ihnen, Frédéric Anton, schrieb sie: »Er brilliert in allem, was er in der Schule des Meisters gelernt hat, und fügt sein besonderes Talent hinzu, die Zutaten durcheinanderzuwirbeln und Kombinationen zu schaffen, die den Gaumen zum Singen bringen.«

Anerkennung kann man sich auch bei den hunderten von Kochwettbewerben erwerben. Besonders begehrt ist der Titel »Meilleur Ouvrier de France« (MOF, Bester Arbeiter Frankreichs). Die seit 1924 vergebene Auszeichnung wird von der Société nationale des meilleurs ouvriers de France verliehen, einer gemeinnützigen Organisation, die für mehrere Dutzend Berufssparten Wettbewerbe organisiert. Beim Wettbewerb »Kochkunst-Gastronomie« treten mehrere hundert Kandidat:innen gegeneinander an, dreißig bis vierzig schaffen es ins Finale, von denen wiederum vier oder fünf ausgezeichnet werden. Einige berühmte Titelträger waren Küchenchefs von Drei-Sterne-Restaurants, wie Paul Bocuse (1961), Roger Vergé (1972), Joël Robuchon (1976) und Philippe Legendre (1996). Die meisten Drei-Sterne-Köche haben diesen Titel allerdings nie errungen.

In der Regel setzt sich die Jury aus den angesehensten französischen Köchen zusammen. Zwischen 1989 und 2011 wurde sie von Paul Bocuse geleitet. Der Titel verschafft den Preisträgern größtes Ansehen unter den Berufskollegen. Wer dieses Ziel erreicht, wurde meistens lange auf die Rolle des Spitzenkochs vorbereitet. Von den 19 Finalisten im Jahr 1991 hatten zwölf in der Küche eines Drei-Sterne-Restaurants gelernt oder gearbeitet, an der Seite eines Drei-Sterne-Kochs gestanden oder einen anderen wichtigen Kochwettbewerb gewonnen. Diese jungen Köche (das Durchschnittsalter der Finalisten lag bei 37 Jahren) waren also mit den Normen, Erwartungen und Techniken der Haute Cuisine bestens vertraut.

In diesem fast ausschließlich männlichen Universum (bisher errangen erst zwei Frauen den MOF-Titel) hängt der Erfolg davon ab, ob man die impliziten und expliziten Zugangsvoraussetzungen erfüllt. Neben Diplomen und anderen offiziellen Auszeichnungen zählt vor allem die Praxiserfahrung, die laut Starkoch Robuchon essenziell ist: »Egal wie gut Ihre Mitarbeiter sind, es gibt bestimmte Prinzipien des Kochens, die sich nicht erklären lassen. Das gilt zum Beispiel für das Festhalten oder Fixieren eines Geschmacks. Wenn ich zum Beispiel ein Trüffelragout koche, gibt es einen bestimmten Moment – man erkennt ihn am Geruch –, in dem der ganze Geschmack des Trüffels freigesetzt ist, und in genau diesem Moment muss ich handeln. Wenn ich genau im richtigen Moment handle, ist der Geschmack fixiert. Wenn man gern kocht, lässt sich dieses Prinzip erlernen, aber nur durch Erfahrung und durchs Ausprobieren.«[6]

Das Wissen allein führt jedoch nicht zum Ruhm. Hinzu kommen die formellen und informellen Beziehungen, die man in einem weitverzweigten System erwirbt. Hier zählt nicht, was du kannst, sondern wen du kennst. Wenn ein angehender Küchenchef einen berühmten Mentor hat, darf er die Zugehörigkeit zu einer bestimmten »Sippe« beanspruchen und gewinnt so ein soziales Kapital, das in der Gastronomie, besonders in deren exklusivsten Kreisen, sehr wertvoll ist. Deshalb werden in den meisten Artikeln oder Büchern über berühmte Köche die Restaurants, in denen sie gearbeitet, und die Personen, bei denen sie gelernt haben, genannt.

Diese »Stammbäume« nützen nicht nur den Neuen, sondern auch den Etablierten. Seinen Höhepunkt erreichte diese Praxis wohl 1976 mit der Gründung der Association des disciples de Paul Bocuse durch gut hundert ehemalige Auszubildende und Commis de Cuisine (Jungköche) aus der ganzen Welt. Bocuse entstammte ebenfalls einer prestigeträchtigen kulinarischen Linie. Er lernte sowohl bei der legendären Eugénie Brazier *(la mère Brazier)* in Lyon und bei Fernand Point, einem der Väter der Nouvelle Cuisine, in dessen Restaurant La Pyramide in Vienne.

Auch die Familientradition spielt eine Rolle. Von 37 Köchen, die in den 1990er Jahren drei Michelin-Sterne bekamen, hatten 21 Eltern oder Großeltern, die Köche, Gastwirte oder Cafébetreiber waren. Mehrere dieser 37 Köche arbeiteten zudem eng mit Verwandten zusammen, unter ihnen die Zwillinge Jacques und Laurent Pourcel aus Montpellier oder die Vater-Sohn-Duos Michel und Jean-Michel Lorain aus Joigny sowie Marc und Paul Haeberlin aus Straßburg – wahre kulinarische Dynastien.

Dank der »Familienbande« im weiteren Sinne, also der beruflichen wie familiären Beziehungen, hat sich die Gastronomie eine gewisse Unabhängigkeit gegenüber Urteilen von Außenstehenden bewahrt. Die Nachfolge wird innerhalb dieser Kreise geregelt: ein System, das sich immer wieder selbst perpetuiert. So hat zum Beispiel Pierre Orsi, der Küchenchef des nach ihm benannten Restaurants in Lyon, ausgezeichnet mit einen Stern im Michelin und drei im Bottin gourmand, bei Bocuse gelernt und war Mitglied der Association des disciples de Paul Bocuse. Später bildete Orsi die Köche Gérard Vignat, Jacques Rolancy und Stéphane Gaborieau aus. Und Orsis vier Söhne arbeiten ebenfalls in der Gastronomie, unter ihnen Laurent Orsi, der auch bei Bocuse gelernt hat.

In einem renommierten Restaurant Auszubildender, Commis oder Chef de Partie gewesen zu sein, bedeutet in den meisten Fällen, an der Seite eines großen Kochs gearbeitet zu haben. In Frankreich genießen nur wenige Restaurants mehr Anerkennung als die Köche, die dort gearbeitet haben. Es ist allerdings schwierig, dieses Renommee ohne die Erneuerung durch einen anerkannten Koch oder Eigentümer zu erhalten. So wurde zum Beispiel Bernard Loiseau 1975 als aufsteigender Stern engagiert, um das angeknackste Prestige des Côte d'Or anzuheben.

Zum Zeitpunkt seines Todes befand sich der Koch in einer Aufwärtsspirale. Interviews und Artikel über ihn steigerten seine Bekanntheit und eröffneten neue geschäftliche Perspektiven. Loiseau

Die Erfindung des Restaurants

Das erste Kochbuch in deutscher Sprache, »Das Buch von guter Speise« (Mittelhochdeutsch: »Das buoch von guoter spise«) wurde um 1350 verfasst. Ende des 15. Jahrhunderts gehörten Kochbücher in Italien und Deutschland zu den ersten gedruckten Werken überhaupt. Die Grundlagen der französischen Kochkunst wurden 1651 mit der Rezeptsammlung »Le Cuisinier françois« (Der französische Koch) von François-Pierre de la Varenne gelegt.

Das Buch beschreibt die Kochkunst für den Adel und eine typisch französische Art zu kochen, die sich vor allem durch die Verwendung neuer Gewürze und Aromen sowie technische Innovationen bei der Zubereitung von den Essgewohnheiten des Mittelalters unterschied. In den folgenden Jahrzehnten erschienen immer mehr Kochbücher mit neuen Rezepten und Empfehlungen.

Die Entwicklung der französischen Gastronomie beschränkt sich jedoch nicht auf diese ersten Texte. Diese lieferten zwar das theoretische Wissen, aber es gab noch keine festen Einrichtungen für den Austausch von Kocherfahrungen. Erst die Revolution schuf diese Orte mit der Erfindung des Restaurants. Die genaue historische Verbindung zwischen Revolution und Restaurant ist umstritten. Die einfachste Erklärung lautet, dass die Köche, die früher in den Adelshäusern arbeiteten, Suppenküchen aufmachen mussten, nachdem ihre Herren geflohen oder der Terreur zum Opfer gefallen waren. Allerdings soll es in Paris schon in den beiden Jahrzehnten vor der Revolution öffentliche Essensorte gegeben haben, die man Restaurants nannte.

Die überzeugendste Erklärung lautet, dass die Revolution mit der Abschaffung der Zünfte die Bedingung dafür schuf. Das Wort »restaurant« bezeichnete ursprünglich eine stärkende Fleischbouillon, die in Suppenküchen zur »Restaurierung«, zur Wiederherstellung der Kräfte, angeboten wurde. Um 1765 öffnete ein gewisser Boulanger, Lieferant von »restaurants«, ein Lokal in Paris, das neben diesen Bouillons auch andere Speisen anbot, deren Verkauf dem Zunftsystem unterworfen war. Die Zunft der Köche (traiteurs) prozessierte gegen ihn, aber das Gericht gab Boulanger recht, kündigte damit das baldige Ende des Zunftsystems an und förderte die Entwicklung dieser neuen Lokale, die gekochte, vor Ort zu verzehrende Speisen anboten. Obwohl es noch mehrere Jahrzehnte dauerte, bis der Begriff Restaurant in seiner heutigen Bedeutung offiziell anerkannt war, erlebten die neuen Gasthäuser bald nach der Revolution einen enormen Aufschwung. Während des Ersten Kaiserreichs (1804–1814) gab es bereits zwischen 500 und 600, während der Restauration (1814–1848) bereits 3000.

Paris triumphierte über den Rest des Landes, wie die Revolution über die Monarchie triumphierte: Die Achsen von Politik, Kultur und Handel verschoben sich von Versailles nach Paris, die Hauptstadt wurde zum unangefochtenen Zentrum. »Je weiter der Ruhm der Restaurants wuchs, desto mehr verbreitete sich der Mythos von Paris als großer Tafel der Nation«, schreibt Rebecca Spang in »The Invention of the Restaurant«. Auch die traditionellen Bars und Gartenlokale verwandelten sich in Restaurants und konservierten den Stil aristokratischer Größe und Ausschweifung im Aspik der Haute Cuisine. Nachdem die Restaurants in der Hauptstadt Fuß gefasst hatten, verbreiteten sie sich schnell in verschiedenen Vorposten in der Provinz und schließlich im ganzen Land. Wie der Geograf Jean-Robert Pitte anmerkte, »die Raffinesse der alten Adelshäuser fand einen neuen Ort in den Luxusrestaurants auf den großen Boulevards von Paris, in Lyon und Bordeaux. Hier wurden die schönsten Fische und Krustentiere zubereitet, die Straßburger Stopfleber – die zu einem Symbol für gutes Essen wurde.«

Rick Fantasia

trat in die Fußstapfen von Michel Guérard, der als erster Starkoch Mitte der 1970er Jahre den Verlockungen des großen Geldes erlag. Les Prés d'Eugénie, Guérards Restaurant im Südwesten Frankreichs, stand ganz oben auf den Listen der wichtigsten Gastroführer. Guérard vertrat die Nouvelle Cuisine und schrieb 1976 das Standardwerk »Die leichte Große Küche« (Ullstein, 1977). Im selben Jahr unterzeichnete er einen Vertrag mit Nestlé. In einer Ausgabe, die ihn auf die Liste der »acht besten Köche Frankreichs« setzte, fragte GaultMillau Guérard nach der »Grenzüberschreitung«, der er sich schuldig gemacht hatte. Provokativ bekannte er sich dazu, der erste Koch gewesen zu sein, der »sich mit einem Industriellen eingelassen« habe. Er hätte Nestlé »Können, Fantasie und Raffinesse« beibringen wollen – ausgerechnet in dem Moment, als die Firma unter der Marke Findus eine Reihe »leichter Fertiggerichte« herausbrachte.

Nachdem einmal eine Bresche in die Mauer zwischen Kochkunst und Industrie geschlagen war, gab es kein Halten mehr. Paul Bocuse, Alain Ducasse, Joël Robuchon – sie haben alle versucht, Kontakte zur Industrie zu knüpfen und haben Tiefkühlprodukten, Supermärkten oder Restaurantketten ihr Renommee geliehen. Marc Veyrat, der das Image eines naturnahen Rebellen pflegt, hat mehrere Jahre für das Catering-Unternehmen Sodexo gearbeitet. Heute gibt es Thierry-Marx-Küchenhandschuhe, japanische Messer mit dem Konterfei von Cyril Lignac, Backzubehör à la Pierre Hermé und ökologische Kuchenformen mit dem Siegel von Christophe Michalak. •

Aus dem Französischen von Claudia Steinitz

1 *Le Parisien,* 25. Februar 2003.
2 Zitiert in William Echikson, »Death of a chef«, *The New Yorker,* 12. Mai 2003. Ein Sprecher des Guides hatte erklärt, die Sterne von Loiseau »seien nicht in Gefahr gewesen, jedenfalls nicht in diesem Jahr«.
3 Zitiert in »La disparition tragique du chef Bernard Loiseau«, *Le Monde,* 25. Februar 2003.
4 Pierre Bourdieu und Yvette Delsaut, »Le couturier et sa griffe: contribution à une théorie de la magie«, *Actes de la recherche en sciences sociales,* Band 1, Nr. 1, Paris, 1975.
5 *Cuisine actuelle: Patricia Wells Presents the Cuisine of Joël Robuchon,* London (Macmillan) 1993.
6 Siehe Anmerkung 5.

Dies ist ein Auszug aus dem Buch *French Gastronomy and the Magic of Americanism,* Philadelphia (Temple University Press) 2018. Eine französische Fassung erschien in *Le Monde diplomatique* (Paris) vom Oktober 2021. Deutsche Erstübersetzung.

Die Macht der Sterne

Im Jahr 1900 verteilte die Reifenfirma Michelin die erste Ausgabe des heute weltberühmten Buchs mit dem roten Einband gratis an Automobilisten, um eine neue Form des Tourismus zu fördern. Es erschien in einer Auflage von 35 000 Exemplaren, enthielt die Stadtpläne von 13 französischen Städten und Adressen von Hotels, Postämtern, Bahnhöfen, Arztpraxen, Apotheken und Tankstellen; letzter mit Angabe der Benzinpreise. Der »Guide Michelin« war also zunächst ein praktisches Handbuch für Autofahrer und andere Interessierte. In den 1920er Jahren schwankte die jährliche Auflage zwischen 60 000 und 90 000 Exemplaren, in den 1930er Jahren kletterte sie auf über 100 000, bis 1939 das Erscheinen kriegsbedingt eingestellt werden musste. Zur Referenz für die Gastronomie wurde er erst nach dem Krieg. Die Auflage stieg kontinuierlich, erreichte in den 1970er Jahren 600 000 Exemplare und pendelte sich zwischen 500 000 und 700 000 jährlich ein. Die Chance, einen Michelin im Handschuhfach zu finden, war also sehr groß. Dass er in der Haute Cuisine zur Institution wurde, ist jedoch nur teilweise seiner großen Leserschaft zu verdanken. Sein Einfluss und die Rolle, die er bis heute spielt, haben vor allem damit zu tun, dass er mit seinem Bewertungssystem kulinarische Maßstäbe setzt.

Im Michelin gibt es drei Kategorien. Das Restaurant mit einem Stern wartet mit einer »Küche voller Finesse« auf, die »einen Stopp wert« ist. Ein Restaurant mit zwei Sternen hat dagegen schon eine »Spitzenküche« und ist daher »einen Umweg wert«. Drei Sterne schließlich versprechen »eine einzigartige Küche« und sind »eine Reise wert«: »Man isst dort immer sehr gut, manchmal wunderbar. Edle Weine, tadelloser Service, eleganter Rahmen.«

Ein Mythos umrankt dieses Bewertungssystem. Da ist zunächst das sorgfältig gepflegte Geheimnis, wie die Restaurants geprüft werden. Die genaue Zahl der Inspektor:innen, die für den Guide arbeiten, wird nicht verraten, sie achten sorgfältig auf ihre Anonymität, wenn sie ein Restaurant besuchen. Anders als andere Kritiker:innen, die oft kostenlos speisen, sobald sie sich zu erkennen geben, bezahlen sie ihre Rechnung selbst.

Neben der legendären Diskretion trägt noch ein anderer Faktor zum Mythos Michelin bei: seine Uneigennützigkeit. Dass diese Tugend allgemein anerkannt ist, hat viel damit zu tun, dass 85 Jahre lang jegliche Werbung im Guide verboten war (anders als in anderen Restaurantführern). Diese Regel und die finanzielle Absicherung durch den Michelin-Konzern bewahrte ihn vor dem Verdacht von Interessenkonflikten (zumindest finanziellen). So konnte sich der Guide Michelin als symbolischer Grundpfeiler der französischen Gastronomie halten, auch wenn die Verkaufszahlen rückläufig sind und Kommentare und Bewertungen im Internet immer populärer werden.

Die dritte Zutat für die Aura, die den Michelin umgibt, ist die Zeitlosigkeit, die er zu verkörpern versucht: sein langes Bestehen, das rituell inszenierte jährliche Erscheinen, sein immer gleicher roter Einband, das seit Jahrzehnten kaum veränderte Layout. Verstärkt wird der Eindruck von Seriosität und Vertrauenswürdigkeit durch die Bindung des Guides an ein industrielles Familienunternehmen, das den Ruf von Anstand und Solidität hat.

Der vierte Bestandteil des Michelin-Mythos resultiert aus den drei genannten: Seine Legitimationsmacht wird durch das Medienereignis, das jedes Jahr zu seinem Erscheinen stattfindet, gesteigert; ebenso durch die herausgehobene Stellung, die die Kochkunst im kulturellen Erbe Frankreichs einnimmt. Wenn ein Koch einen dritten Stern bekommt, verleiht ihm das eine beträchtliche kulturelle Macht, die meisten Drei-Sterne-Köche sind Berühmtheiten. Durch den Mythos, der den Michelin umgibt, lässt sich wiederum der Glauben an die kulturelle Macht der Gastronomie bewahren.

Rick Fantasia

Essen wie Gott in Frankreich?

Verborgener Hunger, Lebensmittelskandale und täglich dutzende Zusatzstoffe

Von Gatien Elie

Der Hunger, der im Globalen Süden vor den laufenden Kameras westlicher Sender den Menschen die Würde raubt, existiert in Frankreich nicht. Hierzulande findet er »im Verborgenen, fast ohne sichtbare Zeichen« statt, wie der Arzt und Geograf Josué de Castro schrieb. Man begegnet ihm in den Warteschlangen vor den Tafeln, in den Sozialstationen der Schulen und Ausbildungsstätten oder wenn Supermarktkunden auf dem Weg nach draußen von der Security angehalten werden und ihre Einkaufstaschen vorzeigen müssen.

Laut einem aktuellen Bericht des französischen Senats sind 8 Millionen Menschen in Frankreich von Ernährungsunsicherheit betroffen – laut Ipsos-Barometer des Wohlfahrtsverbands Secours Populaire Français sogar jeder Fünfte. Für viele, die kaum das Geld für das Schulessen ihrer Kinder aufbringen können (19 Prozent), für die frisches Obst und Gemüse, Fleisch und Fisch Seltenheitswert haben (27 Prozent) oder die regelmäßig auf Mahlzeiten verzichten, reißt die Ernährung bisweilen große Löcher in die Haushaltskasse. 2014 gaben bei einer Erhebung der Hilfsorganisation Ärzte der Welt zwei Drittel der Befragten an, dass sie täglich weniger als 3,50 Euro für Nahrungsmittel ausgeben (bei Wohnungslosen, Hausbesetzern und in Sozialsiedlungen waren es nur 2 Euro). Knappe Budgets führen zu Mangelernährung, machen anfälliger für Fettleibigkeit oder chronische Erkrankungen und schüren Zukunftsängste. Inzwischen sind in Frankreich 5,5 Millionen Menschen auf Lebensmittelhilfe angewiesen; die Zahl hat sich zwischen 2009 und 2017 mehr als verdoppelt.

Ernährung wird in internationalen Abkommen als Grundrecht anerkannt – in der Allgemeinen Erklärung der Menschenrechte (1948), im Internationalen Pakt über wirtschaftliche, soziale und kulturelle Rechte (der 1976 in Kraft trat) und in der Erklärung von Rom zur Welternährungssicherheit (1996). Während Staaten, die gegen politische Bürgerrechte verstoßen, mit Sanktionen belegt werden können, ist das Recht auf Ernährung ein wirtschaftliches und soziales und somit nicht bindendes Recht. Und obwohl das Recht auf Ernährung in der Präambel der französischen Verfassung von 1946 verankert ist, kann man es bis heute nicht vor Gericht einklagen.

Frankreich ist die größte Agrarnation in der EU, die ein Fünftel der landwirtschaftlichen Erzeugnisse des Kontinents produziert. Getreide, Zucker, Milcherzeugnisse, Fleisch: Bei vielen Lebensmitteln ist Frankreich Nettoexporteur. Ein engmaschiges Transport- und Distributionsnetz überspannt das gesamte Staatsgebiet. Jahr für Jahr verstopfen 20 Milliarden gedruckte Werbeprospekte – vor allem der Einzelhandelsriesen – die Briefkästen: 30 Prozent Sofortrabatt, zwei Artikel zum Preis von einem, von Dienstag bis Sonntag 10 Prozent auf alles. Den enormen Papierverbrauch (40 Kilogramm pro Kopf und Jahr) rechtfertigen die Verbrauchermarktketten damit, dass die Hälfte aller Franzosen die Prospekte zurate zieht und ein Drittel gezielt dort einkauft, wo es Rabatte gibt.[1] Die Preise bilden nicht mehr die für die Produktion erforderliche Menge an Arbeit und Kapital ab, sondern die Nachschubmengen, die von der Industrie auf den Markt geworfen werden und schnell Abnehmer finden müssen, weil Lebensmittel verderbliche Waren sind. Die Dauerrabatte und die Lebensmittelüberproduktion und -verschwendung sind zwei Seiten derselben Medaille.

10 Millionen Tonnen – so viele Lebensmittel werden jedes Jahr in Frankreich weggeschmissen. Das ist ein Drittel der landwirtschaftlichen Produktion, die irgendwo auf dem Weg vom Acker auf den Teller verloren geht. Lebensmittel, deren Preise verfallen oder die keinen Käufer finden, landen genauso auf dem Müll wie verdorbene Vorräte. Die Verantwortung dafür verteilt sich laut Agence de la transition écologique (AGTE) auf die Hersteller (32 Prozent), die verarbeitende Industrie (21 Prozent), den Handel (14 Prozent) und die Konsumenten (33 Prozent). Der Durchschnittsverbraucher lässt jedes Jahr 30 Kilogramm Lebensmittel vergammeln. Dadurch gehen nicht nur 16 Milliarden Euro verloren; für Produktion, Transport und Entsorgung werden auch Unmengen von Ressourcen wie Boden, Erdöl und Wasser verschwendet. 2016 hat der französische Staat versprochen, die Lebensmittelabfälle bis 2025 um die Hälfte zu reduzieren, indem er vor allem die großen Handelsketten dazu verpflichtet, unverkaufte Waren nicht zu vernichten, sondern an Initiativen zu spenden, die den Ausschuss sammeln und wieder unter die Leute bringen.

Seit dem königlichen Edikt von 1554, dessen Bestimmungen zum größten Teil heute noch in Kraft sind, galten für das Auflesen von Ernteresten allerlei Beschränkungen zum Schutz des Privateigentums. So durfte man nur tagsüber eine begrenzte Menge sammeln und keine Werkzeuge dabei benutzen. Solche Beschränkungen gelten auch heute fürs »Containern«: In den Städten ist das Durchwühlen von Supermarktmülltonnen verboten, wenn diese – wie meist üblich – auf einem Privatparkplatz stehen. Doch die Justiz zeigte Erbarmen: Seit 2015 gilt das Entwenden von abgelaufenen Produkten nicht mehr als Diebstahl.

Die Mülltonnen eines Supermarkts sagen eine Menge über die heutige Ernährung aus mit ihren aufwändig verpackten Fertigprodukten und deren unverständlichen Etiketten. Als sie in den 1970er Jahren aufkamen, sollten damit angeblich die Frauen von der Hausarbeit entlastet werden.[2] Doch die Inhaltsstoffe waren schon damals Grund zur Sorge. Seither reiht sich ein Lebensmittelskandal an den anderen.

Als das Unternehmen Findus, das seinen Lieferanten immer niedrigere Preise abnötigt, 2013 bei einer Stichprobe Pferdefleisch in seiner Lasagne entdeckte, hatte der Skandal europäische Ausmaße: Die gesamte Fertigungskette der 4,5 Millionen Lasagnepackungen wurde für verantwortlich befunden – von den Schlachtbetrieben über den Zwischenhändler (Draap Trading), den Fleischverarbeiter (Spanghero in Castelnaudary) und den Endhersteller (Comigel in Metz) bis zu den Einzelhandelsketten.

Ende 2016 schrillten bei den Gesundheitsämtern die Alarmglocken, als ungewöhnlich viele Fälle von Salmonellenvergiftungen bei Säuglingen gemeldet wurden, die Anfangsmilch von Lactalis getrunken hatten. Wie sich herausstellte, war die Quelle der Verunreinigung eine Trocknungsanlage des Konzerns in Craon (Département Mayenne).

Die immer häufiger auftretenden Lebensmittelskandale werden nicht nur durch die Industrialisierung und die massive Zunahme des Warenverkehrs begünstigt, sondern auch durch den Mangel an staatlicher Kontrolle. Dem französischen Landwirtschaftsministerium stehen heute 11 Prozent weniger Kontrolleure zur Verfügung als 2007; die Zahl derjenigen, die sich mit Lebensmittelbetrug befassen, schrumpfte im selben Zeitraum sogar um 20 Prozent. Das ist allerdings nur ein Teil des Problems. In den meisten Fällen steht die Gefährdung der Bevölkerung sogar im Einklang mit Recht und Gesetz.

> Für die Zubereitung eines Cordon bleu braucht man fünf Zutaten. Das Cordon bleu aus dem Supermarkt enthält jedoch mehr als dreißig Ingredienzen

Ein Putenschnitzel, Käse, Schinken, Paniermehl und ein Ei: Für die Zubereitung eines Cordon bleu braucht man fünf Zutaten. Das Cordon bleu aus dem Supermarkt enthält jedoch mehr als dreißig Ingredienzen. Und statt aus Fleisch besteht es aus einer »Fleischzubereitung«, einem Pressling aus Haut, Flügel- und Schenkelfleisch, Traubenzucker, Weizenfasern für die Textur (die Fasern können sehr viel Wasser binden und blähen das Produkt künstlich auf) sowie Nitritsalz für die Farbe und Haltbarkeit. Trotzdem verspricht die Verpackung »100 Prozent Putenfilet«.

Statt Käse kommt eine Käsezubereitung zum Einsatz. Die enthält oberflächenaktive Stoffe (Tenside) wie zum Beispiel Schmelzsalze, die dafür sorgen, dass sich die einzelnen Bestandteile beim Erhitzen gut vermischen, Konservierungsstoffe (Polyphosphate und Natriumzitrate), einen Säureregulator, einen Emulgator, Aromastoffe, Farbstoffe, Zucker und Glutamat. Der Schinken enthält einen Konservierungszusatz, der allerdings so unangenehm riecht, dass ein weiterer Zusatzstoff benötigt wird. Da der Schinken dadurch aber zu elastisch wird, kommt ein drittes Additiv hinzu, das dem Schinken aber leider einen säuerlichen Geschmack verleiht. Der daher unverzichtbare Säureregulator wiederum bewirkt eine Farbveränderung. Das Problem wird durch ein Pigment gelöst. Ein endloses Spiel, das mit Kochen nichts mehr gemein hat.

Das Nationale Forschungsinstitut für Landwirtschaft, Ernährung und Umwelt (Inrae) hat ausgerechnet, dass von 30 000 verpackten Lebensmitteln mehr als zwei Drittel »ultraverarbeitet« sind. Die gesundheitlichen Auswirkungen sind noch kaum erforscht. Immerhin weiß man, dass diese ultraverarbeiteten Nahrungsmittel weniger sättigen und schneller verdaut werden. In Frankreich hat inzwischen fast jeder zweite Erwachsene Gewichtsprobleme; jeder sechste gilt als adipös.[3] Die Zahl der Herz-Kreislauf-Erkrankungen nimmt zu, es treten neuartige Leberschäden auf, und von der früher nur bei älteren Menschen beobachteten Typ-2-Diabetes sind inzwischen auch Heranwachsende betroffen.

Ein Kind, das zum Frühstück Cornflakes isst, mittags in die Schulkantine geht und abends ein Fertiggericht verspeist, nimmt jeden Tag rund 40 Zusatzstoffe (von 339 zugelassenen) zu sich. Die Kombinationsmöglichkeiten sind unendlich und deren gesundheitliche Effekte schwer erforschbar. Industriell hergestellter Formfleischschinken wird mit Hilfe eines Enzyms namens Transglutaminase aus Einzelstücken zusammengeklebt. Welche Auswirkungen haben diese Enzyme auf unseren Körper? In einer gemeinsamen Studie haben das Inrae und das Nationale Institut für Gesundheit und medizinische Forschung (Inserm) einen Zusammenhang zwischen dem Verzehr ultraverarbeiteter Produkte und der Entwicklung von Tumoren festgestellt.

Die Versuche einer Regulierung kann man bisher nur als zögerlich bezeichnen. Das 2016 verabschiedete Werbeverbot im Kinder- und Jugendfernsehen (Loi Gattolin) gilt nur für die öffentlich-rechtlichen Programme, auf die noch nicht einmal 1 Prozent der Bildschirmzeit von Kindern entfällt. Dabei geht es um viel: Ein Kind zwischen 4 und 17 Jahren sieht nach wie vor jede Woche durchschnittlich 16 Werbespots für zu fette, zu salzige und zu stark gezuckerte Produkte. Es gibt einen Gesetzentwurf für ein Verbot von Nitritsalz, das dem Schinken seine rosa Farbe verleiht, seine Haltbarkeit verlängern und Darmkrebs befördert. Manche Stoffe wurden bereits untersagt. Der Weißmacher Titandioxid (E171), der Lebensmittel intensiver glänzen lässt, verursacht Lungenschädigungen, wenn er eingeatmet wird, und bösartige Tumore beim Verzehr. Auf europäischer Ebene ist dieser in Frankreich inzwischen verbotene Zusatzstoff nach wie vor erlaubt, sofern er mit dem Hinweis »krebserregend« versehen wird.

Die Behörden haben die Verantwortung auf den Verbraucher abgewälzt. Um ihm »seine Entscheidung in Bezug auf den Energie- und Nährstoffgehalt seiner Ernährung zu erleichtern«[4], wurde ein System der vereinfachten Nährwertkennzeichnung (Sens) entwickelt. Seit 2014 wird eine wachsende Zahl von Industrieprodukten mit dem staatlich geförderten Nutri-Score gekennzeichnet: Das Spektrum reicht von A (dunkelgrün: gut) bis E (rot: schlecht).

Die Industrie gibt sich alle Mühe, diesen Eingriff des Staats zu hintertreiben, indem sie ihr eigenes Bewertungssystem anbietet, das genehmere Noten verteilt.[5] Im Übrigen stellt die Europäische Union klar, dass die Industrie keineswegs verpflichtet ist, den potenziell »diskriminierenden« Nutri-Score zu übernehmen. Und die französische Nationalversammlung lehnte den Vorschlag ab, dass der Nutri-Score in der Werbung gezeigt werden muss. Aktivist:innen richteten daraufhin eine frei zugängliche Datenbank namens Open Food Facts ein. Dort wird der Nutri-Score für sämtliche Produkte berechnet – auch für solche, deren Hersteller sich gegen die Kennzeichnung sträuben. Forscherteams nutzen sie ebenso wie die Entwickler:innen von Smartphone-Apps wie Yuka. Wer mit Yuka den Barcode eines Produkts scannt, bekommt dessen Bewertung angezeigt.

Die Industrie hat inzwischen gemerkt, dass sich der Wind dreht. Sie produziert weniger fettig und salzig, verwendet andere Zusatzstoffe und wartet mit neuen Supernahrungsmitteln auf, die zwar ebenfalls ultraverarbeitet sind, aber notenmäßig besser abschneiden. Beim Inrae fragt man sich mittlerweile, was das Bewertungssystem überhaupt bringt. Nach Meinung des Ernährungswissenschaftlers Anthony Fardet bringen die ganzen Scores nichts weiter, als dass der Verbraucher sich das am wenigsten schlechte ultraverarbeitete Produkt aussuchen kann, die Ärmeren aber dennoch zum Konsum dieser Produkte animiert werden.

Viele Menschen glauben, dass sie ohnehin keinen Einfluss auf die Lebensmittelindustrie haben, und stellen deshalb ihre Ernährung selbst um. Die einen essen kein Gluten mehr. Andere machen eine Paleo-Diät mit einem Speiseplan wie in der Steinzeit. Wieder andere schwören auf Rohkost. Manche behaupten gar, der Mensch komme mit Sonne und Bouillon aus. Sehr viel zahlreicher sind die Menschen, die auf Fleisch oder tierische Produkte verzichten (schätzungsweise 5 Prozent der französischen Bevölkerung ernähren sich mittlerweile vegetarisch und etwa 1 Prozent vegan).

In den letzten zwanzig Jahre hat sich der Absatz von Bioerzeugnissen verzehnfacht; wenn der Trend anhält, werden bis 2025 Bioprodukte 10 Prozent des Lebensmittelumsatzes ausmachen. Das ist zwar immer noch ein kleiner Anteil, aber 90 Prozent der Französinnen und Franzosen gaben 2021 an, dass sie im vorangegangenen Jahr Bioerzeugnisse gegessen haben; 80 Prozent wollen dabeibleiben und 11 Prozent künftig mehr Bio konsumieren.[6] Auch immer mehr Schulkantinen bieten Bioessen an – wozu sie ausnahmsweise der Gesetzgeber ermuntert.[7]

Viele Landwirte haben deshalb schon ihre Betriebe umgestellt: 8,5 Prozent der Agrarflächen werden heute ohne gentechnisch veränderte Organismen (GVO) und ohne synthetische Chemikalien bewirtschaftet. Prozentual betrachtet, liegt Frankreich damit zwar immer noch weit hinter Österreich (24 Prozent), Schweden (20 Prozent), Estland (20 Prozent) oder Tschechien (15 Prozent), hat aber seinen Anteil binnen fünf Jahren verdoppelt und liegt in absoluten Zahlen bereits jetzt auf Rang zwei in Europa.

Mit Bioerzeugnissen werden in Frankreich fast 12 Milliarden Euro pro Jahr umgesetzt, 80 Prozent der Absatzsteigerung im Lebensmittelbereich gehen auf ihr Konto. Die Hälfte aller Bioprodukte wird schon jetzt von großen und mittelgroßen Einzelhändlern verkauft. Nach Aussage eines Branchenexperten beträgt die Marge bei Bioprodukten durchschnittlich 40 Prozent. Der Verbraucher zahlt für Erzeugnisse aus konventioneller Landwirtschaft, bei denen die ökologischen Kosten nicht mit eingepreist werden, zu wenig und für Bio zu viel.

»Keine Panik – es gibt genug Vorräte«, beruhigte Michel-Édouard Leclerc auf seiner Facebook-Seite die Kundschaft der Hypermarktkette Leclerc zu Beginn des zweiten Lockdowns am 27. Oktober 2020. Die Ernten waren gut, die Mühlen und Kornkammern des Pariser Beckens prall gefüllt. Trotzdem gab es Keilereien an den Supermarktregalen. Ob die Versorgungsketten in einer echten Ausnahmesituation wirklich in der Lage sind, den Bedarf zu decken? Wenn es Probleme mit der Logistik gibt, gäbe es in einer Stadt wie Paris bereits nach drei Tagen eine erhebliche Lebensmittelknappheit.

Lagerhaltung verbraucht Platz und kostet Geld – gerade in den Metropolen. Deshalb hatte in den vergangenen Jahrzehnten die Just-in-Time-Logistik mit Lkws Priorität. Doch seit Beginn der 2000er Jahre formiert sich eine Gegenbewegung. Verbraucher und stadtnahe Erzeuger gründen Lebensmittelkooperativen (Food-Coops), damit die bäuerliche Landwirtschaft erhalten bleibt. Die Verbraucher verpflichten sich, den Erzeugern Woche für Woche ihre Produktion abzukaufen und garantieren ihnen damit ein gesichertes Einkommen. Die Lebensmittelversorgung ist dadurch lokal, saisonal, verpackungs- und verschwendungsfrei und kommt ohne Zwischenhändler aus. Dementsprechend sind die Preise bis zu 30 Prozent niedriger als bei den großen Verbrauchermärkten.

Inzwischen beliefern in Frankreich nach diesem Modell 15 000 Erzeuger 6 Millionen Konsumenten. Für diese Konsumenten sind Rückverfolgbarkeit und Eigenverantwortung keine bloße Theorie, sondern gelebte Praxis. Der Dialog mit den Erzeugern ist Normalität. Gegenwärtig gibt es fast 300 innerstädtische und stadtnahe Bauernhöfe, die ihre Produkte im Direktverkauf absetzen. Diese Art von Landwirtschaft erhebt nicht den Anspruch, eine autonome Versorgung zu bieten, aber sie leistet dazu einen Beitrag. Food-Coops, Grüngürtelparzellen, Gemüseanbau und Geflügelzucht auf Brachflächen, Familien- und Gemeinschaftsgärten: All dies hilft, Städter für die Ernährungsfrage zu sensibilisieren. Wenn es darum geht, den Zugriff auf Grund und Boden zu ermöglichen, spielt die Politik eine unverzichtbare Rolle. Doch die Vorstellung, dass die urbane Landwirtschaft die Stadtbevölkerung ernähren könnte, ist ein Wunschtraum.

Die Abkopplung der Landwirtschaft von der Stadt hat eine lange Geschichte. In Fernand Braudels Sozialgeschichte des 15. bis 18. Jahrhunderts kann man nachlesen, wie die Städte, die ihre Nahrungsmittel nicht selbst herstellten, ihre Versorgung über weite Entfernungen organisiert haben und deshalb häufig an Flüssen lagen – die ländlichen Gebiete im Umfeld reichten selten aus, um den Bedarf zu decken. Die Hälfte der französischen Bevölkerung lebt heute in einem Département, das zu wenig landwirtschaftliche Nutzfläche hat, um sich selbst ernähren zu können, selbst wenn die gesamte Fläche in Agrarland umgewandelt werden würde.[8]

20 Prozent der in Frankreich konsumierten Lebensmittel sind Importe. Ein Drittel der Hühner wird in Polen, Belgien und den Niederlanden gezüchtet, 25 Prozent der Schweine stammen aus Spanien, und das Obst und Gemüse kommt sogar zur Hälfte aus dem Ausland. Doch die größte Abhängigkeit ist die von den Technologieimporten aus China und den USA, die das System der Lebensmittelversorgung überhaupt am Laufen halten: Mikrochips für die Steuerung von Produktion und Logistik, Medikamente und Chemikalien für die Tierpflege und Pflanzenbehandlung.

Wenn Frankreich seine Grenzen schließen würde, würden die Kapazitäten der heimischen Betriebe theoretisch ausreichen, um die Bevölkerung zu ernähren – sofern sie auf tropische Erzeugnisse verzichtet. Allerdings gibt es keinerlei staatliche Ernährungsplanung, um die Produktion mit dem Verbrauch in Einklang zu bringen. Bislang zeigen weder Frankreich noch die EU Absichten, die Ernährung wieder zu einer vordringlichen politischen Frage zu machen. •

Aus dem Französischen von Andreas Bredenfeld

1 Laut den Erhebungen von Nielsen und Ipsos.
2 Die Zeit, die für die Zubereitung von Mahlzeiten aufgewendet wird, geht immer weiter zurück – zwischen 1986 und 2010 um 26 Prozent.
3 Laut der Esteban-Studie der staatlichen Organisation Santé Publique France, die auf einer Befragung von 18- bis 74-Jährigen basiert.
4 Artikel L. 3232-8 des Gesetzes über das öffentliche Gesundheitswesen (Code de la santé publique).
5 Coca-Cola, PepsiCo, Mars, Unilever, Nestlé oder Mondelez haben jeweils ihr eigenes Logo. Nutella (Ferrero-Gruppe) wird vom Nutri-Score mit E bewertet, aber das Logo von Mondelez (berechnet je Portion, was den Produktvergleich erschwert) zeigt Grün.
6 Quelle: Französische Agentur für die Entwicklung und Förderung der biologischen Landwirtschaft.
7 Das sogenannte Egalim-Gesetz von 2018.
8 Zu diesem Ergebnis kommt man, wenn man die in jedem einzelnen Département verbrauchten Lebensmittelmengen mit den landwirtschaftlichen Erträgen des Départements vergleicht. Daraus ergibt sich, wie viel landwirtschaftliche Fläche benötigt wird, um die Bevölkerung zu ernähren.

Dieser Beitrag ist erstmals erschienen in: Anthony Burlaud, Allan Popelard und Grégory Rzepski (Hg.), *Le Nouveau Monde. Tableau de la France néolibérale,* Paris (Éditions Amsterdam) 2021.
Eine französische Fassung erschien in *Le Monde diplomatique* (Paris) vom September 2021.
Deutsche Erstübersetzung.

Konzerne fressen sich durchs Land

Landgrabbing von der Auvergne bis in die Camargue

Reisernte in Salin-de-Giraud, Camargue, September 2009. MARIO FOURMY |ABACA/PICTURE ALLIANCE

Von Lucile Leclair

Im April 2016 geriet der chinesische Lebensmittelkonzern Reward des Milliardärs Hu Keqin in die Schlagzeilen, weil er in den französischen Départements Indre und Allier 1700 Hektar Getreideland gekauft hatte. Das entspricht dem Zwanzigfachen der Größe eines durchschnittlichen Landwirtschaftsbetriebs in Frankreich. Reward wollte seine geplante Bäckereikette Chez Blandine mit 1500 Filialen in ganz China mit französischem Mehl beliefern. Doch 2019 meldete der Konzern Konkurs an. Der Agrarbetrieb wird allerdings weitergeführt, und zwar von der französischen Tochtergesellschaft Ressource Investment, die der Insolvenz entgangen ist.

Der Fall offenbart die Schwächen des französischen Schutzsystems für landwirtschaftliche Ressourcen und zeigt, dass das sogenannte Landgrabbing nicht nur den Globalen Süden betrifft. Auf dem Bodenmarkt findet ein unerbittlicher Verteilungskampf statt. Landwirte müssen immer häufiger mit Investoren neuen Typs konkurrieren. Denn die Konzerne begnügen sich nicht mehr mit der Vermarktung von Agrarprodukten, sondern wollen die gesamte Produktionskette unter ihre Kontrolle bringen.

Diese Entwicklung begann in den 2010er Jahren, berichten die Agrarwissenschaftlerin Geneviève Nguyen und ihr Kollege François Purseigle: »Für viele Großkonzerne ist die Landwirtschaft ein Geschäftsfeld neben anderen.« Nguyen und Purseigle gehörten zu den Ersten, die sich für das Phänomen der vertikalen Konzentration interessierten; zu einer Zeit, als noch die horizontale Konzentration, bei der Unternehmen auf der gleichen Produktionsstufe fusionieren, im Zentrum der Aufmerksamkeit stand.

In ihrem Buch über den neuen Landwirtschaftskapitalismus[1] schätzten sie 2017, dass 10 Prozent der landwirtschaftlichen Betriebe in Frankreich als »Firmen« bezeichnet werden können. Auf diese Unternehmen entfielen damals 28 Prozent der Arbeitsplätze und 30 Prozent der produzierten Güter im Landwirtschaftsbereich. Allerdings legen sie den Begriff »Firma« sehr weit aus, sodass teilweise auch Familienbetriebe darunter fallen. Wie viele dieser Firmen zu Holdings gehören, die von großen Konzernen kontrolliert werden, lässt sich schlecht quantifizieren, weil dafür die statistischen Instrumente fehlen.

So bleiben die Agrarbetriebe neuen Typs oft unbemerkt. In der Camargue liegen riesige bewässerte Flächen direkt neben einem berühmten Naturschutzgebiet. In dieser Postkartenlandschaft hat der größte Reishändler Europas, Euricom, 1998 die Société Française des Riz de Choix aufgekauft. Die italienische Muttergesellschaft von Euricom unterhält Handelsbeziehungen mit rund 40 Ländern. Am Firmensitz in Port-Saint-Louis-du-Rhône – einem riesigen Bauernhaus vor endlosen Reihen von Reispflanzen – weist nichts darauf hin, dass das Land Euricom gehört. Aber der Konzern besitzt dort 1300 Hektar, die nur einen Teil seines Grundbesitzes weltweit ausmachen.

Französischer Boden und französisches Getreide stehen hoch im Kurs. Sie genießen einen guten Ruf auf dem EU-Binnenmarkt und international, weil die Umwelt- und Sozialnormen strenger sind als anderswo. Euricom hat den Boden gekauft, nachdem der Reis der Camargue die Bezeichnung »Produkt mit geschützter geografischer

Angabe« (Indication géographique protégée, IGP) erhalten hatte. Dieses Siegel garantiert, dass zumindest eine Stufe der Produktion in der genannten Region erfolgt ist und bestimmte Standards eingehalten wurden – die Ausbringung von Pestiziden verbietet es nicht.

Der Landbesitz bietet drei entscheidende Vorteile. Erstens kann sich Euricom selbst versorgen und ist nicht auf andere Produzenten angewiesen. Zweitens verschafft die direkte Kontrolle über den Rohstoff mehr Flexibilität, um auf die sich wandelnden Konsumbedürfnisse zu reagieren. Und drittens spart der Konzern Kosten, er muss weder Landwirte, Kooperativen noch Großhändler bezahlen.

Durch staatliche Hilfen wird die Konzentration noch gefördert. Euricom hat 2021 im Rahmen der Gemeinsamen Agrarpolitik (GAP) der EU Zuschüsse in Höhe von 680 000 Euro erhalten.[2] Die durchschnittlichen Beihilfen pro Bauernhof lagen bei etwa 30 000 Euro. Das europäische System enthält keine Größenbegrenzung: je mehr Hektar man hat, desto mehr Geld. Die GAP sollte ursprünglich den Landwirten ein Einkommen sichern, fördert aber heute die Entstehung und Verbreitung eines agroindustriellen Modells, dessen Vertreter nichts mehr mit den Bauern von einst zu tun haben.

Die neuen Landwirtschaftsbetriebe beruhen auf Lohnarbeit. Landarbeiter erledigen die Feldarbeit, angeleitet von Agromanagern. In dem Euricom-Betrieb in der Camargue kommen alle Vorgaben – egal ob es um die Festlegung der Anbaukulturen, um das verwendete Material oder die Arbeitszeiten geht – aus der 500 Kilometer entfernten Firmenzentrale in der Lombardei. »Die Entscheidungsfreiheit wird durch den Eigentümer des Bodens eingeschränkt, das entspricht nicht unserer Auffassung vom Beruf«, sagt Henri Bies-Péré, Vizepräsident des Dachverbands der französischen Agrargewerkschaften FNSEA.

Wenn man in Frankreich Grund und Boden kaufen will, braucht man die Zustimmung der Société d'aménagement foncier et d'établissement rural (Safer). In jedem Département gibt es eine solche Gesellschaft, die im Interesse des Gemeinwohls das landwirtschaftliche Nutzland verteilen und das Modell unabhängiger Höfe erhalten sollen. Doch dieser Auftrag wird zunehmend missachtet, wie einige Beispiele zeigen: 2019 wollte der Lebensmittelkonzern Fleury Michon im Département Sarthe 20 Hektar Land kaufen, um eine eigene Schweinezucht zu betreiben. Die Safer akzeptierte den Kauf. 2020 erwarb das Unternehmen Chanel 8,5 Hektar in der Ebene von Grasse, um Blumen für seine Parfüms anzubauen. Die Safer erhob keinen Einspruch.

Diese Entwicklung lässt sich durch die veränderte Finanzierungsstruktur der Safer erklären. Bei ihrer Gründung in den 1960er Jahren wurden sie zu 80 Prozent aus staatlichen Mitteln finanziert. Bis 2017 war dieser Anteil auf 2 Prozent gesunken. Heute kommt der Hauptteil ihrer Einnahmen aus den Transaktionen, die sie genehmigen. Mehr Verkäufe bedeuten also mehr Einnahmen. »Das entspricht nicht ihrem Auftrag im Interesse des Gemeinwohls«, folgert Benoît Grimonprez, Fachmann für Agrarrecht an der Universität Poitiers.

»Die Wirksamkeit der Instrumente, die auf dem Modell inhabergeführter Familienunternehmen gründet, schwindet angesichts der Umstrukturierung hin zu Landwirtschaftsfirmen ohne natürliche Person an der Spitze«, stellte auch eine Gruppe Parlamentarier:innen fest, die im Februar 2021 einen Gesetzentwurf einbrachte, um den Bodenmarkt zu regulieren. In Frankreich werden inzwischen fast zwei Drittel der landwirtschaftlichen Nutzfläche von solchen Firmen bewirtschaften. Die Abgeordneten würdigen zwar die Vorteile dessen – optimierte Verwaltung, Kontinuität im Erbfall –, stellen aber fest, dass sie »leider immer öfter dazu genutzt werden, sich über Vorschriften hinwegzusetzen«.

Ohne eine umfassende politische Strategie werden sich die Konzerne also weiter durchs Land fressen. Ein Beispiel ist Aqualande. Das französische Unternehmen gehört zu Labeyrie Fine Foods, der Nummer eins bei Gänseleber, Räucherlachs, Forelle und Meeresprodukten. Mit 37 Anlagen in zehn Départements besitzt Aqualande inzwischen die größte Fischzucht des Landes.

Die Konzentration von Reichtum und Produktionsmitteln kennzeichnet auch andere Sektoren, aber in der Landwirtschaft kommt noch eine weitere Entwicklung hinzu: In Frankreich ist jeder vierte Landwirt über 60 Jahre alt. Wenn in den nächsten drei Jahren vielen von ihnen in den Ruhestand gehen, müssen 160 000 Höfe einen Nachfolger finden. Da wird es große Verschiebungen geben.

Der Medienrummel um chinesische Investoren wie Reward verbirgt, worum es eigentlich geht. 2017 gab es nach einem Bericht der FNSafer nur 2 Prozent ausländische Käufer.[3] Landgrabbing ist vor allem eine französische Angelegenheit. Die größte Rolle spielen nationale oder regionale Unternehmen wie Altho, mit Sitz im Département Morbihan, Nummer eins bei französischen Kartoffelchips, oder das Kosmetikunternehmen Pierre Fabre im Département Tarn. 2020 warnte der französische Rechnungshof vor den Folgen einer Zunahme solcher Transaktionen. Im Jahr 2018 hatten sie einen Umfang von 1,1 Milliarden Euro, was 18 Prozent des gesamten Marktvolumens für landwirtschaftliche Flächen entspricht.

Auf Drängen des Rechnungshofs beschloss das französische Parlament am 13. Dezember 2021 ein Gesetz über »Notmaßnahmen, um den Zugang zu landwirtschaftlichen Nutzflächen für Unternehmensstrukturen zu regulieren«. Der Text sieht die Einführung neuer Kontrollen durch die Safer vor, allerdings mit zahlreichen Ausnahmen, die seine Wirksamkeit einschränken. So werden die Safer etwa dazu verpflichtet, bei ihren Entscheidungen auch die »Entwicklung bezüglich der Schaffung von Arbeitsplätzen und die Wirtschafts-, Sozial- und Umweltleistungen« zu berücksichtigen.

Das große Bodengesetz, das die Landwirtschaftsorganisationen nachdrücklich fordern, kann es ohnehin nicht ersetzen. »Wir brauchen eine Veränderung der Politik, um den Boden anders zu verteilen«, fordert die Bauernorganisation Confédération paysanne. Und die Bewegung zur Verteidigung der Familienunternehmen (Modef) verlangt, dass ein Gesetz »die Preise für Nutzflächen so begrenzt, dass sie in einem angemessenen Verhältnis zum Einkommen stehen, das sich auf ihnen erwirtschaften lässt«.

Die EU-Kommission hat bereits starke Maßnahmen wie das Vorkaufsrecht für Landwirte, eine Höchstgrenze für die Größe von Landbesitz und Vorkehrungen gegen Spekulation genehmigt. Was jedoch noch fehlt, ist der politische Wille, gegen die großen Unternehmen vorzugehen; und ein breiteres Bewusstsein dafür, dass der Boden ein »politischer Raum« ist, wie der Soziologe und Philosoph Henri Lefebvre sagte. Mit anderen Worten: ein Raum, der von den Entscheidungen aller geprägt wird, nicht von einigen wenigen. ●

Aus dem Französischen von Claudia Steinitz

1 François Purseigle, Geneviève Nguyen und Pierre Blanc, *Le Nouveau Capitalisme agricole. De la ferme à la firme*, Paris (Presses de Sciences Po) 2017.
2 Telepac, Landwirtschaftsministerium.
3 »Le Prix des terres. L'essentiel des marchés fonciers ruraux en 2017«, *FNSafer*, Paris, Mai 2018.

Erstmals erschienen in *Le Monde diplomatique* vom Februar 2022. Leicht gekürzt.

Lyon, Porte des Alpes

Massenkonsum und der Tod der Stadt

Von Margot Hemmerich

Bloß nicht die Ausfahrt verpassen und die Einbahnstraßen beachten, damit man keine Extrarunde drehen muss! Wer einen der 4500 Parkplätze des Einkaufszentrums Porte des Alpes ergattern will, das zwischen Umgehungsstraßen und Kreuzungen an der Autobahn A43, ganz nah beim Flughafen Lyon-Bron liegt, darf sich nicht aus der Ruhe bringen lassen. Vor allem an Samstagen herrscht hier oft dichtes Gedränge.

Knapp 8 Kilometer südöstlich des Stadtzentrums von Lyon wurden 1981 die Felder von Saint-Priest mit Beton und Asphalt versiegelt. Statt Getreide wuchs dort ein 19 000 Quadratmeter großer Auchan-Supermarkt aus dem Boden, der es schnell auf die Liste der zehn umsatzstärksten Läden Frankreichs schaffte. Später kamen eine Einkaufspassage mit 12 000 Quadratmetern hinzu, in dem vor allem die gängigen Bekleidungsmarken Läden eröffneten, 1987 folgte Ikea und 1989 der Bau- und Gartenmarkt Leroy Merlin. Damit wurde Porte des Alpes zum größten Gewerbegebiet im Großraum Lyon. »Das Gebiet in der sogenannten Peripherie wird zum Magneten für die Stadt und die gesamte Region. Dazu trägt der direkte Anschluss ans Autobahnnetz bei«, analysierte vor gut 20 Jahren ein Kollektiv von Stadtplaner:innen.[1]

Wenn man zu Fuß durch das Gewerbegebiet läuft, kann einem schnell schwindlig werden. Nur wenige Besucher nutzen die Bus- oder Tramhaltestellen hinter der Tankstelle. Die frühere Ikea-Halle steht leer. Zwar trägt sie noch das typische Königsblau, aber die großen gelben Buchstaben wurden abmontiert. Im September 2019 hat sich die schwedische Möbelfirma, bald gefolgt von Leroy Merlin, in der Nachbargemeinde Vénissieux niedergelassen und ihre Verkaufsfläche verdoppelt.

Wie ein Hohn wirkt in dieser ganz auf den Autoverkehr ausgerichteten Welt die Botschaft auf einer Werbetafel, die dazu auffordert, »mit nachhaltigen Verkehrsmitteln« zu kommen. Unter dem riesigen Werbebildschirm über dem Eingang zu Auchan rühmt ein Plakat das ökologische Engagement des Einkaufszentrums, das »Vogelnistkästen, Fledermaushöhlen und Insektenhotels« aufgestellt habe.

»Das ist charakteristisch für die Bauweise der 1970er und 1980er Jahre. Man stellte einen Schuhkarton auf einen Acker und hatte ein Geschäft mit Parkplatz«, kommentiert Michel Le Faou. Der Vizepräsident der Metropolregion Lyon war von 2014 bis 2020 zuständig für Städtebau und Stadtpolitik. »Aber dieses Gewerbegebiet ist auch aus einem anderen Grund typisch: Historisch hat Lyon sich immer zum großen Teil im Osten entwickelt. Zahlreiche Unternehmen haben sich in diesen Vorortzonen angesiedelt.« Um die Attraktivität eines Gebiets zu erhöhen, habe man Anziehungspunkte gebraucht. »Die lokalen Abgeordneten haben sich förmlich um Ikea geprügelt. Das war für sie der Beweis, dass ihre Gemeinde bei den Großen mitspielt.«

Drei Kilometer östlich, auf der anderen Seite des Flughafens, beginnt die »Möbelstraße«. Dort reihen sich seit dem ersten Conforama-Möbelmarkt, der 1967 eröffnet wurde, die Geschäfte mit ihren Parkplätzen ungeordnet über mehrere Kilometer entlang der früheren Nationalstraße 6 aneinander, die parallel zur A43 verläuft. Die von unzähligen Werbetafeln gesäumten Querstraßen führen zu den Einrichtungsläden But, Saint Maclou, Darty oder Maxi Bazar. Aus städtebaulicher Sicht gilt dieses Gebiet als »Fachmarktagglomeration«, in der der Wettbewerb zwischen Anbietern der gleichen Branche geschürt werden soll.

»Die Koexistenz konkurrierender Unternehmen, die offenkundig fehlende Planung, Organisation und Hierarchisierung des Raums, der beträchtliche Umsatz der Unternehmen und die Unmenge von Werbebotschaften verdeutlichen eine Geschäftsstrategie, die auf dem Verlust der Orientierung bei der angelockten Kundschaft beruht«, heißt es in einer Analyse des Institut d'urbanisme in Lyon.[2] Der Bürgermeister von Saint-Priest, Gilles Gascon (Les Républicains), lächelt nur: »Früher sprach man vom ›Boulevard des Verbrechens‹, weil die Möbelpreise für die Kunden ermordet wurden!«

In den letzten 50 Jahren haben sich die großen Verbrauchermärkte in der französischen Landschaft durchgesetzt. Sie kontrollieren heute mehr als zwei Drittel des Lebensmittelhandels und die Hälfte bei sonstigen Gütern. »Nach der Dezentralisierung ab 1982 haben die Gemeinden ihre Entscheidungsbefugnisse genutzt, um zahlreiche Unternehmen anzulocken«, erklärt Roelof Verhage, der Direktor des Institut d'urbanisme. »Die Gewerbesteuer [die 2009 abgeschafft wurde] war eine wichtige Einnahmequelle. Dann aber merkte man allmählich, dass dafür riesige Flächen verbraucht wurden, und vor allem, dass der Handel in den Innenstädten und Dorfzentren dadurch zerstört wurde.«

Maurice Charrier, erst Kommunist, dann parteilos, war von 1985 bis 2009 Bürgermeister von Vaulx-en-Velin östlich von Lyon und von 1995 bis 2001 als Vizepräsident der Stadt Lyon verantwortlich für die gewerbliche Stadtplanung. Wie seine Nachfolger rühmt er sich, ein Gleichgewicht gefunden zu haben: »Im Osten von Lyon mussten wir die Nachfrage einer wachsenden Zahl von Konsumenten befriedigen. Wir wollten die Entwicklung der großen Gewerbegebiete regulieren, eine anarchische Konkurrenz verhindern und eine kohärente Stadtgestaltung sicherstellen.« Ein erster Leitplan zur Entwicklung der Gewerbegebiete (SDUC) wurde für die Stadt Lyon 1994 erarbeitet. 2015 wurde die Stadt zusammen mit 58 weiteren Kommunen zur Métropole de Lyon zusammengefasst, einer Gebietskörperschaft, die die Kompetenzen eines Départements besitzt.

»Die Entwicklung wurde seither deutlich besser gesteuert als vorher, als die Gemeinden außerhalb des Stadtgebiets auf sich allein gestellt waren«, sagt Verhage. »Wir sprechen von einem dynamischen Gebiet, das bei den Baufirmen und Investoren sehr begehrt ist. Die Metropole kann da sehr viel besser dagegenhalten.« Zwischen 1994 und 2004 wurden 128 000 Quadratmeter Verkaufsfläche genehmigt. Seit 2010 hat sich der Rhythmus verlangsamt. 2013 wurden 9100 Quadratmeter genehmigt, 2014 gut 15 000 Quadratmeter.

Fast alle Anträge betrafen Erweiterungen oder den Umbau bestehender Geschäfte. Mit dem zweiten SDUC (2004–2008) wurde die Losung ausgegeben, nicht mehr neue Gewerbegebiete aus dem Boden zu stampfen. Gleichzeitig vervielfachten sich die kleineren Geschäfte mit einer Größe von 1000 bis 2500 Quadratmetern. Insgesamt aber ist die Logik der 1980er Jahre noch nicht verschwunden. Im Bemühen um Attraktivität arbeiten private und kommunale Akteure weiterhin eng zusammen, um eine wachsende Zahl von Konsumenten in die Gewerbegebiete zu locken.

Eröffnung einer Ikea-Filiale im Einkaufspark Parilly, Vénissieux, September 2019.
NICOLAS LIPONNE | NURPHOTO/PICTURE ALLIANCE

»In Lyon hat man immer mit der Attraktivität konzentrierter Handelszentren argumentiert, sowohl im Stadtzentrum als auch in der Peripherie«, kritisiert Emeline Baume de Brosses, Vizepräsidentin der Metropole de Lyon, die in der 2020 gewählten grünen Regierung für Wirtschaft, Arbeit, Handel, Digitales und Beschaffungswesen zuständig ist. Ähnlich sieht es Institutsdirektor Verhag, der sogar von einer Obsession spricht: »Die Attraktivität der Metropole war vor allem unter Gérard Collomb [Bürgermeister von 2001 bis 2017 und von 2018 bis 2020] eine fixe Idee. Letztendlich hat man den Handel weiter als Entwicklungsmotor genutzt.« Im Lauf der Jahre änderte sich die Form, aber die Logik blieb dieselbe. Der vierte und letzte SDUC für den Zeitraum von 2017 bis 2020 war vor allem darauf gerichtet, »die Einkaufsattraktivität der Metropole und ihren innovativen Charakter auf diesem Gebiet zu stärken«.

Nach dem Wegzug von Ikea und Leroy Merlin sind neue Ideen für den verlassenen Standort Porte des Alpes nötig. Kommunale Abgeordnete und Stadtplaner:innen wollen nun gemeinsam das Modell eines Gewerbegebiets fördern, das »sinnvoll in das Stadtgefüge integriert ist« und »sich auf einen Funktionsmix stützt«. Etwas weniger blumig erklärt Bürgermeister Gascon: »In den kommenden Jahren wird die Zahl der Wohnungen und der Einwohner steigen, damit kommen auch neue Kunden in die Einkaufszentren.«[3] Im Klartext: Es sind nicht mehr ausschließlich Ladenflächen vorgesehen. Stattdessen sollen auch Büros und Wohnungen gebaut und das ganze Viertel mit besserer Verkehrsanbindung und Versorgung neu gestaltet werden. Das Angebot in den Einkaufszentren wird derweil immer umfassender, es entstehen Geschäftszonen mit einer Mischung aus Sport-, Freizeit- und Kulturangeboten, in denen die Kunden möglichst viel Zeit verbringen sollen.

Das Carré de Soie in Vaulx-en-Velin ist ein gutes Beispiel für diese Entwicklung. Der 2009 in einem früheren Industrieviertel entstandene »Freizeitkomplex« sieht einem Einkaufszentrum zum Verwechseln ähnlich. Damals habe man dem Kinobetreiber Pathé ein Angebot gemacht, erzählt der frühere Bürgermeister von Vaulx-en-Velin. »Ein Multiplex-Kino kommt nie allein, sondern zieht immer Geschäfte nach sich. Dann haben wir mit Altaréa Cogedim – eine der größten französischen Baufirmen – über die Größe der Grundfläche verhandelt.« Damals wurde eine Vereinbarung zwischen Vaulx-en-Velin und der Nachbargemeinde Villeurbanne getroffen: nicht mehr als 20 000 Quadratmeter und kein Lebensmittelhandel. Am Ende hatte der Bauträger das letzte Wort und setzte 40 000 Quadratmeter durch. Und keine zehn Jahre eröffnete auch ein Carrefour-Supermarkt.

»Die Einkaufsflächen haben die anfangs von der Politik versprochenen Sport- und Freizeiteinrichtungen verdrängt«, konstatiert Antoine Lévêque, Doktorand für Politikwissenschaften, der sich mit Metropolisierung und dem Verfall von Vierteln mit sozialem Wohnungsbau beschäftigt. »Der Bürgermeister von Vaulx-en-Velin wollte vor allem, dass seine Gemeinde bei der Entwicklung von Agglomeration nicht hinterherhinkt, obwohl das Carré de Soie nicht in erster Linie den dort lebenden Bürgern diente.«[4]

Lévêque sieht im Bau von Einkaufszentren ein beliebtes Werkzeug lokaler Abgeordneter, die in den ehemaligen Industriegebieten ihre Handlungsfähigkeit und den »wirtschaftlichen Erneuerungswillen« ihrer Gemeinde unter Beweis stellen wollen. In dieser Entwicklung spiegelt sich, was die Politikwissenschaftler Vincent Béal und Max Rousseau »urbanes Unternehmertum« nennen, eine Politik, die sich an den wohlhabenden Bevölkerungsgruppen aus anderen Kommunen orientiert, zum Nachteil der ärmeren Schichten in der eigenen Gemeinde.[5]

»Die Stadtentwicklung im Interesse des Handels spielt eine Schlüsselrolle bei der Vermischung von öffentlichen und privaten Interessen«, erklärt Lévêque. »Alle zwei Jahre gibt es eine Messe für Gewerbeimmobilien [Mapic], bei der die Bürgermeister städtischen Raum an große Unternehmen verkaufen. Gérard Collomb war dort Stammgast, aber auch Maurice Charrier hat sie besucht.«

Bei der Förderung des Handels ist die Parteilogik außer Kraft gesetzt. Das frühere Mitglied der Kommunistischen Partei Charrier schämt sich nicht, »Partner« der Konzerne gewesen zu sein: »Die Gemeinschaft interessiert sich für die Auswirkungen auf die betroffenen Kommunen, der Bauträger für seinen Gewinn. Beide Denkweisen sind legitim, und es ist die Aufgabe des Abgeordneten, allen Seiten zuzuhören und einen Konsens zu suchen«, belehrt uns der ehemalige Bürgermeister.

Seit der Dezentralisierung lassen sich unabhängig von den politischen Mehrheiten im Rathaus in vielen Städten sehr ähnliche Programme beobachten. Das Phänomen wird durch die Kooperation zwischen den Kommunen verstärkt, die durch die Schaffung zahlreicher Metropolregionen seit 2015 noch zugenommen hat.[6] Früher wollte jeder seine Straßenbahn, seinen Hypermarkt, sein Kongresszentrum; heute wollen sie ihre Ökosiedlung, ihren Gewerbe- und Freizeitkomplex oder ihren Ikea.

Nachdem sich Ikea Ende 2019 aus Porte des Alpes verabschiedet hatte, fürchteten die Volksvertreter, das Gewerbegebiet könnte an Attraktivität verlieren. Schnell einigten sich Abgeordnete, Bauträger und Händler auf das Projekt »Yellow Pulse«. Es sollte von Ceetrus (früher Immochan) umgesetzt werden, der Immobilientochter des Auchan-Konzerns mit mehr als 2,3 Millionen Quadratmeter Einkaufsfläche in Europa.

Yellow Pulse sah die Ansiedlung von 110 neuen Geschäften, mehreren Restaurants auf einer Dachterrasse, eine Kinderbetreuung und 2500 Parkplätze vor. »Es sollte auch 6000 Quadratmeter für Urban Gardening und Grünflächen geben, kurz: Alles, was man für die Aufwertung der Einkaufszentren tun kann«, sagt Gilles Gascon. Das Projekt wurde durch die Département-Kommission für Geschäftsflächen abgesegnet. Doch Mitte 2020, während der Wirtschafts- und Coronakrise, wurde es aufgegeben.

In den letzten Jahren sind die Liegenschaftsabteilungen der großen Handelsunternehmen zu den wichtigsten Akteuren bei der Entwicklung und Umgestaltung von Gewerbegebieten geworden. Anfang 2021 trat wieder einmal die Mulliez-Holding auf den Plan – eine Familie, deren Mitglieder vor allem für ihre Steuerfluchtstrategien bekannt sind und die neben Auchan und dem Sportgeschäft Decathlon auch Leroy Merlin und die Modekette Kiabi kontrolliert.

Ihr neues Tochterunternehmen Nhood soll »ein Portfolio von fast 300 Geschäftsstandorten in Europa, davon 76 in Frankreich, nachhaltig erneuern und umgestalten«. Dazu gehört auch Porte des Alpes. »Gemeinsam werden wir vielfältige Orte schaffen, die die Stadt revolutionieren«, verkündete Nhood-Präsident Antoine Grolin im Januar 2021. »Für diese Orte erwarten wir einen dreifachen positiven Effekt: planet, people, profit«, versprach er in einem Interview mit dem Fachmagazin *LSA*.[7]

Nhood veröffentlichte eine Ausschreibung für eine Stadtplanung »des Übergangs«. Sprich: weg von 100 Prozent Handel, hin zu gemischten Aktivitäten. »Nhood war so clever zu sagen: Einverstanden, machen wir etwas anderes. Sie haben viel Werbung gemacht und vor allem die kulturelle Seite betont«, berichtet Vizepräsidentin Baume de Brosses.

Sie spricht sich dafür aus, den tristen Städtebau hinter sich lassen, der nur zum individuellen Konsum anrege. »Wir müssen die Chance ergreifen, etwas zu ändern. Es schockiert mich, dass wir den Bewohner:innen im Osten Lyons mit geringer Kaufkraft heute nichts Besseres anzubieten haben.« Gerade in diesen Vierteln müssten neue Ideen entstehen, wie Umsonstläden, die auf Spenden beruhen, und kulturelle Angebote. Aber lässt das Primat des Handels so etwas wirklich zu?

In Vénissieux hat Ikea mit 40 000 Quadratmetern sein größtes Geschäft in Frankreich. Die Kundenzahl soll um 20 Prozent auf 3,6 Millionen Besucher pro Jahr gesteigert werden. Um seine Modernität zu zeigen, wurden die Parkplätze im Keller versteckt und 1800 Solarpaneele auf dem Dach installiert, wo auch das Regenwasser aufgefangen wird. Entlang der riesigen Lagerhallen, deren Architektur als Barriere zum Stadtring dient, wurde ein Grünstreifen für Fußgänger und Fahrradfahrer gebaut.

Mehr als zehn Baustellen lassen die Büro- und Wohnhäuser ahnen, die hier bald stehen werden. Die Werbebroschüren versprechen »die Stadt von morgen«, ein neues Stadtviertel, »nah an Ihnen, nah an allem«, erreichbar mit dem Auto oder dem öffentlichen Nahverkehr. Und ganz nebenbei wurde der Namen Vénissieux durch Grand Parilly ersetzt. Die Postleitzahl bleibt dieselbe, aber das neu entstandene Viertel möchte gern das Images des Armenvororts loswerden. Das benachbarte Minguettes war 1981 Schauplatz der ersten großen Vorstadtunruhen. Auf der Website, mit der sich das von der Immobilientochter von Leroy Merlin errichtete Viertel vorstellt, präsentiert der Generaldirektor des Unternehmens Thomas Bouret seine »humanistische Vision vom Wohnen« und verspricht: »Ein Geschäft, ganz nah an den Menschen.«[8]

Aus dem Französischen von Claudia Steinitz

1 Martin Vanier, Franck Scherrer und Paul Boino , »La conurbanisation: nouvelles périphéries et précarité de l'emploi«, Institut d'urbanisme de Lyon, Délégation interministérielle à l'aménagement du territoire et à l'attractivité régionale (Datar) et Documentation française, Lyon/Paris, Juli 1998.
2 Martin Vanier und andere, siehe Anmerkung 1.
3 Schéma directeur d'urbanisme commercial de la métropole lyonnaise, 2017-2020, www.economie.grandlyon.com.
4 Antoine Lévêque, »En quête de banlieues attractives. Les conditions locales de la réception de modèles urbains: le cas du Carré de Soie à Vaulx-en-Velin«, *Revue internationale d'urbanisme,* Nr. 7, Tours, Januar 2019.
5 Vincent Béal und Max Rousseau, »Alterpolitiques!«, *Métropoles,* Nr. 15, 2014.
6 Siehe Fabien Desage und David Guéranger, »Rendez-vous manqué de la gauche et de la politique locale«, *Le Monde diplomatique* (Paris), Januar 2014.
7 Daniel Bicard, »L'Association familiale Mulliez crée Nhood, opérateur prestataire en immobilier mixte«, *Libre Service Actualité,* Paris, 26. Januar 2021. Der Konzern hat nicht auf unsere Anfrage geantwortet.
8 www.grandparilly.fr.

Erstmals erschienen in *Le Monde diplomatique* vom Juni 2021. Leicht gekürzt.

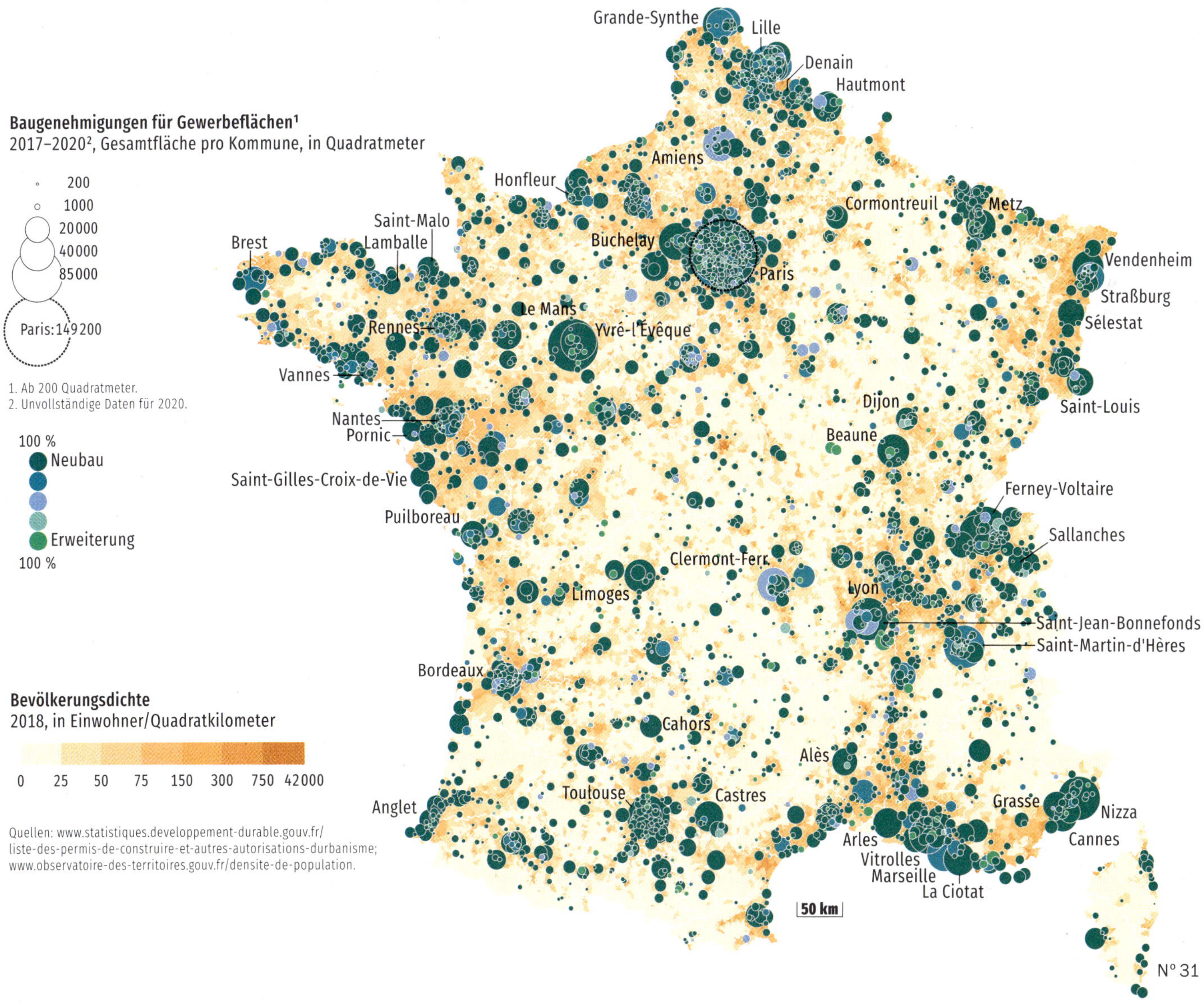

GiFi
des idées de Génie !
Nestlé
Aquarel

GiFi – die Schnäppchendynastie

Das Einzelhandelsunternehmen setzt auf Billigprodukte aus Asien, Niedriglöhne und Familienbande

Von Philippe Baqué

In einem Werbevideo der Discounterkette GiFi singt Manolo Gimenez, Sänger von Chico & The Gypsies: »Ich liebe meine Firma! Ich steh' zu ihr. Sie ist mein Leben!« Zu Flamenco-Klängen begleitet er eine Gruppe tanzender Angestellter durch die Firmenzentrale im südwestfranzösischen Villeneuve-sur-Lot (Département Lot-et-Garonne). Auf ihren T-Shirts, Fahnen und Spruchbändern prangt der Slogan »J'aime ma boîte« (Ich liebe meine Firma). Zwei junge Frauen tanzen barfuß auf dem Schreibtisch von GiFi-Gründer und Vorstandschef Philippe Ginestet. Sie springen vom Tisch, umarmen ihn und ziehen ihn in den Kreis der Tanzenden. Inspiriert wurde dieser 2014 gedrehte Clip von der Arbeitgeberorganisation Ethic, die jedes Jahr das »Fest des Unternehmens« veranstaltet.

In seiner 2021 erschienenen Autobiografie »La vie est une idée de génie« (Das Leben ist eine geniale Idee) stellt Ginestet seine Angestellten als Missionare dar, die sich mit Leib und Seele dem Unternehmen verschreiben müssten: »Es gibt nicht die Arbeit auf der einen Seite und das Private auf der anderen, das wäre absurd«.[1]

Viele Medien feiern den Erfolg des Autodidakten Philipp Ginestet, dem »Millionär der kleinen Preise«[2]. Ginestet wurde als Sohn eines Pferdehändlers im Département Lot-et-Garonne östlich von Bordeaux geboren. In den 1970er Jahren arbeitete er in einem Nachtklub und war Vertreter für Staubsauger des schwedischen Konzerns Electrolux. Später reiste er quer durch Frankreich und verkaufte auf Märkten Second-Hand-Kleidung, bevor er seinen ersten Schnäppchenmarkt eröffnete. Das Unternehmen, das sich auf Sonderangebote für Haus und Garten spezialisiert hat, präsentiert sich bis heute als große Familie – deren Oberhaupt es auf Platz 29 der Forbes-Liste der reichsten Franzosen geschafft hat.[3]

Journalist:innen empfängt Ginestet gerne in der Zentrale in Villeneuve-sur-Lot. Der Parkplatz ist von Pinien umstanden und alle halten sich brav an die Anweisung, rückwärts einzuparken. Die Autos der Führungskräfte, die meisten mit dem GiFi-Logo, stehen rechts vom Eingang. Die drei Plätze auf der linken Seite sind für den Mercedes-Minivan des Chefs, den Lamborghini seiner Frau und den Porsche 911 seines Sohns reserviert – ein Fuhrpark im Gesamtwert von rund 400 000 Euro. Den Eingang rahmen zwei riesige chinesische Löwenskulpturen aus Stein, darüber prangt das Firmenlogo: ein gelbes Dreieck und in Rot die Buchstaben »Gi« für Ginestet und »Fi« für Philippe. Auch das Dekor der Eingangshalle erinnert an ein Chinarestaurant. Spiegel, rot lackierte Wände und Götterstatuen verweisen darauf, dass ein Großteil der Produkte, die GiFi reich gemacht haben, »made in Asia« sind.

Der Firmenchef erzählt gern von den Anfängen des Unternehmens, die die Entwicklung des französischen Einzelhandels widerspiegeln: »1981 wollte ich mein erstes Geschäft im Stadtzentrum von Villeneuve-sur-Lot eröffnen, aber die Miete war unerschwinglich. Ich ging voll auf Risiko und mietete eine Lagerhalle am Stadtrand.« Ein riesiger Parkplätze, enorme Preisnachlässe, knallige Werbung und 52 verkaufsoffene Sonntage im Jahr: »GiFi, der wahre Schnäppchenmarkt« war geboren. »Die Eröffnung war das reinste Volksfest und zog so viele Menschen an, dass die Polizei den Verkehr regeln musste«, erzählt der Firmengründer.

Berauscht vom Erfolg seines ersten 300 Quadratmeter großen Geschäfts, eröffnete Ginestet in schneller Folge weitere in der Region, mit steigender Quadratmeterzahl und immer am Stadtrand. Die Filialleitung vertraute er jeweils Verwandten oder Freunden an, die Gewinne reinvestierte er in weitere Neueröffnungen. Das Geschäftskonzept entwickelte sich von der Resterampe zum Schnäppchenmarkt, mit einer großen Produktpalette zu niedrigen Preisen.

Bis zur Eröffnung seines 20. Geschäfts kümmerte sich Ginestet noch selbst um Logistik und Einkauf. Landesweit suchte er nach Restposten und lernte ein Frankreich kennen, in dem die Deindustrialisierung in vollem Gange war. Das Projekt einer eigenen Fabrik gab er aufgrund gesetzlicher Auflagen schnell wieder auf, stattdessen kaufte er bald einen Großteil seiner Waren bei den Großhändlern im Pariser Vorort Aubervilliers, die ihr Angebot immer häufiger aus Asien bezogen.

1988 beschloss Ginestet, selbst nach Hongkong zu reisen, um dort direkt mit den Lieferanten zu verhandeln: »Ich arbeitete zwar weiterhin mit den französischen Importunternehmen zusammen, um Produkte in kleinen Margen zu kaufen und sie auf dem Markt zu testen. Aber wenn sie sich behaupteten, verzichtete ich danach auf die Zwischenhändler«, erklärt er. Für seine Einkäufe in Asien stellte er ein Team von »Sourcing«-Fachleuten zusammen, deren Hauptaufgabe es ist, die Preise so weit wie möglich zu drücken.

1993 wurde die Groupe Philippe Ginestet (GPG) von einer Gesellschaft mit beschränkter Haftung (SARL) in eine Holding umgewan-

Werbekarawane der Tour de France, Alpe d'Huez, Juli 2006.
RUPERT RIVETT | ALAMY

delt, deren Leitung Philippe Ginestet übernahm und die zu 100 Prozent im Besitz der Familie blieb. Die Verwaltung, das zentrale Lager und der Einkauf verblieben in Villeneuve-sur-Lot. Der Familien- und Bekanntenkreis reichte inzwischen jedoch nicht mehr aus, um die Leitungsstellen neuer Filialen zu besetzen, weshalb die Idee entstand, auf sogenannte *gérants mandataires* (Leitungsbeauftragte) zurückzugreifen, die größtenteils aus der Konzernbelegschaft rekrutiert werden. Jedes Jahr wählt die Personalabteilung unter den Mitarbeiter:innen diejenigen aus, die bereit sind, »im Dienste des Unternehmens über sich hinauszuwachsen«, und die für eine Beförderung infrage kommen.

Diese Unternehmenskultur soll es den Angestellten ermöglichen, sich GiFi verbunden zu fühlen, GiFi zu »sein« und GiFi zu »leben«

Diese Mandataires erhalten eine Umsatzbeteiligung, aber verlieren ihren Status als Angestellte. Um auf ein angemessenes Einkommen zu kommen, müssen sie die Zahl der Beschäftigten in ihrer Filiale klein halten und viel eigene Zeit investieren, nicht zuletzt an den verkaufsoffenen Sonntagen, die stark zu GiFis Erfolg beigetragen haben. Dieses System ermöglicht dem Konzern die volle Kontrolle, bei gleichzeitig minimalem Risiko. Einmal im Jahr werden die Mandataires einbestellt, um Bilanz zu ziehen. Dann bekommen sie ein persönliches Fotoalbum überreicht – oder eine Kündigung, wenn sie die Ziele nicht erreicht haben.

Um der Nachfrage besser gerecht werden zu können, wurde das Büro in Hongkong zu GiFi Asia ausgebaut. Über diese Einkaufszentrale laufen die Verbindungen zu den Lieferanten von Spielzeug, Heimtextilien oder Gartengeräten in Südostasien, Pakistan und Indien. Und Ginestet expandiert über GiFi hinaus. So kaufte GPG 2008 die Laboratoires Mességué, einen Hersteller pflanzlicher Kosmetikprodukte. 2014 erwarb eine im Steuerparadies Malta ansässige GPG-Tochtergesellschaft, die bis dahin zwei Yachten des Vorstandsvorsitzenden verwaltete, eine Mehrheitsbeteiligung an Marketluck, einem Unternehmen für Onlinespiele.[4]

2016 beteiligte sich GiFi an dem belgischen Einzelhändler Trafic. 2017 war Ginestet als Bieter für die angeschlagene Kaufhauskette Tati erfolgreich. 2018 baute die GPG-Tochter Casimegi (jetzt Stelsia Casinos) ein Spielkasino in Mimizan an der Atlantikküste, um anschließend die Casinos im Wintersportort Megève, im Seebad Granville und vier weitere in Südfrankreich zu kaufen. GPG erwarb zudem bedeutende Anteile am Schuhhändler Besson Chaussures. Zugleich investiert die Gruppe verstärkt in Immobilien und ist inzwischen mit 1,2 Millionen Quadratmetern Laden-, Lager- und Bürofläche einer der größten gewerblichen Vermieter Frankreichs. Sie steckt Geld in den Neubau und schreckt auch nicht davor zurück, einen Teil der Flächen an die Konkurrenz zu vermieten, etwa an die niederländische Kette Action, die ebenfalls auf Sonderangebote spezialisiert ist.

2021 zählte die GiFi-Gruppe rund 6000 Mitarbeiter:innen und 513 Geschäfte im französischen Mutterland sowie etwa 40 weitere mit Konzessionsverträgen in den französischen Übersee-Départements, in Spanien, in der Schweiz sowie in Côte d'Ivoire, Mauritius und Algerien. Über Tochtergesellschaften und Beteiligungen will Ginestet bis 2027 die Schwelle von 1000 Geschäften und 10 000 Mitarbeiter:innen erreichen.

In seiner Selbstdarstellung versichert der Konzern, die Hälfte seiner Waren aus Europa zu beziehen. In den Regalen findet man jedoch hauptsächlich Artikel aus der Volksrepublik China, Indien oder Pakistan. Ginestet betont gern, dass die GPG-Gruppe »zu 100 Prozent französisch« sei, lässt dabei jedoch unter den Tisch fallen, dass er sein Vermögen der Arbeit zehntausender asiatischer Arbeiter:innen verdankt.

Hat das Unternehmen, wie so viele Akteure im Einzelhandel, womöglich sogar asiatische Subunternehmer beauftragt, in deren Fabriken Kinder arbeiten? Laut einer ehemaligen Mitarbeiterin, die anonym bleiben möchte, soll dies zumindest Ende der 1990er Jahre der Fall gewesen sein. »Kinderarbeit zu verhindern war mir immer ein Anliegen«, antwortet Ginestet auf die Vorwürfe. »Vor 20 Jahren musste man sehr vorsichtig sein. Wir haben mit privaten Wirtschaftsprüfungsgesellschaften zusammengearbeitet, die die Sozialstandards in den Fabriken kontrollierten. Heute gibt es praktisch keine Kinderarbeit mehr, und es finden nur noch stichprobenartige Kontrollen statt.« Berichte, Verträge und Kontaktdaten der Prüfungsfirmen werden allerdings unter Verschluss gehalten.

Ein Gesetz von 2017 schreibt den französischen Konzernen zwar eine menschenrechtliche Sorgfaltspflicht vor, allerdings gilt dies nur für solche mit mehr als 5000 Angestellten. Und auch wenn GiFi in seiner Selbstdarstellung von 6000 Mitarbeiter:innen spricht, sind davon nur 2700 direkt angestellt – weshalb die gesetzlich vorgeschriebene Sorgfaltspflicht nicht greift. Seit einigen Jahren gibt es bei GiFi zwar eine Abteilung für Corporate Social Responsibility (CSR), aber deren Leiter konnte seine Aufgabe nicht erfüllen und musste zurücktreten.

»Ein Unternehmen ohne Kultur ist wie ein Zebra ohne Streifen«, so stand es auf einem Banner über dem Eingang des konzerneigenen Schlosses Le Stelsia in Saint-Sylvestre-sur-Lot, in dem die Seminare für die Filialleiter:innen (Mandataire) abgehalten werden. GiFi war das erste Unternehmen in Frankreich, das die Stelle einer Kulturdirektorin geschaffen hat, in diesem Fall für Brigitte Ginestet, Ehefrau von Philippe Ginestet. Diese »Kultur« soll es den Angestellten ermöglichen, sich GiFi verbunden zu fühlen, GiFi zu »sein« und GiFi zu »leben«. Viele von ihnen haben zum Beispiel kein Problem damit, auch privat ein Auto mit Firmenlogo zu fahren, das sie günstig von der Firma leasen können. »Trage unsere Farben mit Stolz«, ist eines der neun Gebote, die alle Mitarbeiter:innen kennen sollen.

Zur GiFi-Kultur gehören auch die großen Feierlichkeiten zu Ehren des Gründers, die mit Hymnen, Skiausflügen und festlichen Zusammenkünften in einem Chalet in Megève begangen werden. Zur Hochzeit seines Sohns Alexandre lud Ginestet 2009 über 900 Mitarbeiter:innen auf ein Kreuzfahrtschiff ein und verteilte unter ihnen Aktienoptionen im Wert von 6 Millionen Euro.

Gewerkschaften haben in dieser »Kultur« hingegen einen untergeordneten Stellenwert. »Früher konnten meine Mitarbeiter mich jederzeit in meinem Büro besuchen. Für sie war ich ihre Gewerkschaft«, sagt Ginestet stolz. »Heute ist es die Kulturdirektorin, deren Büro direkt neben meinem liegt, mit der sie über ihre Probleme sprechen können.« Und er fügt hinzu: »Als ich noch Staubsaugervertreter war, bin ich übrigens der Kommunistischen Partei beigetreten.«

Doch gute Arbeitsbedingungen sehen anders aus. Es kursieren Berichte von Burnout, insbesondere unter Frauen in Führungspositionen. In dem sehr bescheidenen Gewerkschaftslokal gegenüber der Mülldeponie in Villeneuve-sur-Lot erklärt Fabrice Brun vom Gewerkschaftsbund CFDT: »Als Gewerkschaften stehen wir etwas im Abseits, wir gelten als Spielverderber.« Auch er weiß von Burnout-Fällen bei GiFi: »Die Arbeitsbelastung und der Druck sind hoch. Zusätzlich setzen die Arbeitnehmer sich selbst unter Druck, allen Anforderungen gerecht zu werden.« Auch wenn Streiks selten sind, kam es im Februar 2004 in einem Dutzend Geschäften in der Umgebung von Paris zu Arbeitsniederlegungen für höhere Löhne und bessere Arbeitsbedingungen.

Zwischen 2009 und 2015 vergrößerten sich die durch das Mandataire-System verursachten Spannungen dermaßen, dass die Initiative Agir ensemble contre le chômage et la précarité (AC!) ein eigenes Forum mit dem Titel »Umsonst für GiFi arbeiten? Nein danke« einrichtete. Die dort geführten Diskussionen, die in einem 150-seitigen Dokument aufgezeichnet wurden, zeugen von einer anderen Atmosphäre als der im offiziellen Werbevideo: Filialleiter:innen berichten von 80-Stunden-Wochen bei einem Einkommen von rund 1500 Euro netto, Konflikten mit Angestellten, Depressionen, Mobbing, Demütigungen und so weiter. Im September 2019 etwa streikten die Angestellten eines GiFi-Ladens im südfranzösischen Carcassonne in Solidarität mit dem Ehepaar, das die Filiale leitete und ohne ersichtlichen Grund entlassen worden war.

Bei der Umstrukturierung der Tati-Kaufhauskette kam es zu weiteren Konflikten. Für Élodie Ferrier, Gewerkschaftssekretärin bei der CGT, ist Ginestet alles andere als Tatis Retter: »Er ist wohl eher der Totengräber.« Als GiFi 2017 vom Handelsgericht in Bobigny bei Paris die Zustimmung für die Übernahme der Kaufhäuser und der Marke Tati erhielt, lautete eine der Auflagen, dass zwei Jahre niemand entlassen werden durfte. »An dem Tag, an dem diese Klausel auslief, gab GiFi bekannt, 13 Filialen zu schließen und 189 Angestellten zu kündigen«, berichtet die Gewerkschafterin. »30 Filialen wurden an ein anderes Unternehmen verkauft. Die rentabelsten, etwa 50, wurden unter dem Namen GiFi weitergeführt, was dem Konzern ermöglichte, erstmals auch in den Innenstädten präsent zu sein.«

Florian Mignard hat sich nicht am Werbevideo »J'aime ma boîte« beteiligt: »Ich bin Lagerist, mit 13 Jahren Betriebszugehörigkeit. Ich bekomme 11 Euro brutto pro Stunde, 75 Cent mehr als der Mindestlohn. Und ich bin nicht der Einzige, dem es so geht.« Seit zwei Jahren ist er Mitglied der in Villeneuve-sur-Lot gegründeten Sektion der Gewerkschaftsvereinigung Solidaires. »Seither sind wir hier immerhin etabliert und anerkannt.«

Die Arbeitsbedingungen bei GiFi beschreibt er so: sehr niedrige Löhne für Angestellte und Führungskräfte, von Jahr zu Jahr schrumpfende Erfolgsprämien, Gewinnbeteiligungen, die ohne Erklärung gestrichen werden. »Als wir bei einem Treffen auf ein 13. Monatsgehalt zu sprechen kamen, antwortete Thierry Boukhari, der stellvertretende Direktor, bloß: Wenn ihr nicht zufrieden seid, könnt ihr jederzeit gehen.«

Philippe Ginestet rühmt sich damit, dass er den Hauptsitz des Konzerns in Villeneuve-sur-Lot erhalten hat. Heute ist er der größte Arbeitgeber in der Gegend. Als GiFi zwischen 1996 und 2010 an der Börse notiert war, widerstand er tatsächlich den Forderungen der Investoren nach einer Standortverlegung. Doch dass es dabei bleibt, ist alles andere als sicher. Bislang liegt alle Macht in den Händen des Patriarchen Philippe Ginestet, doch irgendwann soll sein Sohn Alexandre, der heute schon als CEO fungiert, die Führung übernehmen. »Wird ihm genau wie seinem Vater daran gelegen sein, GiFi in Villeneuve-sur-Lot zu halten? Dafür gibt es keine Garantie«, befürchtet Mignard.

Die Entwicklung von Villeneuve-sur-Lot zeugt auf grausame Weise von dem, was den Erfolg des Ginestet-Imperiums ausmacht. Früher war Villeneuve-sur-Lot eine charmante Bastide, eine befestigte Stadt mit einem Grundriss im Schachbrettmuster, inmitten der mit Obstbäumen bestandenen Hügel am Lot. Heute verödet das Stadtzentrum mit seinen engen Gassen, Fachwerkhäusern und Arkaden. »Der Druck der beiden großen Einkaufszentren am Stadtrand hat stark dazu beigetragen«, konstatiert der Rechtsanwalt und Stadtrat Thomas Bouyssonnie. »Im Gemeindeverbund Grand Villeneuvois mit seinen knapp 50 000 Einwohnern ist die Dichte an Einkaufsflächen am Stadtrand doppelt so hoch wie im Landesdurchschnitt.«

Zwischen Hypermarchés und Fast-Food-Restaurants steht in jedem der beiden Gewerbegebiete ein riesiger GiFi-Laden. Der neue konservative Bürgermeister Guillaume Lepers war früher in leitender Funktion bei GiFi tätig. Ginestet, den es nach eigener Aussage nur selten in die Innenstadt verschlägt, sagte der Lokalpresse nach der Wahl seines ehemaligen Mitarbeiters ins Bürgermeisteramt im Juni 2020 ganz offen: »Ich werde ihm zur Seite stehen und ihm helfen, bestimmte Dinge zu verstehen«.[5]

Die größten Projekte des GiFi-Gründers – die allerdings noch der behördlichen Genehmigung harren – drehen sich um sein Schloss Le Stelsia. Der zukünftige Firmensitz soll um eine für internationale Wettbewerbe ausgelegten Kartbahn sowie zwei künstlichen Seen mit einem Palmen- und einem Orangenhain erweitert werden: eine Architektur à la Dubai. Eine Zeit lang träumte Ginestet davon, dort auch ein Kasino einzurichten. Auf Dutzenden Hektar, die er an den Ufern des Lot zusammengekauft hat, soll ein Yachthafen entstehen. Die Ambitionen des Staubsaugervertreters, der zum Milliardär wurde, scheinen grenzenlos.

Aus dem Französischen von Nicola Liebert

1 Philippe Ginestet, *La vie est une idée de génie. La force d'aimer,* Paris (Eyrolles) 2021.
2 »GiFi, le millionnaire des prix cassés«, »Sept à huit«, TF1, 27. November 2016.
3 »Milliardaires 2021: Philippe Ginestet«, *Forbes France,* 6. April 2021.
4 Yann Philippin, »Le catalogue français de l'optimisation fiscale à Malte«, Mediapart, 24. Mai 2017.
5 Baptiste Gay, »Villeneuve-sur-Lot. Philippe Ginestet: ›J'adore Guillaume (Lepers)!‹«, *La Dépêche,* 11. Juni 2020.

Erstmals erschienen in *Le Monde diplomatique* (Paris) vom Juni 2021. Deutsche Erstübersetzung.

Grande Nation nucléaire

Frankreich setzt seit jeher auf Atomstrom – ungeachtet der hohen finanziellen und ökologischen Kosten

AKW Flamanville (Département Manche), Februar 2017. ROB ARNOLD | ZUMAPRESS/PICTURE ALLIANCE

Von Manfred Kriener

Frankreichs Präsident Emmanuel Macron konnte sich auch gegen deutsche Widerstände durchsetzen. Die EU-Kommission hat die Atomenergie in ihrer »Taxonomie« als nachhaltig und klimafreundlich eingestuft. Mit dem Nachhaltigkeitslabel im Gepäck können AKW-Neubauten oder teure Nachrüstungen jetzt in Förderprogramme der EU aufgenommen werden, entsprechende Projekte bekommen Geld aus grünen EU-Töpfen. Auch die Nachhaltigkeitsfonds an den Weltbörsen orientieren sich an solchen Vorgaben, wenn die Fondsmanager entscheiden, welche Aktien von welchen Unternehmen gekauft werden. Atomkraftwerke haben jetzt formal den gleichen Status wie Solarparks oder Trinkwasseraufbereitungsanlagen. Alles öko, alles prima für Klima und Umwelt.

Der Brüsseler Erfolg Macrons kann allerdings die gravierenden Probleme des französischen Atomparks und seines stotternden Ausbaus nicht verdecken. Explodierende Kosten und Schuldenberge, technische Probleme sowie lange Produktionsausfälle bei den bestehenden Kraftwerken plagen die *énergie nationale,* wie die Atomkraft in Frankreich gern genannt wird. Dazu kommen komplett aus dem Ruder laufende Zeitpläne für Neubauprojekte und Nachrüstungen. Für Macron ist die Atomenergie dennoch ein »Glücksfall«. Für den französischen Rechnungshof ist sie eher ein Desaster.

Das Desaster hat mehrere Namen: einer heißt Flamanville. In der normannischen Gemeinde im Département Manche versucht der weitgehend staatliche Atomkonzern Électricité de France (EdF) seit 2007 ein neues Atomkraftwerk zu errichten. Der Meiler der dritten Kraftwerksgeneration sollte schon 2012 in Betrieb gehen und 3 Milliarden Euro kosten. Inzwischen sind fast 15 Jahre Bauzeit ins Land gegangen, mit immer neuen Verzögerungen. Die Inbetriebnahme wird jetzt für Juli 2023 angepeilt. Eine weitere Verschiebung ist nach Angaben von EdF wahrscheinlich, weil angeblich die Coronapandemie die Arbeiten immer wieder stocken lässt. Die Kosten haben sich seit der ursprünglichen Berechnung mindestens vervierfacht. EdF bezifferte die Bausumme zuletzt auf 12,4 Milliarden Euro, der Rechnungshof kalkuliert dagegen mit 19,1 Milliarden Euro. Und die Kosten werden von immer neuen technischen Problemen in die Höhe getrieben. Im März 2021 hatte die französische Atomaufsicht erneut Sicherheit und Qualität der Konstruktion gerügt. Im Sekundärkreislauf des Reaktors seien mehr als 100 Schweißnähte fehlerhaft ausgeführt worden.

Nicht nur der Neubau in Flamanville sorgt für negative Schlagzeilen. Auch die laufenden 56 Atomreaktoren hatten zuletzt eine denkbar schlechte Performance. Zeitweise waren mehr als 20 Reaktoren gleichzeitig wegen Wartungsarbeiten oder aufgrund von Sicherheitsmängeln durch Risse an Rohrleitungen abgeschaltet. Auch der niedrige Wasserstand in den kühlwasserspendenden Flüssen führt in heißen Sommern immer wieder zu Abschaltungen. Die Ausfallzeiten summierten sich 2020 binnen zwölf Monaten auf 6475 Reaktortage. Einzelne Anlagen blieben über fast zwei Jahre im Reparaturbetrieb. Als Folge sank die erzeugte Elektrizität der französischen AKWs auf 335 Terrawattstunden, ein Rückgang um 12 Prozent gegenüber dem Vorjahr. Der Anteil nuklear erzeugten Stroms an der Versorgung Frankreichs erreichte damit den niedrigsten Wert seit

1985, wie der World Nuclear Industry Status Report vorrechnet.[1] Auch in der ersten Jahreshälfte 2021 blieb die Stromerzeugung hinter den Erwartungen zurück.

Die langen Ausfallzeiten liegen wiederum an der überalterten Reaktorflotte. An Weihnachten 1999 war in Civaux im Département Vienne der letzte neue Reaktor in Betrieb gegangen. Seitdem blieb der Kraftwerkspark bis auf die Stilllegung des elsässischen AKWs Fessenheim unverändert. Das durchschnittliche Alter der Anlagen hat jetzt mehr als 36 Jahre erreicht. Bei einer ursprünglich angenommenen Laufzeit von maximal 40 Jahren, müssten die meisten Reaktoren in naher Zukunft abgeschaltet werden, zumal sieben Meiler schon älter als 40 Jahre sind. Laufzeitverlängerungen auf eine Betriebszeit von 50 oder 60 Jahren sollen die Stilllegungen verhindern, doch dazu müssen die Altmeiler durchgecheckt, der Weiterbetrieb muss für jeden einzelnen Reaktor genehmigt werden. Das wird auch in den kommenden Jahren zu längeren Ausfallzeiten führen, mit eventuell teuren Nachrüstungen.

Hohe Instandhaltungskosten und eine zurückgehende Stromproduktion erhöhen das Schuldenkonto des wirtschaftlich ohnehin angeschlagenen EdF-Konzerns. Vom Deutschen Institut für Wirtschaftsforschung (DIW) hieß es dazu schon 2019: »In Frankreich ist nach massiven Kostensteigerungen das gesamte Atom-Ausbauprogramm des Energiekonzerns EdF infrage gestellt; darüber hinaus dürften die hohen Schulden des Konzerns von über 40 Milliarden Euro zu einer vollständigen Verstaatlichung führen, wenn ein Bankrott vermieden werden soll.«[2] Die Schulden sind inzwischen weiter angewachsen und könnten, wie der World Status Report schätzt, dieses Jahr 50 Milliarden Euro erreichen. Der Aktienkurs des Unternehmens sank in den vergangenen Jahren von seinem Peak 2007 bei 77 Euro auf aktuell 8 Euro. Auch die Bonität ist weiter im Sinkflug und erreichte zuletzt bei der Ratingagentur SACP den Junkstatus BBB+. Zudem hat das Unternehmen die Hälfte seiner Stromkunden an die Konkurrenz verloren. »Atomkraft war, ist und bleibt unwirtschaftlich«, bilanziert das DIW. Sie fällt in Vergleichsrechnungen zur Wirtschaftlichkeit gegenüber den Erneuerbaren Energien immer weiter zurück. Das zeigen auch die globalen Investitionen. In Erneuerbare Energien wurde zuletzt weltweit 17-mal mehr investiert als in die Atomenergie. Der Abstand wird jedes Jahr größer.

In Paris bleibt man davon unbeeindruckt. In einer feurigen Grundsatzrede bekannte sich Macron im Dezember 2020 zur Atomkraft als Garant für die Größe und Macht der Grande Nation. Er erinnerte an den Beginn des nuklearen Wegs 1973, sprach die 220 000 Beschäftigten des Atomsektors an und bezeichnete die Branche als eine der wenigen, die jungen Menschen eine Perspektive biete. Atomkraft sei der Eckstein für die Unabhängigkeit Frankreichs. Die meistzitierte Passage dieser Rede bezog sich jedoch auf die Verquickung zwischen Frankreichs Atomwaffenarsenal und seinen Atomkraftwerken. Es mache keinen Sinn, sagte Macron, die militärische und energetische Nutzung auseinander zu dividieren. »Das eine geht nicht ohne das andere. Ohne die zivile Atomkraft gibt es auch keine militärische und ohne die militärische keine zivile!« Selten hat ein Staatschef so offen bekannt, dass die technologische Kompetenz und Quersubventionierung von Ausbildung, Forschung und Infrastruktur aus der nuklearen Stromproduktion für die militärische Souveränität einer Atommacht unverzichtbar sind.

Macron versprach erneut die Entwicklung kleiner modularer Reaktoren, die auch außerhalb Frankreichs als neuer nuklearer Hoffnungsträger gelten. Davon müsste Frankreich indes Hunderte bauen, um den alten Nuklearpark zu ersetzen. Anfang Februar kündigte Macron im ostfranzösischen Belfort neben einer Offensive für Windparks und Solaranlagen den Bau von bis zu 14 neuen Atomkraftwerken klassischer Größe an sowie unbegrenzte Laufzeitverlängerungen für die alte Reaktorflotte. Atomkraft bilde »das Zentrum französischen Klimaschutzes«.

Der Staatskonzern EdF plant zunächst den Zubau von sechs groß dimensionierten Atomkraftwerken. Bei einer Bauzeit von 15 Jahren wären sie aber erst Ende der 2030er Jahre am Netz. Im französischen Energiegesetz von 2015 war festgelegt worden, die Atomenergie bis 2025 auf 50 Prozent der Stromproduktion zu reduzieren. Diese Frist wurde jetzt auf 2035 verlängert, dann wäre der nukleare Kraftwerkspark mit seinen 56 Reaktoren im Schnitt 50 Jahre alt. Sechs Neubauprojekte, falls sie tatsächlich realisiert werden, können die 56 Altmeiler aber nicht ersetzen, wie auch der Rechnungshof feststellt. Eine noch ehrgeizigere Neubauoffensive werde die hoch verschuldete EdF aus eigener Kraft aber nicht schaffen, schreiben die Finanzprüfer. Wird Frankreich seine milliardenschweren AKW-Neubauten also mit EU-Geldern finanzieren? Oder darf spekuliert werden, ob sich nicht auch in Frankreich, wie fast überall auf der Welt, die Erneuerbaren Energien durchsetzen werden.

Spätestens nach der Präsidentschaftswahl wird auch die Energiepolitik Frankreichs wieder neu diskutiert. Vor der Wahl trommelte vor allem die politische Rechte für die Atomkraft. Da konnte sich Macron keine Blöße geben. Das Wahlvolk selbst steht aber längst nicht so einhellig hinter dem Atomkurs. Unter dem Eindruck der Dreifach-Kernschmelze in Fukushima 2011 hatten 70 Prozent der Französinnen und Franzosen für den Ausstieg aus der Atomenergie plädiert. In aktuellen Umfragen genießen Wind- und Sonnenenergie auch in Frankreich deutlich mehr Sympathien als die Atomkraft. 91 Prozent der Befragten haben eine »sehr gute« oder »ziemlich gute« Meinung von der solaren Energiegewinnung, beim Wind sind es immerhin noch 82 Prozent. Die Atomenergie kommt dagegen nur auf magere 34 Prozent und wird sogar noch vom Erdgas übertroffen.

Die Zustimmung dürfte weiter sinken, wenn die Entsorgungskosten auf die Bilanzen drücken. In Fessenheim wurden jetzt die ersten beiden großen Druckwasserreaktoren stillgelegt. EdF beziffert die Stilllegungs- und Abrisskosten für den gesamten französischen Atompark auf bescheidene 75 Milliarden Euro. Bisher sind nur 23 Milliarden als zweckgebundene Entsorgungsreserve zurückgestellt. Nach den Erfahrungen in Deutschland dürften die Entsorgungskosten sehr viel höher ausfallen. Ein von der französischen Nationalversammlung beauftragter Entsorgungsreport bescheinigt der EdF-Rechnung einen »exzessiven Optimismus«. Das gilt bei einem nüchternen Blick auf den Sektor allerdings für die gesamte französische Atompolitik. Ob sie ihre Probleme mit europäischen Finanzmitteln lösen kann, ist noch lange nicht ausgemacht. ●

1 Mycle Schneider Consulting, *The World Nuclear Industry Status Report 2021*, Paris, September 2021.

2 DIW-Wochenbericht 30/2019: »Zu teuer und gefährlich – Atomkraft ist keine Option für eine klimafreundliche Energieversorgung«.

Sanofis falsche Strategie

Warum der Pharmariese an der Entwicklung eines Corona-Impfstoffs scheiterte

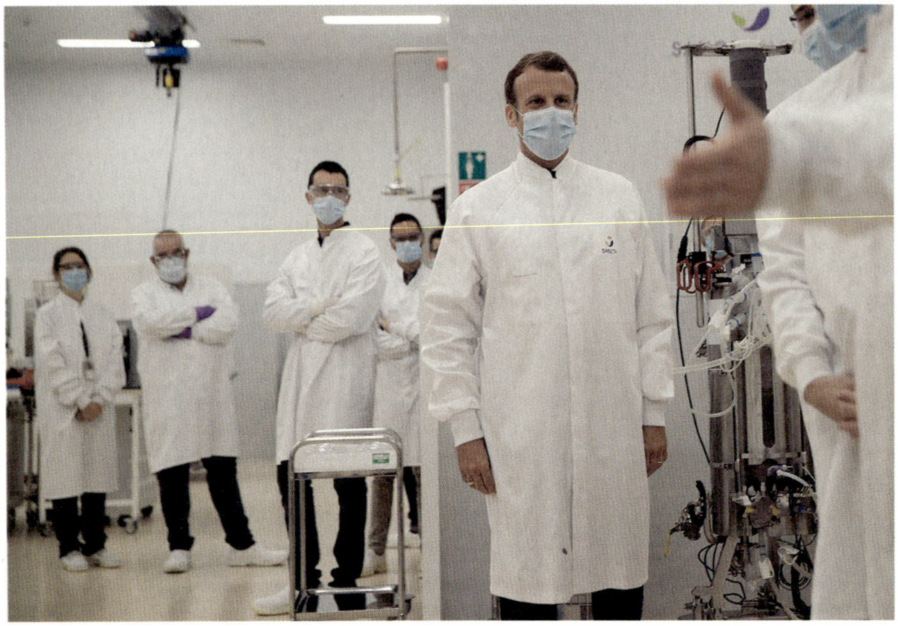

Präsident Emmanuel Macronzu Besuch in einem Impfstoffwerk von Sanofi Pasteur, Marcy-l'Étoile, Juni 2020.
ABACA/PICTURE ALLIANCE

Von Margot Dupont

Wie alle Franzosen habe ihn das »schwer getroffen«, sagte Ministerpräsident Castex am 28. Januar 2022: »Seit 30 Jahren sind die Mittel für die medizinische Forschung gekürzt worden, und deshalb haben wir heute keinen französischen Impfstoff. Das darf uns nicht noch einmal passieren! Wir müssen massiv reinvestieren.« Castex kündigte die Gründung einer Agentur für Innovation im Gesundheitswesen an: »Wir müssen die Produktion nach Frankreich zurückholen. Das ist auch eine Frage der Souveränität.«

Hatten zu Beginn der Pandemie Sanofi und Präsident Macron noch große Töne gespuckt, deckt sich Castex bittere Feststellung mit der Erfahrung der 25 000 Sanofi-Beschäftigten in Frankreich und den mehr als hunderttausend weltweit. Viele von ihnen sind müde von den ständigen Umstrukturierungen und Auslagerungen, aber auch von der fehlenden Anerkennung für ihre Arbeit. Bei den Angestellten in der Forschungs- und Entwicklungsabteilung ist der Frust groß, dass ständig über ihren Kopf hinweg entschieden wird, ohne ihre Expertise einzubeziehen.

Als einer der Weltmarktführer für Kinder- und Grippeimpfstoffe hoffte Sanofi auch im Kampf gegen das neuartige Coronavirus eine wichtige Rolle zu spielen und setzte darauf, von in Bedrängnis geratenen Regierungen finanzielle Hilfe zu bekommen. Bereits im Februar 2020 vereinbarte das Unternehmen einen Deal mit der US-Gesundheitsbehörde Biomedical Advanced Research and Development Authority (Barda). Sanofi erhielt rund 30 Millionen US-Dollar und räumte den USA im Gegenzug zukünftige Sonderrechte bei der Impfstoffbestellung ein. Ein Affront für Paris – institutionelle Anleger aus Frankreich halten 15 Prozent an Sanofi –, das sich im Mai 2020, nachdem die Vereinbarung bekannt geworden war, zu einer Regierungserklärung gezwungen sah: Ein freier Zugang zum Impfstoff für alle sei »nicht verhandelbar«. Sanofis britischer CEO Paul Hudson erklärte den europäischen Regierungen daraufhin, dass sie ebenfalls dabei helfen könnten, Sanofis »Risiko zu teilen«, ohne allerdings die geringste Gegenleistung anzubieten.

Im April 2020 ging Sanofi eine Kooperation mit dem britischen Pharmaunternehmen GlaxoSmithKline (GSK) ein, zusammen unterzeichneten sie im Sommer 2020 nacheinander Verträge mit den USA, Großbritannien und der EU. Der Vertrag mit Brüssel sah die Lieferung von bis zu 300 Millionen Dosen vor, im Gegenzug für EU-Mittel zum Ausbau der Forschungs- und Produktionskapazitäten auf dem Kontinent. Eine Preisgarantie oder die Freigabe von Patenten war nicht vorgesehen.

Zu diesem Zeitpunkt plante Sanofi die Entwicklung von zwei unterschiedlichen Impfstofftypen. In den Vereinbarungen mit der US-Regierung und der EU ging es um einen proteinbasierten Impfstoff mit winzigen Viruspartikeln, künstlich hergestellt in Insektenzellen. GSK sollte das Adjuvans liefern, also die Substanz, mit der die Immunantwort gegen das Virus verstärkt werden kann. Ende 2020 sollte die Phase-III-Studie am Menschen starten, bei Erfolg sollte der Impfstoff Anfang 2021 verfügbar sein und in der Folge dann 1 Milliarde Dosen pro Jahr produziert werden. Gleichzeitig tüftelte Sanofi an einem mRNA-Impfstoff. 2019 hatte das Unternehmen 80 Millionen Euro in das deutsche Unternehmen Biontech investiert, um gemeinsam an einer Immuntherapie gegen Krebs zu arbeiten. Doch bei den Verhandlungen über eine Kooperation in der Entwicklung eines Corona-Impfstoffs zog Sanofi den Kürzeren: Biontech tat sich mit dem US-Riesen Pfizer zusammen. Sanofi musste sich mit Translate Bio, einem kleinen US-Anbieter von mRNA, begnügen. Die Phase-I-Studien, in denen eine empfohlene Dosis ermittelt werden sollte, wurden damals für Ende 2020 erwartet.

»Sanofi Pasteur« – so nennt sich die Impfstoffsparte des Unternehmens – entfernt sich immer weiter von dem universalen Anspruch, für den das gleichnamige Pariser Institut Pasteur steht. Statt die Suche nach Impfstoffen gegen alle Infektionskrankheiten fortzusetzen, interessiert sich das Unternehmen nur noch für die Krankheiten, mit deren Bekämpfung sich Geld verdienen lässt. In manchen Fällen entschied es sich sogar, die eigene Forschung ganz einzustellen, weil ein Labor anderswo schon weiter war: So sprang Sanofi etwa 2014 beim südkoreanischen Unternehmen SK Chemical auf, das an einem vielversprechenden Impfstoff gegen Pneumokokken forschte, und versetzte die hauseigenen Wissenschaftler:innen in andere Abteilungen. Keine Seltenheit: Manchmal findet sich ein Experte für Herz-Kreislauf-Erkrankungen, um nicht entlassen zu werden, plötzlich in der Krebsforschung wieder.

Seit etwa 15 Jahren wird Sanofi andauernd umstrukturiert. Zwischen 2006 und 2018 wurden 3565 Stellen gestrichen, davon 2814 in der Forschung. Laut der Beobachtungsstelle für Transparenz in der Arzneimittelpolitik (OTMeds) hat der Konzern seit 2010 dennoch jedes Jahr 150 Millionen Euro an Steuergutschriften für Forschungszwecke erhalten – ein Geschenk, das er der ehemaligen Forschungsministerin und aktuellen Präsidentschaftskandidatin Valérie Pécresse verdankt.

Zu Beginn der Pandemie bereitete Sanofi auf Anraten der Boston Consulting Group (BCG) einen Plan zur »Sicherung von Arbeitsplätzen« vor. Die Berater empfahlen, sich von bestimmten Produkten, Standorten und Geschäftsbereichen zu trennen, um sich auf diejenigen zu konzentrieren, die sie für rentabel hielten. Nach dieser Logik hatte Sanofi sich bereits von seiner Sparte für Antiinfektiva (Antibiotika, antivirale Medikamente, Parasitenmittel) getrennt. In den Präsentationen, die intern zur Rechtfertigung von Einsparungen und Outsourcing vorgelegt werden, wird häufig auf die von BCG erstellten Zahlen und Statistiken verwiesen.

Diese Firmenpolitik ist Schuld daran, dass regelmäßig erfahrene Mitarbeiter:innen das Unternehmen »freiwillig« verlassen. Häufig geht damit auch viel Fachwissen verloren, weil die Stellen nicht neu besetzt werden. Dies war insbesondere 2009/10 bei der Schließung von vier französischen Forschungs- und Entwicklungsstandorten und 2013 bei der Abwicklung der Produktionsstätte in Romainville (Département Seine-Saint-Denis) der Fall. 2020/21 wurden in Frankreich rund 1000 Stellen abgebaut – europaweit 1700 –, bis Ende 2022 sollen weitere 364 Stellen gestrichen werden.

Während Biontech/Pfizer und Moderna Ende 2020 mit der Massenherstellung ihrer Impfstoffe begannen, mussten Sanofi und GSK am 11. Dezember 2020 die enttäuschenden Ergebnisse ihrer klinischen Studien bekannt geben. Am Ende von Phase II stellte sich heraus, dass ihr Vakzin keine ausreichende Immunantwort auslöste, insbesondere bei älteren Menschen. »Um Zeit zu sparen, haben wir ein Reagenz von einem Forschungszentrum gekauft, anstatt es selbst zu entwickeln. Deshalb waren wir nicht in der Lage, die Menge von Antigenen in einer Injektionen richtig einzuschätzen«, gestand Olivier Bogillot, Frankreich-Chef von Sanofi, am 4. Februar 2021 gegenüber *L'Express*.

Die Arbeitnehmervertreter waren empört. Jean-Louis Peyren von der Gewerkschaft CGT sagte dem Magazin *Lyon Capitale:* »Der Impfstoff war unterdosiert. Auf die falsche Technologie zu setzen, kann passieren. Aber in diesem Fall haben wir eine Technologie verwendet, die wir beherrschen. Eine falsche Dosierung ist peinlich.« Und Matthieu Boutier von der CFE-CGC ergänzte: »Der Anfängerfehler war, dass wir die Dosierung des Reagenz nicht kontrolliert haben. Wir haben die Qualitätskontrolle einfach übersprungen.« Die Beschäftigten können nicht verstehen, warum so schwerwiegende Fehler gemacht wurden. »Ich traue mich nicht mehr zu sagen, dass ich bei Sanofi arbeite, dabei war ich früher so stolz darauf«, gesteht ein Kollege. Die Geschäftsleitung reagiert nicht auf die Fragen des Betriebsrats zu den Zulieferverträgen und den hastigen Kontrollen und wiederholt stattdessen nur, dass bei jeder Forschung Fehler passieren können.

Im Sommer 2021 erschienen Zwischenergebnisse zum mRNA-Impfstoffkandidaten; im August 2021 übernahm Sanofi seinen Partner Translate Bio für 2,7 Milliarden Euro. Nach Phase I und II konnte Sanofi verkünden, dass zwei Wochen nach der zweiten Injektion 91 bis 100 Prozent der Probanden Antikörper bildeten. Außerdem wurden keine Nebenwirkungen beobachtet und die Verträglichkeit schien mit anderen mRNA-Vakzinen vergleichbar. Als letzter Schritt zur Marktzulassung fehlte also nur noch eine Phase-III-Studie, um die Wirksamkeit bei einer größeren Anzahl von Patient:innen nachzuweisen.

Doch am 28. September 2021 erklärte Thomas Triomphe, Vizepräsident von Sanofi Pasteur, dass man keine neuen Covid-Impfstoffe mit mRNA-Technologie mehr bräuchte. Frankreich und Europa sollten sich vielmehr »mit einem Arsenal an mRNA-Impfstoffen gegen die nächste Pandemie und gegen neue Krankheiten ausstatten«. Die Länder des Globalen Südens bleiben wieder einmal außen vor. Intern wird über die wahren Gründe dieser Entscheidung gerätselt: Ob es daran lag, dass der Impfstoffmarkt in den »zahlungskräftigen« Ländern, die den Großteil ihrer Bevölkerung bereits geimpft haben, schon gesättigt war?

Sanofi wollte sich auf seinen proteinbasierten Impfstoff konzentrieren. Auch hier kam es zu Verzögerungen – wegen der Herstellung des Materials für die klinischen Tests, die ebenfalls ausgelagert wurden, obwohl das gar nicht nötig gewesen wäre. Sanofi und GSK schwenkten daher um: Der proteinbasierte Impfstoff, der für die Grundimmunisierung bestimmt war, sollte nur noch zur Auffrischung dienen, wofür weniger klinische Studien erforderlich sind.

Unter den Beschäftigten regt sich immer mehr Kritik: Bei einer internen Befragung stellten viele die Konzernstrategie infrage und gingen damit ein hohes persönliches Risiko ein. Im Januar 2022 drohte CEO Hudson in einer Rede an die Belegschaft: »Ich habe den Eindruck, dass nur ein Drittel der Mitarbeiter wirklich hinter dem steht, was wir tun. Ein anderes Drittel stellt sich dem Fortschritt in den Weg. Im Laufe der Zeit werden einige von ihnen gehen, oder wir werden ihnen auf die Sprünge helfen, diese Entscheidung zu treffen.« Die Logik der Finanzialisierung, nach der in erster Linie die Aktionäre zufriedengestellt werden sollen, hat die Belegschaft zutiefst konsterniert. Sanofi muss endlich Rechenschaft ablegen – gegenüber seinen Mitarbeitenden und den Steuerzahlern der Länder, von denen das Unternehmen Beihilfen erhält.

Aus dem Französischen von Anna Lerch

Erstmals erschienen in *Le Monde diplomatique* (Paris) vom März 2022. Deutsche Erstübersetzung.

Software macht Schule

Seit Beginn der Pandemie ist das Programm Pronote unverzichtbar geworden. Es verändert den Lehrerberuf und erhöht den Druck auf Schülerinnen und Schüler

L'Ermitage International School of France, Maisons-Laffitte, Juni 2020.
MARECHAL AURORE | ABACA/PICTURE ALLIANCE

Von Lucie Tourette

Ein Schüler fehlt bei der Anwesenheitskontrolle zu Beginn des Unterrichts? Der Lehrer klickt in der Software Pronote auf »abwesend«. Sofort erscheint die Information auf dem Bildschirm der Schulsekretärin und es wird eine automatisierte Nachricht an die Eltern verschickt. Die Geschichtslehrerin hat die Noten der letzten Leistungskontrolle in Pronote eingetragen? Schüler und Eltern bekommen sofort einen Alert. In welchem Raum findet der Biounterricht statt? Ein kurzer Blick auf den Stundenplan in Pronote bringt die Antwort.

Selbst jene, die das Programm früher kaum nutzten, haben seit Beginn der Covid-19-Pandemie keine Wahl mehr. In Zeiten des Distanzunterrichts fanden sie dort alle Informationen: die Hausaufgaben, den Link zur Plattform für den Videounterricht etc. »Die digitalen Hilfsmittel haben viel zu viel Raum eingenommen«, kommentiert Olivier Cuzon, Physik- und Chemielehrer in Brest. »Die Schüler mussten sie benutzen. Wer keinen Zugang hatte, war von einem Teil des Unterrichts und der Kommunikation ausgeschlossen.«

Pronote wurde 1999 vom Privatunternehmen Index Éducation entwickelt, das 2020 von der staatlichen Aktiengesellschaft La Poste übernommen wurde. Es ist nicht die einzige Software für die Organisation des Schullebens, aber der Konkurrenz weit voraus: Aktuell wird es in 68 Prozent der französischen Collèges und Lycées genutzt, das sind mehr als 10 000 Schulen. 2019 wurden 1,2 Milliarden Zugriffe registriert. Im Schuljahr 2020/21, in dem der Distanzunterricht stattfand, waren es fast dreimal so viel (3,4 Milliarden). Während des Lockdowns erreichte Pronote 22 Millionen Zugriffe täglich, im Januar 2022 waren es zwischen 16 und 18 Millionen.

Auf seiner Website präsentiert sich Index Éducation als »größter digitaler Partner des Bildungswesens«. 2020 betrug der Umsatz 21,5 Millionen Euro, der Anteil von Pronote machte 30 Prozent aus. 2019, vor dem Kauf durch die Post kritisierte der französische Rechnungshof die »Quasiabhängigkeit des Bildungsministeriums von einem privaten Software-Anbieter« und riet dem Staat, »wieder die Kontrolle zu übernehmen«.[1] Die Gewerkschaften verlangen indes eine echte Verstaatlichung und dass die Software für die Schulen kostenlos sein soll.

In den Schulen liegt die Entscheidung, das jährlich zu erneuernde Abo zu verlängern, allein bei der Schulleitung, in der Lehrerschaft wird kaum darüber diskutiert. 2021 reichten die Tarife von 647,94 Euro (inklusive Steuern) für die Nutzung durch 30 Lehrkräfte bis zu 1186,74 Euro für eine unbegrenzte Lehrerzahl. Entwickelt wurde Pronote auf Nachfrage der Schulen. 1992 hatte Index Éducation die Software EdT zur Automatisierung der Stundenplanung auf den Markt gebracht, die hatte zu so großen Zeitersparnissen geführt, dass Schulleitungen das Unternehmen baten, auch ein Tool für die Erstellung von Zeugnissen zu entwickeln. Seither haben die Entwickler Pronote ständig den Bedürfnissen der Kunden angepasst. Durch immer neue Funktionen ist die Software in vielen Schulen zum Zentrum der Kommunikation geworden.

Philippe Vincent, Schulleiter des Lycée Vauvenargues in Aix-en-Provence und ehemaliger Vorsitzender der Schulleitergewerkschaft SNPDEN, hat die Anfänge von Index Éducation miterlebt und lobt die »Anpassungsfähigkeit« des Unternehmens. »Ihre Dienstleistungen sind unschätzbar. Heute kenne ich keine Schulverwaltung, die nicht Pronote benutzt.« Auch die befragten Lehrer:innen sind sich einig: Die Reform der Lycées wäre ohne Pronote unmöglich. Seit ihrer Umsetzung zum Schuljahresbeginn 2019 wurden die für Frankreich typischen Zweige (filières) durch eine Vielzahl von Spezialisierungen und Optionen ersetzt, aus denen jede Schülerin und jeder Schüler seinen Unterrichtsplan zusammenstellt.

In manchen Schulen gibt es hundert mögliche Kombinationen. Deshalb haben die Schüler:innen einer Klasse selten zusammen Unterricht. Die Lehrkräfte stehen vor immer neu zusammengesetzten Gruppen. So kann eine Lehrerin vor Jugendlichen aus sechs verschiedenen Klassen stehen. Sie muss sich also mit sechs Klassenlehrer:innen abstimmen und an sechs Klassenratssitzungen teilnehmen. Und das für jeden einzelnen Kurs. In diesem Kommunikationswust wird Pronote zum allgegenwärtigen Vermittler.

Das Programm ist unverzichtbar geworden, was seinem Hersteller die jährliche Erneuerung der Aboverträge sichert, die wiederum die Weiterentwicklung der Software ermöglichen. Und Pronote steht inzwischen so weit im Zentrum des Schullebens, dass es den Lehrberuf von Grund auf verändert.

Ursprünglich wollte Olivier Calderon, der Chef von Index Éducation, den Lehrkräften helfen, Zeit zu sparen, um sich besser auf die individuelle Förderung einzelner Schüler:innen konzentrieren zu können. Er war früher selbst Mathelehrer und betont immer wieder den »großen Druck, der auf den Lehrkräften lastet«, und die »fehlende Zeit, um Schülern mit Lernproblemen zu helfen«.[2] Doch 22 Jahre nach der Einführung der Software verweisen viele Lehrkräfte darauf, dass die administrativen Aufgaben zugenommen haben. Inzwischen ist es fast ebenso wichtig, auf Pronote zusammenzufassen, was im Unterricht durchgenommen wurde, wie die Durchführung des Unterrichts selbst.

Pronote führt zudem zur Isolation zwischen den Lehrenden. Alice Rodrigues, Lehrerin für Geschichte und Geografie im Val-de-Marne, nennt als Beispiel die Zeugniskonferenzen. Früher traf man sich dazu in großer Runde im Lehrerzimmer. Man tauschte sich aus und nebenher plauderte man ein wenig. Heute trägt jede Lehrkraft die Ergebnisse ihrer Klasse einfach am Computer ein. »Pronote überlässt jeden sich selbst«, fasst es Rodriguez zusammen.

Außerdem lässt Pronote die Grenzen zwischen Arbeit und Freizeit verwischen. Wenn ein Lehrer das Programm von zu Hause aus öffnet, um Noten einzutragen oder das Aufgabenheft auszufüllen, sieht er vielleicht auch die Nachricht eines entrüsteten Elternteils aufploppen, das eine Erklärung für die schlechte Note seines Kindes verlangt. Von keiner der befragten Lehrkräfte ist zu hören, dass über die Abschaltung des internen Mailprogramms von Pronote nach 20 Uhr und am Wochenende diskutiert wird.

Für die Schulleitungen bedeutet Pronote vor allem durch die automatische Anwesenheitskontrolle einen echten Zeitgewinn. Früher musste jemand durch alle Klassen laufen, um die von den Lehrer:innen ausgefüllten Anwesenheitslisten einzusammeln, die dann im Sekretariat abgezeichnet wurden. Lyse Matray, Leiterin einer Schule im Großraum Lyon, sieht es so: »Die Sorge um die Schüler gehört zu unseren Hauptaufgaben. Durch Pronote haben wir ein umfassendes Bild jedes Einzelnen. Pro Klasse gibt es außerdem einen Gruppenchat, in dem die Lehrkräfte Informationen austauschen können. So können wir besser an einem Strang ziehen.«

Sie gibt allerdings zu, dass sich die Software oft als »Zeitfresser auf Kosten echter Kontakte« entpuppt. Jean-François Ferbos, der ein Lycée im Zentrum von Bordeaux leitet, sieht es ähnlich: »Die Software ist sehr praktisch, aber sie ist ein Hilfsmittel, kein Selbstzweck.« Cuzon, der Lehrer für Physik und Chemie, plädiert seinerseits für ein »Recht auf Vergessen«. Es sei nicht richtig, »dass wir am Schuljahresende jedes Nachsitzen, jede Verspätung, jedes freche Wort eines Schülers vor uns sehen. Selbst zu den Daten des Vorjahrs haben wir Zugang.«

Die heutige Schülergeneration kennt keinen Schulalltag mehr ohne Pronote. Wenn sie geschwänzt oder eine schlechte Note kassiert haben, informiert das Programm ihre Eltern, bevor sie zu Hause sind. Doch für Schulleiter Ferbos »besteht eine Funktion der Schule darin, dass sich die Jugendlichen langsam abnabeln. Das Collège und das Lycée sind Orte, wo sie aus dem Elternhaus herauswachsen. Das ist für die Entwicklung unverzichtbar.« Mit Pronote wird alles, was in der Schule vor sich geht, sofort an die Eltern übermittelt.

»Viele Eltern haben die Pronote-App sogar auf ihrem Handy«, beklagt Anne Thiéry, Mutter eines Schülers, die sich im Verein der Elternräte FCPE engagiert: »Das erzeugt eine eigenartige Beziehung zwischen Eltern und Kindern.« Thiéry findet, dass den Schüler dadurch die Selbstverantwortung genommen wird: »Es ist auch wichtig, dass man lernt, den Eltern eine schlechte Note anzukündigen.« Und auf der anderen Seite müssten auch die Eltern »lernen, dass die Autonomie ihrer Kinder wächst«.

»Was machen wir mit den kleinen Geheimnissen des Schullebens?«, fragt Cuzon. »Wenn ein Schüler fünf Minuten zu spät kommt, werden seine Eltern sofort informiert. Aber vielleicht hat er im Hof geflirtet, das gehört doch auch zum Schulalltag.« Der Lehrer ist bei der Organisation Planning familial aktiv und hat schon mehrfach Schülerinnen zu Abtreibungen ins Krankenhaus begleitet. Seit 2001 dürfen Minderjährige ohne Zustimmung der Eltern einen Schwangerschaftsabbruch vornehmen lassen, wenn sie von einer erwachsenen Bezugsperson begleitet werden. Die Jugendlichen fehlen dann für einen halben Tag. Früher ging die Schulleiterin, die als einzige weitere Person davon wusste, einfach ins Lehrerzimmer und entfernte den Abwesenheitsschein. »Heute haben wir diesen Spielraum nicht mehr«, beklagt Cuzon. »Die Datenspeicherung bringt uns in Schwierigkeiten. Die Eltern und alle anderen Lehrer werden sofort informiert.«

Nicht alle Eltern sind bei Pronote angemeldet. Doch mit oder ohne den elterlichen Blick hat die Funktionsweise der Software Auswirkungen auf die Beziehung zwischen Schülern und Schule. Früher erfuhren die Schüler ihre Noten im Unterricht. Jetzt erscheinen sie auf ihrem Handybildschirm, sobald die Lehrerin sie online eingetragen hat. Diese Unmittelbarkeit erhöht den Leistungsdruck. »Wenn eine Klassenarbeit zurückgegeben wird, kennen die Schüler ihre Note schon und hören nicht mehr zu, was wir ihnen dazu sagen«, bedauert eine Französischlehrerin aus Centre-Val de Loire. »Dabei bedeutet dieselbe Note nicht bei jedem Schüler dasselbe.« Infantilisierung bei gleichzeitig steigendem Druck, und das in einem Alter, wo die Autonomie wachsen müsste – wie soll man da erwachsen werden?

Aus dem Französischen von Claudia Steinitz

1 »Le service public numérique pour l'éducation. Un concept sans stratégie, un déploiement inachevé«, Rechnungshof, Paris, Juli 2019

2 Online-Interview auf Edtech France Le Podcast, 21. November 2019.

Erstmals erschienen in *Le Monde diplomatique* (Paris) vom Januar 2022. Deutsche Erstübersetzung.

PALAIS DE JUSTICE

Die Aktenberge von Soissons

Das französische Justizwesen ist hoffnungslos überlastet

Von Jean-Michel Dumay

Die französischen Gerichte sind mit Verfahren völlig überlastet – wie sehr, zeigt die Tatsache, dass sich manche von ihnen mit genau dieser Überlastung beschäftigen. So reichten im März 2021 Mitglieder der Anwaltsgewerkschaft Syndicat des avocats de France (SAF) in Bordeaux rund 20 Schadensersatzklagen von Klient:innen ein, die Opfer der Langsamkeit der Justiz geworden waren. Sie bekamen Recht, Ende Mai 2021 wurde der Staat zu einer Entschädigungssumme von knapp 80 000 Euro verurteilt.

In einem Fall, in dem es um eine Kündigungsschutzklage ging, hat das zuständige Arbeitsgericht erst nach fünf Jahren anerkannt, dass es keinen gerechtfertigten Grund für die Kündigung gab. Vier Jahre und fünf Monate waren ins Land gegangen, bis am Ende festgestellt wurde, dass der Arbeitgeber gelogen hatte. »Während dieser Zeit führen unsere Klienten ein Leben im Wartestand, voller Bangen und Hoffen auf Gerechtigkeit und die ihnen zustehende Entschädigung«, erklärte einer der Anwält:innen.

Die Bearbeitung von Gerichtssachen innerhalb einer angemessenen Zeit ist in der Europäischen Menschenrechtskonvention festgeschrieben. Den Umfragen zufolge ist es die vordringlichste Erwartung, die die Prozessparteien an die Gerichte haben. Allerdings hat deren Aufgabe fast schon industrielle Ausmaße angenommen: 2019 haben die französischen Gerichte 2,25 Millionen zivilrechtliche Urteile gefällt.[1] Die Staatsanwaltschaften ermittelten in über 4 Millionen neuen Strafsachen; in 1,3 Millionen Fällen kam es zur Anklage. Jahr für Jahr gelangen genauso viele neue Fälle vor Gericht wie abgeschlossen werden. Der Bestand offener Verfahren verringert sich also nicht.

»Durchsatz« und »Bestände« sind für die Gerichtspräsidenten das nackte Grauen. 2020 verschärften zwei unvorhergesehene Ereignisse das Problem noch: ein Streik der Anwaltschaft wegen der Rentenreform und anschließend die Coronapandemie, wegen der die Gerichte zwei Monate schließen mussten. In Paris dauert die Bearbeitungszeit für Sozial-, Bank-, Wohnungs- und Baustreitigkeiten inzwischen 30 Monate.

»Ohne den aufopfernden Einsatz der Mitarbeiter würden wir es gar nicht schaffen«, so beschreiben Richter und Verwaltungsangestellte unisono die zermürbende Arbeitsbelastung. Mittlerweile wird von allen Seiten Alarm geschlagen. »Wir sehen eine Justiz am Rande des Zusammenbruchs«, warnte die Richtergewerkschaft Syndicat de la magistrature (SM) nach einer Umfrage von 2019.[2]

Gericht, Nizza, Januar 2012.
MARKO BERIC | ALAMY

Das Ausmaß der Überlastung lässt sich zum Beispiel im Gericht der Stadt Soissons, nordöstlich von Paris, beobachten. Das schlichte Gebäude aus den 1930er Jahren strahlt weder die symbolische Macht der säulenbestandenen alten Justizpaläste aus noch die Kälte der neuen Gerichtsgebäude in der Hauptstadt, die oft wie Hightech-Fabriken für die Herstellung von Urteilen wirken. In den Büros der acht Richter:innen und drei Staatsanwält:innen stapeln sich Berge von Akten – in den offenen Schränken, auf den Schreibtischen, einfach überall. Die geplante Digitalisierung hat bisher an der Papierflut nichts geändert.

Die Jugendrichterin wacht über 800 gefährdete Minderjährige, sie muss jedes Jahr etwa 1000 Entscheidungen fällen. Die Strafrichterin ist für 800 Gefangene im offenen sowie 80 Insassen im geschlossenen Vollzug zuständig, das bedeutet 1400 Anordnungen oder Urteile pro Jahr. Bei den beiden Amtsrichtern sind mehr als 2000 Vormundschaften zu bearbeiten, ebenso wie hunderte Fälle von Lohnpfändung, Mietrückstand oder Überschuldung. Am Gericht in Soissons arbeiten mehr Frauen als Männer (2020 waren 68 Prozent der Richterschaft weiblich) – oft sind die Richterinnen unter 30, es ist ihr erster Job nach dem Studium.

In einem weiteren Büro sitzt die Familienrichterin. Bei ihr liegen 700 Fälle: Scheidungen, Sorgerecht, Unterhaltszahlungen und so weiter. Die Prozessbeteiligten finden, dass alles zu lange dauert. Am Vortag hat die Assistentin 6 Anrufe und rund 30 E-Mails zu diesem Thema bekommen.

Insgesamt mangelt es an Sachbearbeitern, zurzeit fehlen zwei von 16. Bei den Justizfachangestellten liegt die Abwesenheitsquote bei 17 Prozent. So braucht sich niemand zu wundern, dass man in Strafprozessen oft 3 Jahre auf ein Urteil warten muss. Die Leiterin der Geschäftsstelle Christelle Cernik erwähnt am Rande auch das Fehlen von Laptops, was während des ersten Coronalockdowns im Frühjahr 2020 ein Riesenproblem war.

Eine enorme Belastung ist auch die Umsetzung von immer neuen Justizreformen, zuletzt die Zusammenlegung der französischen Amts- und Landgerichte Anfang 2020. Cernik spricht vom »Leid der Angestellten«, von Mitarbeitern, die »in Tränen ausbrechen«. »Die müssen wir dann unterstützen, ohne dass wir für psychologische Betreuung irgendwie geschult sind.«

»Das Justizsystem steht unter Druck«, sagt auch Michel Mazé, Chef der Geschäftsstelle eines Gerichts in Rennes. Dessen Vormundschaftsamt hat zum Beispiel seit zwei Jahren keinen stellvertretenden Leiter mehr. Zur strukturellen Unterbesetzung (7 Prozent der Stellen sind landesweit vakant) kommen noch die Krankheitszeiten oder Mutterschaftsurlaube hinzu und die Kündigungen, wenn sich anderswo bessere Bedingungen finden lassen. Der Personalmangel bei den Gerichtsvollziehern wird zum Beispiel mit Verwaltungsangestellten ausgeglichen, jedenfalls sofern diese nicht gerade vom Familienrichter losgeschickt werden. »Das ist bei uns schon zur Gewohnheit geworden«, erzählt Mazé.

Dieser Mangel ist keineswegs nur ein subjektives Gefühl. Laut der Europäischen Kommission für die Effizienz der Justiz (Cepej), einer Einrichtung des Europarats, gab Frankreich 2018 durchschnittlich 69,50 Euro pro Einwohner für seine Justiz aus, Spanien dagegen 92 Euro, die Niederlande 120, Österreich 125 und Deutschland 131 Euro.[3] Bezogen auf die Wirtschaftskraft beliefen sich die Ausgaben in Frankreich auf 0,2 Prozent des Bruttoinlandsprodukts, verglichen mit 0,32 Prozent in Deutschland und 0,36 Prozent in Spanien.

Zwar sieht ein Planungsgesetz für die Justiz in Frankreich eine Mittelerhöhung um 24 Prozent zwischen 2018 und 2022 vor. Dabei bleibt jedoch unberücksichtigt, dass die Gelder für gewöhnlich eher dem Strafvollzug zugutekommen: Während die Haushaltsmittel für die Gefängnisse zwischen 2010 und 2019 um 25 Prozent zugenommen haben, stiegen sie für die Gerichtsbarkeit nur um 11 Prozent.

Pro 100 000 Einwohner kommt die Cepej in Frankreich auf 11 Richter und 34 sonstige Justizangestellte wie Rechtspfleger oder Sachbearbeiter. Deutschland kommt auf 24 Richter und 65 Justizangestellte und Belgien auf 43 Justizangestellte. Noch schwieriger ist die Situation für die französischen Staatsanwälte, deren Anzahl, gemessen an der Bevölkerung, im europäischen Vergleich am geringsten ist: 3 pro 100 000 Einwohner. In Deutschland und Belgien sind es jeweils 7.

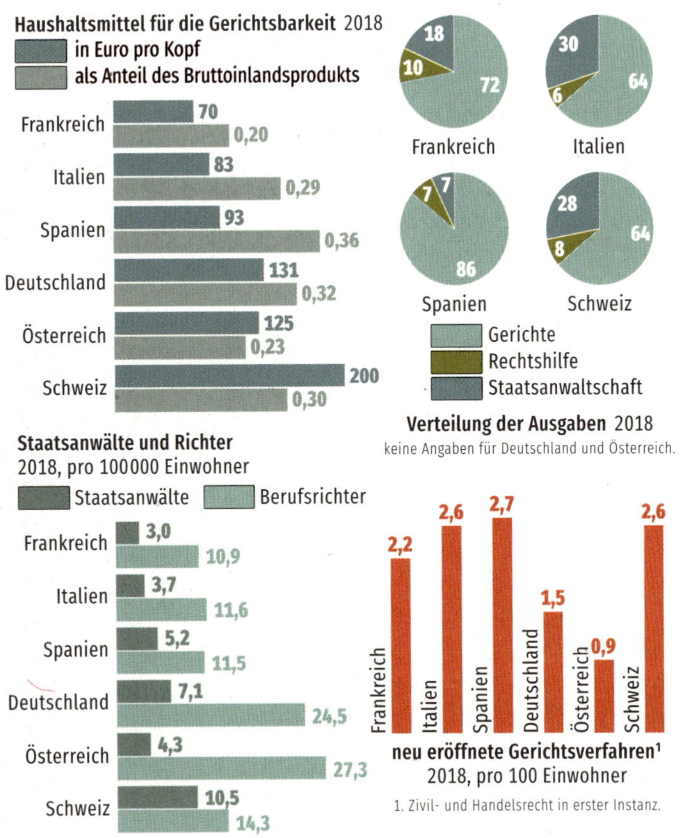

Quelle: Conseil de l'Europe, Systèmes judiciaires européens: Rapport d'évaluation de la CEPEJ, Cycle d'évaluation 2020, www.coe.int/fr/web/cepej/eval-tools. ■ Adolf Buitenhuis | Le Monde diplomatique, Berlin

»Die Richter haben weniger Zeit pro Fall, was sie tendenziell als Herabstufung ihrer Funktion wahrnehmen«, meint Jérôme Gavaudan, Präsident der französischen Rechtsanwaltskammer, die die 70 000 Anwälte im Land vertritt. »Die vorsitzenden Richter konzentrieren sich jetzt vor allem darauf, Beschlüsse zu fällen. Anhörungen nehmen immer weniger Raum ein.« Um Zeit zu sparen, wird auch immer öfter auf öffentliche Verhandlungen verzichtet, und es werden eher Vergleiche angestrebt.

Aus dem Zeitmangel entwickelt sich ein Syndrom, das sie »Stapelangst« nennen. »Man muss immer den Durchsatz im Auge behalten«, erklärt eine Jugendrichterin, die seit etwa 15 Jahren in Südfrankreich tätig ist. »Wenn man das nicht schafft, ist man so gut wie tot.« Jeden Tag im Gericht, fünf Fälle pro Morgen, »von denen jeder ernst und jeder dringend ist« – ein endloser Fluss.

Die Strafjustiz setzt seit einigen Jahren auf Verfahren »in Echtzeit«. Dabei sind die Gerichte permanent im telefonischen Kontakt mit Polizei und Ermittlern, um die vorgelegten Fälle zu behandeln. In Tours ermöglicht seit Juni 2020 eine neue Softwareplattform eine noch effizientere Nutzung dieses Systems. Pro Tag gehen bis zu 80 Anrufe ein. Die Meldungen aus den verschiedenen Polizeistationen werden mit verschiedenen Farben nach Dringlichkeit sortiert. Die zuständige Staatsanwältin klassifiziert die Straftat dann durch einen Code, von denen es Tausende gibt, und nimmt eine erste Einordnung vor: den Fall gleich einstellen, eine Alternative zur Strafverfolgung finden – etwa ein Bußgeld oder gemeinnützige Arbeit –, beschleunigtes Strafverfahren oder Anklage und späterer Prozess. Angesichts der Bandbreite an Entscheidungsmöglichkeiten sind Staatsanwälte inzwischen zu Quasirichtern geworden. Anders als diese sind sie allerdings nicht unabhängig, sondern dem Justizministerium unterstellt.

»Je schneller der Prozess, desto besser wird die Entscheidung verstanden«, betont der Oberstaatsanwalt in Tours Grégoire Dulin. Als er 2019 sein Amt antrat, hat er seine Abteilung erst einmal nach Managementgesichtspunkten umstrukturiert, um »die Leistung der Gerichtsbarkeit« und »die Arbeitsbedingungen der Beamten zu verbessern« sowie »Leerlaufzeiten« zu verhindern.

Jede Woche checkt Dulin die laufenden Verfahren. In den zwei Jahren seit seinem Amtsantritt hat sich die Zahl der Personen, die der Staatsanwaltschaft vorgeführt werden, verdreifacht, die Zahl der beschleunigten Verfahren hat sich um das 2,5-Fache erhöht und die Zahl der Schuldeingeständnisse, bei denen der Staatsanwalt dem Angeklagten eine Strafe vorschlägt, um einen Prozess zu vermeiden, sogar um das 9-Fache. Alles wurde so organisiert, dass möglichst viele Verfahrensabschlüsse erreicht werden. Die Strafen können gegebenenfalls noch am selben Tag von einem Richter genehmigt werden.

Diese Urteile nach dem Muster »mehr und schneller« haben immer wieder zu lebhaften Debatten geführt. »Die Strafprozesse erinnern viel zu sehr an Fließbandarbeit«, schrieb bereits 2010 Loïc Cadiet, Juraprofessor an der Sorbonne, »und der Kult um die Urteilsquote droht die Anforderungen an ein qualitativ hochwertiges Strafrecht zu untergraben, das sich nicht an der Auslastung der Gefängnisse, sondern an der Resozialisierung der Verurteilten misst.«[4] Und die Richtergewerkschaft kritisiert die immer häufiger genutzten beschleunigten Verfahren als »Aburteilungsjustiz«.

Im Januar 2021 besuchten wir im Rahmen einer Arbeitsmarktmaßnahme für Jugendliche aus den Pariser Banlieues ein solches Schnellverfahren. Es ging um Handydiebstähle und häusliche Gewalt. »Eine

Justiz, in der Weiße über Schwarze urteilen«, meinte ein Teilnehmer mit Blick auf die Besetzung der Richterbank, der Staatsanwaltschaft und der Anklagebank. »Eine Justiz der Reichen, die über die Armen urteilen«, korrigierte daraufhin einer der jungen Männer.

2018 wurde die Aufnahmeprüfung für die Nationale Richterschule (École nationale de la magistrature, ENM) geändert, um für mehr Diversität zu sorgen. Zwar ist seither eine gewisse soziale Öffnung feststellbar, doch nach wie vor stammen 63 Prozent der etwa 8500 amtierenden Richterinnen und Richter aus gehobenen Schichten – die Eltern sind Firmenchefs, Führungskräfte oder in akademischen Berufen tätig – nur 12 Prozent sind Kinder von einfachen Angestellten oder Arbeitern.[5] »Die Kollegen sind sich dieser Dominanz einer ganz bestimmten sozialen Schicht längst nicht alle bewusst«, meint die südfranzösische Jugendrichterin.

»Mit den beschleunigten Verfahren in Straf- und Familiensachen steigern wir den Durchsatz«, sagt eine andere Richterin aus der Bretagne. Die Zahl abgearbeiteter Verfahren und das Budget stünden heute im Mittelpunkt der gerichtlichen Tätigkeit, bedauert der Lyoner Gerichtspräsident Janas. »Das lenkt die Justiz jedoch von ihrer zentralen Aufgabe ab, nämlich die sozialen Spannungen abzubauen.« Für diejenigen, die schon länger im Dienst sind, war der Wendepunkt das 2006 in Kraft getretene »Organgesetz betreffend die Haushaltsgesetze« (LOLF), das eine stärkere Leistungsorientierung der öffentlichen Verwaltung vorsieht. »Vor 25 Jahren haben wir anders gearbeitet«, sagt die Geschäftsstellenleiterin Cernik. »Heute sind wir an die Zahlen gebunden. Früher sprachen wir von ›Angestellten‹, heute von ›Vollzeitäquivalenten‹.«

Diese Entwicklung, die einer rein betriebswirtschaftlichen Logik folgt, verändert auch die juristische Praxis. Véronique Kretz, Richterin im Elsass und Mitglied der Richtergewerkschaft, kritisiert vor allem die Reform der Sozialgerichtsbarkeit, die 2019 dazu geführt hat, dass 242 spezialisierte Gerichte, beispielsweise für Sozialversicherungs- oder Berufsunfähigkeitsfälle, geschlossen wurden.

Im Zuge der Reform der Sozialgerichtsbarkeit wurden 300 000 Streitfälle an andere Zivilgerichte transferiert. Bekanntlich verbergen sich hinter diesen Fällen »Personengruppen, die aus dem System ausgeschlossen sind, etwa Menschen mit Behinderung oder mit vielen Brüchen im Lebenslauf und prekären Arbeitsplätzen«, meint Kretz. Für diese Menschen sei der Verlust einer Rente wegen eines Arbeitsunfalls oder einer Berufskrankheit fatal. Und für einen Richter, fügt sie hinzu, bedeute es einen »krassen Sinnverlust, wenn er den Kläger tendenziell als Gegner sieht«, weil er nämlich den Durchsatz verlangsamt.

Die Gerichte stehen somit von zwei Seiten unter Druck: Sie sollen einerseits den Haushaltsplan strikt einhalten und andererseits dafür sorgen, dass die Anforderungen des Europäischen Gerichtshofs für Menschenrechte an ein faires Verfahren, unabhängig von den Kosten, eingehalten werden. Nach Ansicht des französischen Rechnungshofs müssen die Gerichte für einen effizienten Einsatz von Haushaltsmitteln dringend Managementinstrumente zur Bestimmung ihres Personalbedarfs entwickeln. Die Arbeiten daran gehen allerdings nur langsam voran. Nach Ansicht der Gewerkschaften liegt der Grund dafür auf der Hand: »Das würde die Katastrophe ja für alle sichtbar machen.«

Emmanuel Macrons Justizminister Éric Dupond-Moretti begnügt sich unterdessen mit kleineren Maßnahmen. Weil die Ausbildung von Justizbeamten und Richtern viel Zeit in Anspruch nimmt, hat er den Gerichten zunächst eine »schnelle Kalorienzufuhr« angekündigt, in Form von befristeten Stellen für Assistenten, Rechtspfleger oder Verwaltungsaushilfen. Zum Abbau der hohen Zahl offener Verfahren bat er eine Arbeitsgruppe um »innovative« Vorschläge.

Dupond-Moretti rühmte auch das »historische Budget«, das er für sein Ressort herausgeschlagen habe, auch wenn dadurch im Wesentlichen bloß die Defizite vergangener Jahre ausgeglichen werden. Und schließlich brachte er einen Gesetzentwurf »zur Wiederherstellung des Vertrauens in die Rechtsprechungsorgane« auf den Weg, ein bunter Strauß von Maßnahmen, die sich auf das Strafrecht – den in der Öffentlichkeit sichtbarsten Bereich der Justiz – konzentrieren und teils seiner eigenen langjährigen Erfahrung als Anwalt zuwiderlaufen dürften.

»Keine andere Institution hat in den letzten zwei Jahrzehnten so viele Reformen und eine solche Inflation neuer Vorschriften erlebt«, sagt François Molins, Generalstaatsanwalt am Kassationsgerichtshof, der höchsten Instanz der ordentlichen Gerichtsbarkeit in Frankreich. Die Regierung bemüht sich kaum noch, die Auswirkungen ihrer Maßnahmen zu untersuchen, insbesondere im Hinblick auf den Personalbestand, der für die Umsetzung erforderlich ist.

Sie scheint sich auch keine Gedanken über die Folgen zu machen. Am Gericht von Soissons sollen nun mobile Verhandlungen mit einem reisenden Richter eingeführt werden, nachdem das Amtsgericht im gut 40 Kilometer entfernten Château-Thierry geschlossen wurde. Denn für jemanden ohne Auto wäre sonst eine dreistündige Anreise mit dem Zug über Paris nötig, um vor Gericht zu erscheinen.

Die Betroffenen sind zu erschöpft, um bei all dem mitzuziehen: Im Januar 2021 musste der Minister das Inkrafttreten des neuen Jugendstrafrechts um sechs Monate verschieben. Die Gerichte konnten die Reform einfach nicht umsetzen. Und im März 2021 protestierten die Strafrichter gegen sein Vorhaben, die für Strafgefangene geltenden Regeln zu ändern, die gerade erst wenige Monate zuvor modifiziert worden waren.

»Die Politik antwortet auf die Probleme im Justizsystem mit kurzfristigen Ad-hoc-Maßnahmen, ohne eine langfristige Vision, während die Gerichte völlig verstopft sind und das System von den Mitarbeitern nur noch notdürftig am Laufen gehalten wird«, sagt Chantal Arens, die als Präsidentin des Generalstaatsanwalts des Kassationsgerichtshofs an der Spitze des Justizapparats steht. Auf ihre Bitte hat Präsident Macron im Oktober 2021 einen groß angelegten Reformdialog eröffnet, an dem auch die Zivilgesellschaft beteiligt werden soll. Doch für tiefgreifende Änderungen bleibt ihm in seiner Amtsperiode kaum noch Zeit. Und der Abschlussbericht wird erst für Ende April 2022 erwartet. Ihre Umsetzung hinge also maßgeblich davon ab, wer die Präsidentschaftswahlen für sich entscheidet.

Aus dem Französischen von Nicola Liebert

1 Ausgenommen den Schutz von jungen Erwachsenen und Minderjährigen, Lohnpfändung, Mahnbescheide. Wenn nicht anders angegeben, stammen die vorgestellten Daten vom Justizministerium oder von den Gerichten selbst.

2 Siehe »L'envers du décor. Enquête sur la charge de travail dans la magistrature«, Syndicat de la magistrature, Paris, Mai 2019.

3 »Special file - Report European judicial systems - CEPEJ Evaluation report - 2020 Evaluation cycle (2018 data)«, Europarat, Straßburg 2020.

4 Loïc Cadiet, »La justice face aux défis du nombre et de la complexité«, *Les Cahiers de la justice*, 2010/1, Dalloz, Paris, Januar 2010.

5 Yoann Demoli und Laurent Willemez (Hg.), *L'âme du corps. La magistrature dans les années 2010: morphologie, mobilité et conditions de travail*, Mission de recherche droit et justice, Paris, Oktober 2019.

Erstmals erschienen in *Le Monde diplomatique* vom Mai 2021. Leicht gekürzt und aktualisiert.

Gute Bauern, schlechte Bauern

In der Bretagne machen sich ökologische und konventionelle Landwirte Konkurrenz

Von Maëlle Mariette

Im Sommer stauen sich die Autos auf der einzigen Straße, die nach Quiberon führt, einem Luxusbadeort im Süden der Bretagne. Im Schritttempo schiebt sich die Kolonne an einer großen Werbetafel vorbei: »Rogers Farm, Käseherstellung, täglich von 17 bis 19.30 Uhr geöffnet. Melken gegen 18 Uhr«.

Wer sich – neugierig geworden – den Umweg gönnt, findet ein kleines Backsteinhaus vor. Auf der Wäscheleine trocknen Laken in der Sonne, der üppige Gemüsegarten ist von hohem Gras umsäumt. Eine leichte Brise bewegt ein Windrad und erinnert daran, dass der Ozean kaum einen Kilometer entfernt ist. Junge Kälber laufen ausgelassen über die Weide neben einem rustikalen Heuschober. Ein Holzschuppen, in dem antikes Werkzeug und Gerät untergebracht ist, vollendet das zeitlose Idyll.

Roger Abalain, ein rüstiger Mann in den Fünfzigern, empfängt seine Besucher in Holzpantoffeln und mit einem freundlichen Lächeln. Gerade hat er seine acht Kühe in den Stall gebracht, Bretonnes Pie Noir, eine alte, geschützte Rasse. Jede Kuh hört auf einen bretonischen Vornamen. Eine Familie aus Rennes ist gekommen, um beim Melken zuzusehen.

Die Abalains, ehemalige Führungskräfte, haben vor ein paar Jahren beschlossen, sich auf dem Land ein Holzhaus zu bauen und sich dem Gemüseanbau und der Pflanzenheilkunde zu widmen. Während Roger eine Kuh nach der anderen an die automatische Melkmaschine anschließt, erzählt er vom »wahren Leben«, das sie hier »jenseits der üblichen Kreisläufe und der Konsumgesellschaft« führen.

»Wir nutzen die Natur nicht aus, wir begleiten sie«, sagt er. »Wir sind Selbstversorger. Ich bin autark, was die Ernährung angeht und auch die Energie.« Das begeistert nicht nur seine Besucher aus Rennes, sondern auch die lokalen, nationalen und internationalen Medien. »Uns besuchen russische, amerikanische und deutsche Journalisten, einmal war sogar jemand aus Alaska da!«, erzählt der Käsebauer. Auf dem Markt in Quiberon kennt ihn jeder. Dort steht er mit seinem Käse neben einem Stand für Fischerhemden und lockt die Kunden auf Bretonisch an, sehr zur Freude der Touristen.

Weniger begeistert sind die Urlauber, wenn sie hinter breiten Traktoren herfahren müssen, deren Anhänger einen penetranten Güllegeruch verströmen. Ungeduldig versuchen sie mit Hupen und Flüchen, kostbare Strandminuten zu retten. Ein Glück für sie, dass die Straße, die an der Küste entlangführt, die dazugehörigen Betriebe von ihren kleinen Ferienparadiesen separiert.

Einer dieser Höfe gehört Yannick Morvan, Milchbauer, um die vierzig. Obwohl er nur 10 Kilometer von den Badeorten Carnac und La Trinité-sur-Mer und 20 Kilometer von Quiberon entfernt lebt, erinnert er sich nicht, wann er das letzte Mal einen Fuß ins Wasser gehalten hat: »Ich arbeite die ganze Zeit, ich habe keine Zeit, ich habe nie Urlaub.« Sein Fazit: »Wir leben in verschiedenen Welten.«

Seine Welt ist der Hof, auf dem er arbeitet, seit er 16 ist, und der seiner Familie seit mehreren Generationen gehört. Die Geschichte, die sein Vater, Bernard Morvan, inzwischen im Ruhestand, wehmütig erzählt, gleicht der von vielen anderen in der Region: »Meine Eltern hatten drei oder vier Kühe. Sie fuhren mit einem Pferdekarren auf den Markt, um ihre Produkte zu verkaufen, Butter, Eier, ab und zu ein Kalb.«

Dann fing die Landwirtschaft an sich zu modernisieren. In den 1960er Jahren orientierte die französische Regierung sie einzig auf Produktivität. Die Formel lautete: »Wir müssen Frankreich ernähren.« Als Bernard Morvan den Hof übernahm, hatte er kaum eine andere Wahl, als seinen Viehbestand zu vergrößern. »Wir haben investiert«, erzählt er. »Wir haben Kredite aufgenommen, um einen größeren Stall zu bauen und zu modernisieren. Das war das Modell, das ich in der Schule gelernt hatte, das in den Büchern stand und das in unseren Kreisen gepriesen wurde.«

Der nächsten Generation erging es ebenso. Yannick Morvan fasst seine Jahre an der Landwirtschaftsschule so zusammen: »Bis zum Abi lernt man: produzieren, produzieren, produzieren; an der Fachschule heißt es nur Kosten reduzieren, rentabel werden.« Und inhaltlich »lehrt man uns nur konventionelle Landwirtschaft«. Die Landwirtschaftskammern, deren Aufgabe es ist, neue Betriebe zu genehmigen und den Landwirten »technische und administrative Hilfe« zu leisten, schlagen den gleichen Ton an.

Seit vielen Jahren werden sie von der größten gewerkschaftlichen Dachorganisation der Landwirte, der Fédération Nationale des Syndicats d'Exploitants Agricoles (FNSEA), dominiert. Natürlich habe sie auch »bei der Ausbildung mitzureden«, betont ihr Präsident im Département Morbihan, Frank Guéhennec. »Wir haben eine Vorstellung vom Arbeitsmarkt und richten die Ausbildung entsprechend aus.« Patrick Danzé, früher Lehrer für Betriebsführung in einer Landwirtschaftsschule der Region, seufzt: »Wenn die Ausbildung dem Bildungsministerium unterstünde statt dem Landwirtschaftsministerium, könnte man die Schüler vielleicht mit anderen

Milizac-Guipronvel, Bretagne, August 2019.
PIERRE ARSUFFI | ALAMY

Produktionsmethoden bekannt machen und dem Druck der Lobbys entgehen.«

Im Verlauf von drei Generationen hat sich das vom Staat und von der FNSEA geförderte Modell kaum verändert. Das Leben schon. In der Gemeinde, in der die Morvans ihren Hof haben, hat sich die Bevölkerung fast verdoppelt. In die neuen Häuser und Wohnanlagen ziehen Familien, die sich wegen der Preisexplosion das Leben in Carnac, La Trinité-sur-Mer oder Quiberon nicht mehr leisten können. In den Küstenorten sind mehr als 70 Prozent der Wohnungen und Häuser Zweitwohnsitze. Mehr als ein Drittel der Eigentümer kommt aus Paris und Umgebung.[1]

> Auf engstem Raum prallen zwei Welten aufeinander. Das schafft große Spannungen, weil die landwirtschaftliche Tätigkeit nicht recht zu den Wünschen der neuen Einwohner passt

Die extreme Preisentwicklung, die zum Teil auf Immobilienspekulation zurückzuführen ist, wirkt sich auch auf das Landesinnere aus: Alte Häuser »mit Charakter« werden aufgekauft und von ihren neuen Eigentümern auf der Suche nach »Authentizität« renoviert. Yannick zeigt mit dem Finger auf ein typisch bretonisches Bauernhaus aus Stein, hübsch renoviert, mit buntem Blumengarten und Swimmingpool und erzählt, warum er sein eigenes Haus auf eine seiner Ackerflächen bauen musste: »Als ich bei meinen Eltern ausgezogen bin, wollte ich dieses aufgegebene Gehöft kaufen, aber als der Notar mir den Preis genannt hat, habe ich die Idee schnell aufgegeben! Am Ende hat ein Rentnerpaar aus Paris den Zuschlag bekommen. Aber die sind nicht oft da.«

Die neuen Bewohner des Dorfs, die ständig hier wohnen, »arbeiten in der Stadt, im Einzelhandel oder als Büroangestellte«, berichtet sein Vater. Deshalb machen die Landwirte nur noch einen winzigen Teil der Bevölkerung aus: 2019 waren es weniger als 2 Prozent.[2] 1968 waren es in vergleichbaren ländlichen Gemeinden in Frankreich noch mehr als 40 Prozent.[3] Deshalb haben sie auch im Gemeindeleben nicht mehr viel zu sagen. »Die letzten beiden Bürgermeister waren ein Buchhalter und eine Krankenschwester. Vorher waren es immer Bauern gewesen.«

Auf engstem Raum prallen zwei Welten aufeinander. Das schafft große Spannungen, weil die landwirtschaftliche Tätigkeit nicht recht zu den Wünschen der neuen Einwohner passt. »Wir werden schief angesehen«, klagt der Milchbauer Pierre Jouanno. »Wir gelten im Dorf als Umweltverschmutzer. Wenn wir mit dem Sprühgerät vorbeifahren, halten die Eltern ihren Kindern die Nase zu.« Jouanno holt kurz Luft und fährt fort: »Und jetzt werfen uns die Tierschutzorganisationen auch noch vor, dass wir unsere Tiere misshandeln. Wenn die Leute wüssten, wie wir arbeiten, hätten sie ein ganz anderes Bild von uns.«

Dass die Bauernschaft immer schwächer wird, liegt neben ihrer schwindenden Zahl und der Stigmatisierung auch an der Zerstörung von innen. Die Landwirte liefern sich ein regelrechtes Wettrennen um Erträge und Produktionsmengen. Jean-Charles Jacopin ist Milchbauer im Ruhestand und Präsident der Sektion Finistère von Solidarité Paysans, einer Vereinigung, die Landwirten in Not hilft. Er erklärt: »Es ist die Jagd nach dem Land. Alle wollen es haben, um sich zu vergrößern und mehr zu produzieren. Es gibt viel Konkurrenz, und die Leute stellen sich gegenseitig ein Bein.«

Die zunehmende Größe der Betriebe verhindert auch, dass man sich gegenseitig hilft. »Die großen Feldarbeiten werden jetzt von Spezialunternehmen erledigt, den Einzigen, die die nötigen Maschinen haben«, erzählt ein anderer Landwirt im Ruhestand. »Früher war zum Beispiel das Silieren ein toller Gemeinschaftsmoment. Einer half dem anderen. Heute sieht man sich kaum noch.«

Zudem wird es immer schwieriger, jemanden zu finden, der den Hof weiterführt.[4] Selbst die eigenen Kinder überlegen es sich zweimal. Marie, die Tochter von Pierre Jouanno, gesteht: »Ich hatte vor, den Hof zu übernehmen, aber es ist schwierig und sehr teuer, weil die Höfe immer größer werden. Und wenn du dann noch siehst, welche Mühe die Eltern haben, davon zu leben, macht dir das auch keinen Mut.«

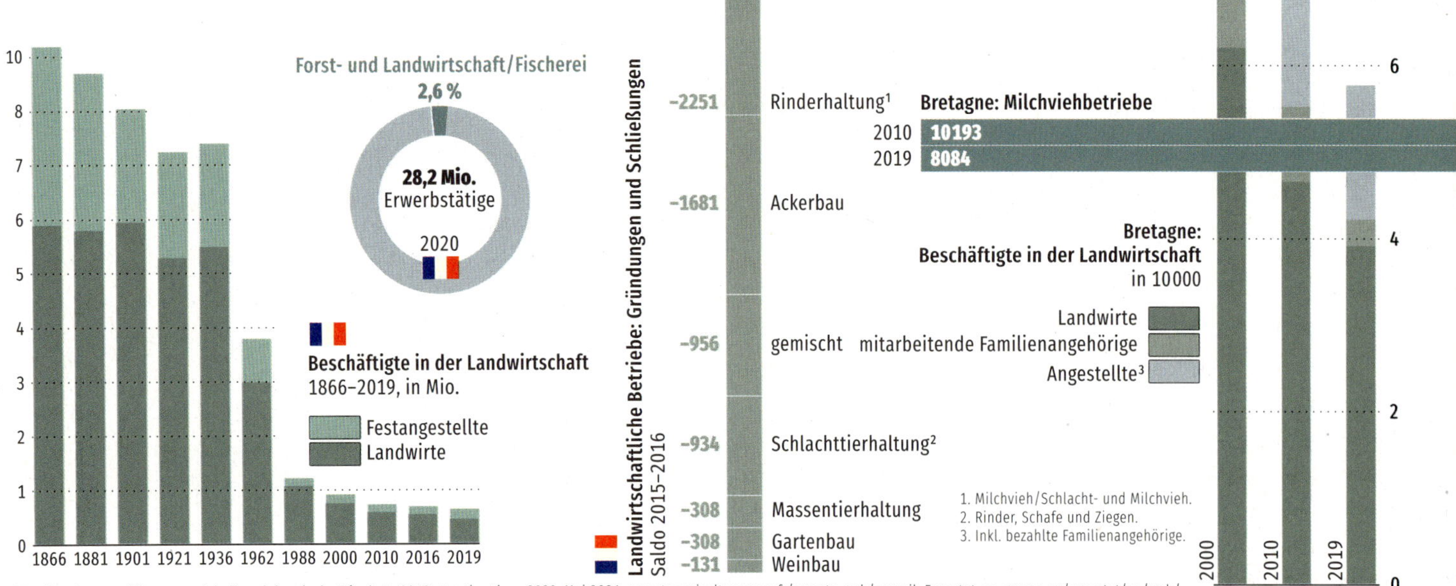

Quellen: Agreste, Bilan annuel de l'emploi agricole: Résultats 2019 et estimations 2020, Mai 2021, agreste.agriculture.gouv.fr/agreste-web/accueil; Eurostat, ec.europa.eu/eurostat/en/web/main/data/database (ef_m_farmleg); OECD.Stat, stats.oecd.org; Vanina Forget u. a., *Actif'Agri. Transformations des emplois et des activités en agriculture*, Paris 2019. Adolf Buitenhuis | Le Monde diplomatique, Berlin

Die zunehmende Isolierung hängt auch mit dem niedrigen Grad gewerkschaftlicher Organisation zusammen, an der wiederum die Lebens- und Arbeitsbedingungen schuld sind. »Wir finden kaum noch Leute, die sich einbringen wollen, weil die Landwirte einfach keine Zeit mehr haben«, fasst FNSEA-Funktionär Guéhennec zusammen. Und Yannick Morvan ergänzt: »Nur die Großen können Verantwortung übernehmen, weil sie Mitarbeiter haben und sich leicht mal von jemandem vertreten lassen können, wenn sie zu Sitzungen müssen. Deswegen fühlen sich Mitglieder wie ich kaum noch repräsentiert. Auch wenn wir unseren FNSEA-Ausweis behalten.«

Während Yannick Morvan auf seine eingepferchten Kühe schaut, gesteht er uns: »Das ist nicht das, was ich machen wollte, als ich jung war und angefangen habe. Es tut mir in der Seele weh, die Tiere so zu sehen, aber ich habe keine Wahl. Ich gebe ihnen keine Namen mehr, man darf sich nicht zu sehr an sie hängen. Außerdem sind es zu viele.« Doch egal wie groß die Schwierigkeiten sind, aufhören kommt nicht infrage, erklärt Jacopin von Solidarité Paysans: »Der Landwirt, der den Familienbetrieb übernimmt und in Schwierigkeiten kommt, hat Angst, etwas zu zerstören, was über Generationen entstanden ist. Er richtet seine Wut gegen sich selbst. Er sagt sich: Ich bin schuld, ich bin ein Versager.«

Stéphane Le Scouarnec, Milchbauer um die fünfzig, ist vor ein paar Jahren bei der Arbeit in seiner Scheune von der Leiter gefallen. Er hatte mehrere Knochenbrüche, lag sechs Monate flach und konnte seinen Hof nicht weiterführen. Um seine Schulden zurückzuzahlen, musste er sein Land, seine Maschinen, sein Vieh und einen Teil der Gebäude verkaufen. Weder für sich noch für seine Kollegen sieht er eine Zukunft: »Ich fühle mich wertlos. Anscheinend sind wir Landwirte doch verzichtbar, denn was sie uns zahlen, ist nicht mehr als Peanuts. Sowieso bringt es nichts mehr, Milch zu produzieren. Bald importieren sie sie bestimmt aus Osteuropa, wo sie billiger ist.«

Le Scouarnec wendet sich um zum Nachbarfeld, das vor Kurzem noch seiner Familie gehört hat. Mit Blick auf die vier Zugpferde eines jungen Paars aus Nantes, das gerade hergezogen ist, bemerkt er in einer Mischung aus Bitterkeit und Unverständnis: »Sie verdienen jetzt das Geld …« Seine Mutter ergänzt: »Wir haben keine Zugpferde mehr benutzt, seit ich klein bin. Wir haben Traktoren gekauft, das ist viel weniger anstrengend.«

Und seine Tochter, stolz darauf, in der Landwirtschaftsschule zu lernen, die schon ihr Vater besucht hat, erzählt: »In meiner Schule sind die Hälfte Bauernkinder, die andere Hälfte Touristen.« So nennt sie die Schüler, die nicht aus Bauernfamilien kommen. »Uns behandeln sie wie Hinterwäldler. Sie wollen den Beruf erlernen, weil sie Tiere lieben und gern Kälber streicheln. Die träumen!«

Cyrille Troadec, Direktor einer der größten Landwirtschaftsschulen der Region, erklärt, dass »diese Schüler oft aus den umliegenden Städten kommen und hier sind, weil sie aus dem klassischen Schulsystem ausgestiegen sind. Wenn wir ihnen nur von konventioneller Landwirtschaft erzählen würden, würden sie nicht kommen. Aber wenn wir nur von Bio reden, schicken die konventionell wirtschaftenden Landwirte ihre Kinder nicht mehr her. Also reden wir über Agrarökologie, das ist intensive ökologische Landwirtschaft: mehr produzieren mit weniger Dünger und Pflanzengift.«

Auch die Tochter von Roger Abalain, dem Käsebauern an der Straße nach Quiberon, besucht die Landwirtschaftsschule. Auch sie erzählt, dass sie dort gehänselt wird. »Für die meisten sind die Bios langhaarige Hippies.« Ihr Vater, bei dem sie später arbeiten möchte, hält dagegen: »Die Biobauern, die sich hier niederlassen, sind eher junge Ingenieure, die aus den Landwirtschaftshochschulen kommen.«

Abalain selbst ist ausgebildeter Elektroingenieur. Sein Wissen hat ihm geholfen, die energetische Selbstversorgung zu installieren: Windrad, Solarpaneele und Regenwasseraufbereitung. Er bekommt Besuch von Studierenden, die die Funktionsweise seines Hofs bewundern und sich nach den Erträgen seiner Kühe erkundigen. »Ich komme auch nicht vom Land. Ich bin ein Zugezogener.«

Das kann man von Françoise Macé und ihrem Mann Bruno nicht behaupten. Sie sind seit Jahrzehnten Milchbauern und haben kürzlich angefangen, ihren eigenen Käse zu produzieren, um diesen direkt auf dem Familienhof zu verkaufen, anstatt weiter große Milchmengen an die Industrie zu liefern. »Früher hatten wir eine Menge Kredite am Hals«, erzählt Françoise. »Jetzt kommen wir klar.« Sie sind auch »auf Bio« umgestiegen. »Das bringt mehr. Du

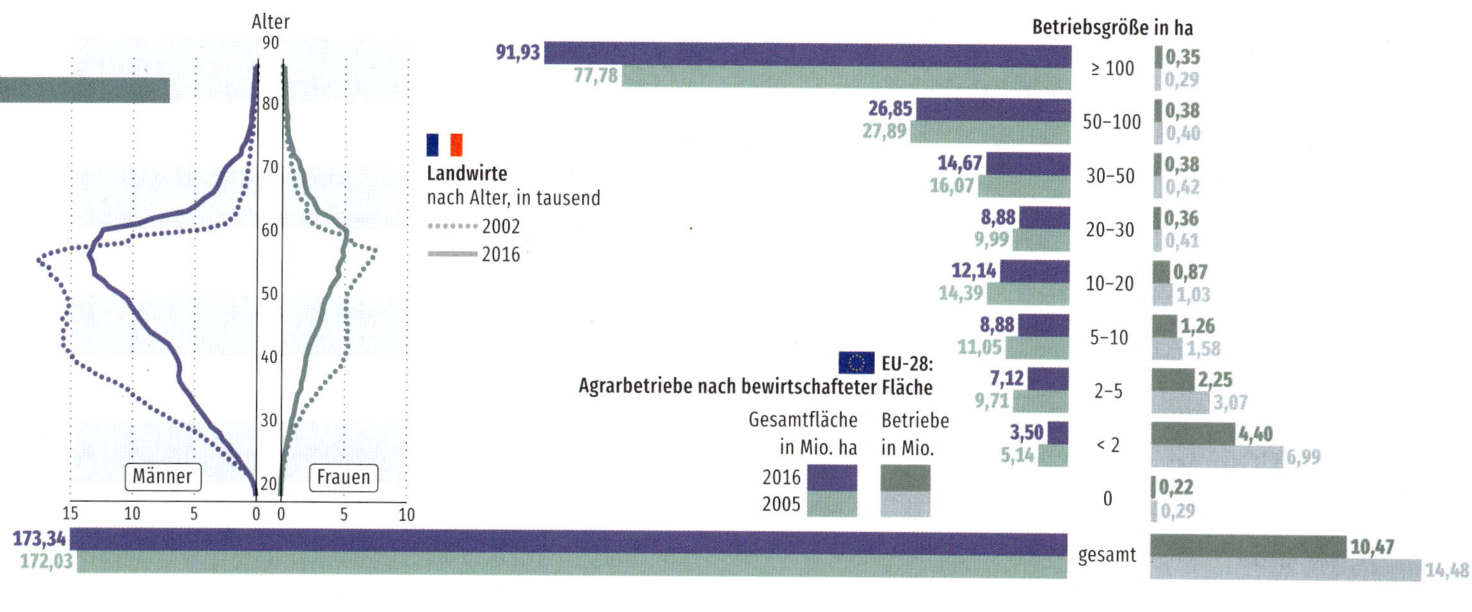

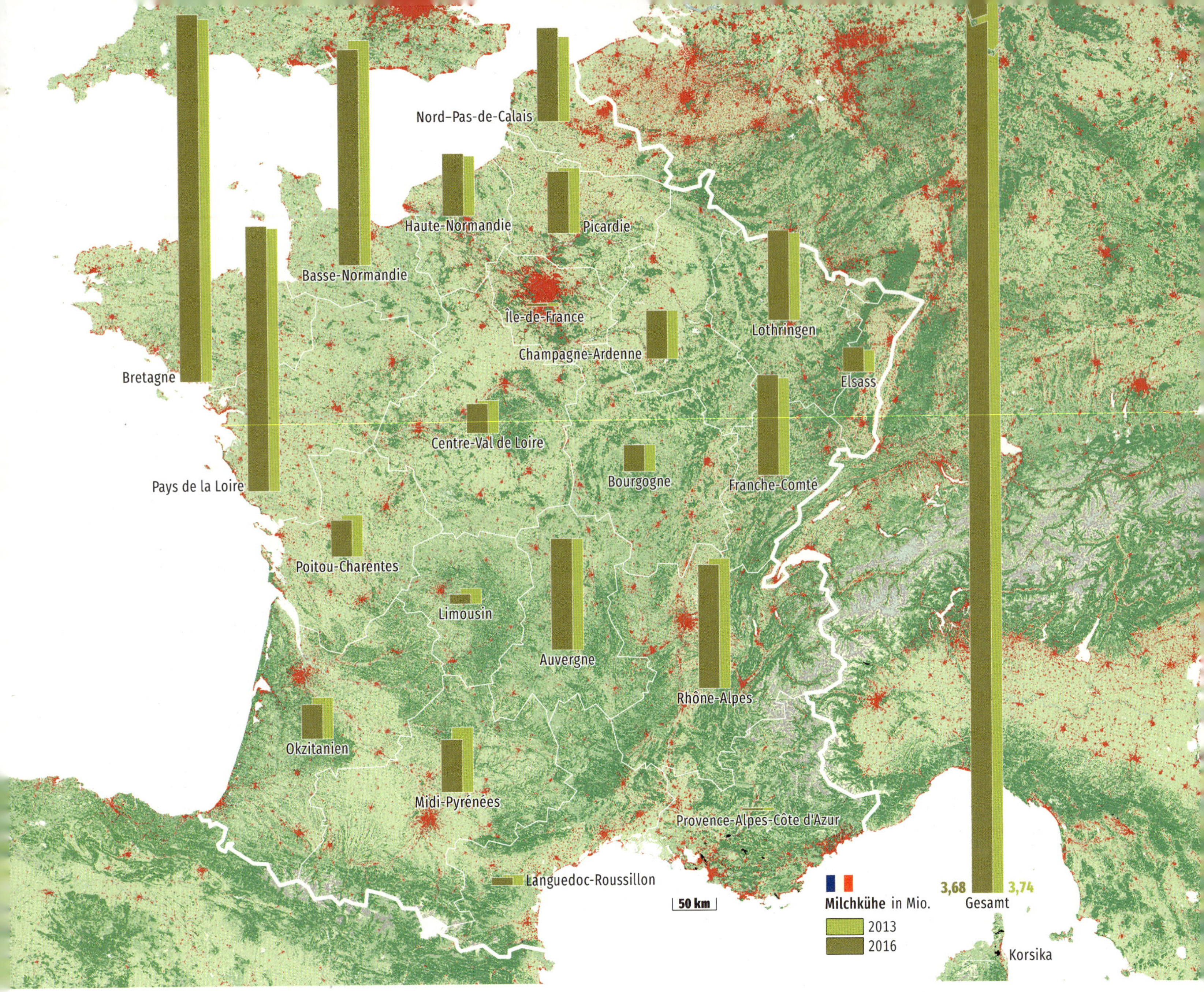

EU-28: Erzeugermilchpreis und Betriebskosten 2008–2018, Index 2008 = 100

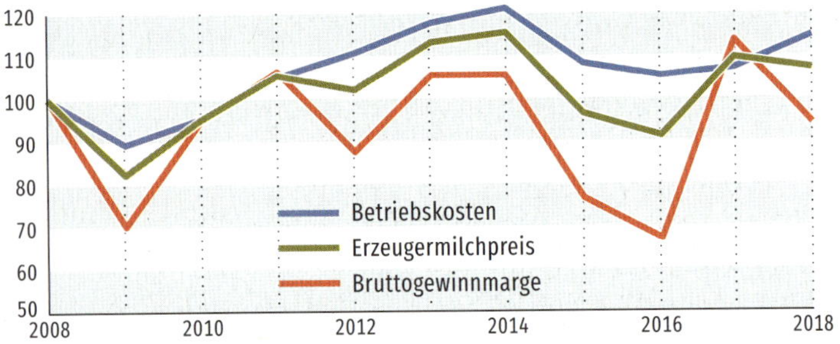

EU-27: Milchproduktion[1] 2021, in Mio. Tonnen

1. Anlieferung von Rohmilch.

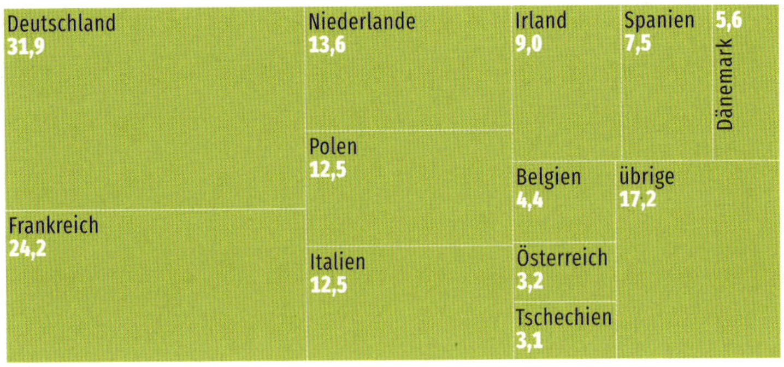

Quellen: Copernicus Land Monitoring Service/EEA, CORINE Land Cover, Version 20, 2020; Europäische Kommission, Milk Market Observatory; Eurostat, ec.europa.eu/eurostat/en/web/main/data/database (apro_mk_cola und ef_lsk_bovine). ■ Adolf Buitenhuis | Le Monde diplomatique, Berlin

hast genauso viel Arbeit, aber verkaufst deine Milch ein Drittel teurer«, erklärt Bruno. »Wir haben gesehen, dass es neue Kunden und eine Nachfrage gibt. Und wir sind nicht dümmer als die anderen! Unsere Gewinnspanne ist sogar noch größer, weil wir verarbeiten. Das bringt einen ordentlichen Mehrwert. Im Sommer sind hier viele Touristen, da haben wir uns gedacht, das müssen wir ausnutzen.«

Der Hof der beiden ist auf der richtigen Seite der Straße, in der Nähe eines Badeorts mit acht Kilometern Strand, Menhiren und Bauernmarkt. So hatten sie bald Erfolg. Inzwischen verkaufen sie nicht mehr nur auf dem Hof oder den Märkten, sondern auch an Restaurants. »Wir spüren die gesellschaftliche Anerkennung, die Bioprodukte erfahren. Wir haben treue Kunden, die jedes Jahr wiederkommen«, schwärmt Françoise, die hinter der Kühltheke des kleinen Hofladens gleich neben dem Stall steht. Benjamin Macé, ihr 30-jähriger Sohn, hat beschlossen, bei seinen Eltern zu arbeiten. »Er sieht, dass es läuft, dass wir immer mehr Kunden haben. Das motiviert ihn.«

»Die Biobauern sind auf dem besten Weg, dieselben Fehler zu machen wie die konventionellen: Immer größer, immer billiger produzieren«

Für die Macés war die Umstellung auf Bio und Regionalität eine »freie Wahl«. »Wir haben es gemacht, nachdem wir uns angesehen haben, wie es anderswo läuft.« Mit Unverständnis blicken sie mittlerweile auf die »Konventionellen« auf der anderen Seite der Straße. »Die sind so stur.« Im Laufe des Gesprächs klingt die »freie Wahl« jedoch immer mehr nach einer Notwendigkeit. Da sie nicht mehr in der Lage waren, die vertraglich festgelegte Milchmenge zu produzieren, reduzierte die Molkerei diese so drastisch, dass die Macés schließlich sogar auf einem Teil ihrer Milch sitzenblieben, mit zunächst katastrophalen wirtschaftlichen Folgen. Um die nicht mehr abgenommenen Liter doch noch zu Geld zu machen, mussten sie also zwangsläufig schauen, »wie es anderswo läuft«.

Für Yannick Morvan ist dieses Modell keine Alternative. »Ich habe meinen Beruf so gelernt, ich könnte nichts anderes machen. Verkauf ist nicht mein Ding. Kunden auf meinen Hof zu lassen, wäre mir unangenehm.« Vielleicht ist das auch gut so, denn »wenn alle mit Direktverkauf anfangen würden, wäre der Markt bald gesättigt und die Preise würden fallen«, meint Arthur Souchet, der sich nach einem Architekturstudium auf die Produktion von Ziegenkäse verlegt hat. Und Betriebswirtschaftslehrer Danzé, der sich ehrenamtlich bei Solidarité Paysans engagiert, erzählt, dass auch immer mehr Zugezogene mit ihren alternativen Projekten in Schwierigkeiten geraten.

»Du musst dein Alleinstellungsmerkmal finden«, resümiert Roger Abalain, dessen Geschäft während des Lockdowns im Frühjahr 2020 so gut lief wie noch nie. Mit einem alten Pferdekarren belieferte er die Kunden in der Umgebung. Darüber berichtete die lokale Presse mehrfach, was zusätzlich zu seinem Erfolg beitrug. Doch die Begeisterung für Abalains Produkte währte nur kurz. »Nach dem Lockdown haben sich die Leute wieder abgewandt, wir haben vielleicht 10 Prozent dieser Kunden halten können. Man darf sich nichts vormachen, das war mehr eine Mode als ein echter Wandel des Konsumverhaltens.«

Die Schwärmerei für Bio und regionale Produkte ist nur teilweise berechtigt. Der französische Biomarkt wächst rasant. Zwischen 2010 und 2020 stieg der Umsatz mit Bioprodukten von 3,7 auf 13,2 Milliarden Euro,[5] längst mischt aber auch die Agrarindustrie kräftig mit. »Die Biobauern sind auf dem besten Weg, dieselben Fehler zu machen wie die konventionellen«, beklagt Morgan Ody, Sprecherin der Confédération paysanne du Morbihan: »Immer größer, immer billiger produzieren. Das Rennen um mehr Land findet auch in diesem Sektor statt. In der Bretagne gibt es Biohöfe von 400 Hektar mit Melkautomaten, auch für die regionale Produktion.«

Yuna Chiffoleau, Soziologin und Forschungsdirektorin des Nationalen Forschungsinstituts für Landwirtschaft, Ernährung und Umwelt, erklärt, dass zudem das Label »regional« lediglich festlegt, dass es nicht mehr als einen Zwischenhändler gibt. Die Produktionsweise bleibt unberücksichtigt und auch die Bezahlung der Produzenten. Die Bedingungen lege immer noch der Großhandel fest. Und »anders, als die Großhändler suggerieren, arbeiten sie vorwiegend mit großen oder mittleren Betrieben zusammen, die große Mengen produzieren und Qualitätsstandards garantieren können«, aber nicht mit kleinen Bauern.[6]

Klar ist außerdem, dass der Direktverkauf nicht der einzige Weg sein kann. Nicht nur weil »der Markt schnell gesättigt ist«, wie Ody zu bedenken gibt. »Manchmal geht es eben nicht ohne lange Vertriebswege. In der Bretagne werden nun mal keine Tomaten und kein Comté produziert. Natürlich müssen diese Produkte von anderswo kommen, wenn nötig aus dem Ausland.« Für Jean-Charles Jacopin von Solidarité Paysans besteht das Problem darin, dass diejenigen, die wie die Confédération paysanne das herrschende Modell der langen Vertriebswege infrage stellen, sich »vor allem um die alternativen Sektoren kümmern, aber kaum um die Menschen, die im konventionellen Sektor arbeiten«.

Deswegen würde auch Yannick Morvan, der sich von der FNSEA nicht gut vertreten fühlt, nicht in die Confédération paysanne gehen. »Die ist für die Biobauern, die ihr bisschen Zeug auf dem Markt verkaufen, aber sicher nicht Frankreich ernähren werden.« Als Biobauer gehe man hingegen nicht zu den Treffen der Landwirtschaftskammer, erklärt der Ziegenkäseproduzent Arthur Souchet, »weil die sich eher um die konventionelle Landwirtschaft kümmert. Also treffen wir sie nicht.«

Das System, das die einen anprangern und dem sich die anderen beugen, bleibt derweil weiter bestehen.

Aus dem Französischen von Claudia Steinitz

1 Untersuchung vom Februar 2020 durch das regionale Tourismusbüro der Bretagne bei Zweitwohnungsbesitzern der Region.
2 »Emploi, séries longues sur le marché du travail«, Institut national de la statistique et des études économiques (Insee), Paris, 23. Juni 2020.
3 Jean Molinier, »L'évolution de la population agricole du XVIIIe siècle à nous jours«, *Économie et statistique*, Nr. 91, Insee, Juli/August 1977.
4 In der Bretagne sind zwischen 2000 und 2010 fast ein Drittel (32,7 Prozent) der erfassten Landwirtschaftsbetriebe verschwunden. Von 2010 bis 2016 betrug der Rückgang der Betriebe 12 Prozent; siehe »Tableaux de l'agriculture bretonne«, Direction générale de l'alimentation, de l'agriculture et de la forêt (Draaf Bretagne), 2016.
5 Insee, Agence BIO/AND international, 2021.
6 »›Local‹, ›éthique‹: ces nouveaux filons qui rapportent gros«, *L'Humanité*, Saint-Denis, 22. Februar 2019.

Erstmals erschienen in *Le Monde diplomatique* vom August 2021.

Chez LOULOU
Boulangerie Patisserie
Spécialités de la Réunion
Nos Sandwichs Variés
Milk shake
Glace
Italienne
EAU DE COCO EN VENTE ICI
La Boutique

Rückkehr nach Réunion

Mobilität und Identität im Indischen Ozean

Von Margot Hemmerich und Clémentine Méténier

Am Ortseingang der Hauptstadt empfängt uns ein zweisprachiges Schild: oben »Saint-Denis«, darunter in Kreol »Sin Dni«. Seit 2010 steht das hier so, nachdem der Magistrat eine Charta zur Förderung der Zweisprachigkeit verabschiedet hat. »Seitdem kann man auf Kreol heiraten oder im Stadtrat Kreol sprechen«, freut sich Axel Gauvin, Schriftsteller und Vorsitzender des Vereins Lofis la lang kréol la rényon. In den letzten zehn Jahren haben 11 der 80 der Kommunen auf La Réunion die Charta übernommen. »Es ist ein Beitrag zur Redefreiheit, ein kleiner Schritt hin zu mehr Demokratie«, erklärt Gauvin, der vor über vierzig Jahren das Referenzwerk dazu verfasst hat.[1]

Die Sonne scheint auf die großen Wandtafel im sparsam möblierten Vereinslokal. Unter zweisprachig beschrifteten Fotos wird die traditionelle Bauweise auf der Insel erklärt. Am Eingang wechselt ein Gärtner ein paar Worte auf Kreol mit einer Mitarbeiterin von der Touristeninformation. Gegenüber diskutiert eine Gruppe Arbeiter an einem Imbisstisch. Selbst Neuankömmlinge wie wir können ein wenig von ihrem Gespräch verstehen: Hier im Norden ähnelt das Kreol dem Französischen mehr als der im Süden gesprochene Dialekt.

Nur 10 Prozent der Bevölkerung sprechen ausschließlich Französisch, alle anderen benutzen im Alltag beide Sprachen oder nur Kreol. Über 80 Prozent bezeichnen heute Kreol als ihre Muttersprache, es ist damit die größte Regionalsprache Frankreichs. Dabei war sie lange gesellschaftlich verpönt. Als die Kolonie 1946 französisches Übersee-Département wurde, »ging das mit einer Assimilierungspolitik einher, Kreol war als Sprache nicht anerkannt«, erklärt der Grundschullehrer Guillaume Aribaud: »Heute hört man es immer öfter auch in der Öffentlichkeit. Aber die Stigmatisierung wirkt noch stark nach.«

Wie vielen seiner Landsleute wurde sich der junge Regisseur Sébastien Clain erst im Ausland seiner Herkunft bewusst und hat darüber den Dokumentarfilm »Kisa nou lé« (Wer wir sind) gedreht: »Erst als ich zum Studium wegging, fing ich an, mich für die Geschichte meiner Insel zu interessieren«, erzählt Clain. »Das Buch von Axel Gauvin half mir, mich mit meiner Kultur zu versöhnen, denn es zeigte mir, woher die Scham kommt, die ich empfand, wenn ich meine Sprache sprach.«

Jedes Jahr verlassen etwas mehr als 2000 Studierende, also 20 Prozent eines Abschlussjahrgangs, die Insel – mit finanzieller Unterstützung des Départements und der Region (auf La Réunion fallen beide Körperschaften in eins). Das Büro für Übersee-Mobilität (L'agence de l'outre-mer pour la mobilité, Ladom) zahlt das Flugticket für junge Menschen unter 26, die in der französischen Métropole (Mutterland) oder einem anderen Département d'outremer (Dom) studieren wollen, weil sie entweder keinen Platz in ihrem Wunschfach bekommen haben – Soziale Arbeit und Alternativmedizin sind besonders begehrt – oder weil es nicht angeboten wird, wie Politologie, Psychologie oder Agrarwissenschaften. Ladom vergibt auch Stipendien, mit einer maximalen Laufzeit von fünf Jahren und bis zu 4600 Euro jährlich. Zahlreiche weitere Programme unterstützen junge Leute, die in Frankreich eine Ausbildung machen oder eine Stelle antreten wollen.

Demografie und Arbeitslosigkeit sind die beherrschenden Themen auf La Réunion. Auch wenn in den letzten 20 Jahren mehr Arbeitsplätze geschaffen wurden, ist die Arbeitslosenquote auf der Insel doppelt so hoch wie im Mutterland. 2019 betrug die Jugendarbeitslosigkeit 40 Prozent. Von allen französischen Regionen hat La Réunion den höchsten Anteil an unter 25-Jährigen. Deshalb setzt der Staat ihnen schon seit Langem Anreize, die Insel zu verlassen.

1963 wurde das Migrationsbüro für die Übersee-Départements (Bumidom) gegründet, mit dem das »Gebot der Auswanderung« nach Frankreich in Zeiten des Arbeitskräftebedarfs offiziell verankert wurde. Michel Debré hatte sich das damals ausgedacht. Nach seinem Rücktritt als Ministerpräsident Frankreichs wurde er 1963 Abgeordneter von La Réunion. In einer von Manipulationsvorwürfen überschatteten Wahl hatte der Gaullist Debré, ohne familiäre Beziehungen zur Insel, Paul Vergès ausgestochen, den Vorsitzenden der Kommunistischen Partei Réunions, der für die Unabhängigkeit der Insel eintrat.

Zwischen 1963 und 1981 unterstützte der französische Staat über das Bumidom 160 300 Auswanderer von Réunion und den französischen Antillen bei ihrer Übersiedlung nach Europa. In dieser Zeit wurden auch über 2000 Kinder, die sich in der Obhut der Jugendhilfe (ASE) befanden, zwangsweise nach Frankreich verschickt. Mehrere Opfer klagten später wegen »Entführung« gegen den französischen Staat. Die Gerichtsverfahren wurden jedoch in den Nullerjahren eingestellt, weil man Präzedenzfälle fürchtete. Bis heute haben Opfer und Selbsthilfevereine weder individuelle noch kollektive Entschädigung erhalten.

»Diese Politik war damals die Antwort auf drei soziale Probleme«, schreibt die Soziologin Lucette Labache: Im Übersee-Département das rasante Bevölkerungswachstum sowie Massenarbeitslosigkeit und die damit einhergehende Furcht vor politischen Forderungen, und in Frankreich der Arbeitskräftemangel in Krankenhäusern, bei der Post, in der Telekommunikation und im öffentlichen Verkehr.[2] In einer Zeit, in der manche die Unabhängigkeit forderten, die Algerien kurz zuvor erlangt hatte, fungierte die Auswanderung als »Sicherheitsventil«, schrieb der Geograf und Gründer der Sozialistischen Partei Réunions Wilfrid Bertile 1972.

Saint-Gilles, La Réunion, November 2020.
CHRIS HELLIER | ALAMY

Nach dem Aufstand im Chaudron-Viertel von Saint-Denis 1991 begannen die Behörden, auf den Begriff Mobilität zu setzen. »Mobilität« klang positiver und war mit weniger negativen Assoziationen behaftet als »Auswanderung«. Das Bumidom wurde in Nationale Agentur zur Eingliederung und Förderung von Arbeitnehmenden aus Übersee (ANT) umbenannt, bis es 2010 seinen heutigen Namen Ladom bekam.

Auf riesigen Plakatwänden stand damals der Slogan »Eine Ausbildung dort, eine Zukunft hier«. Verantwortlich dafür war eine andere Dienststelle, die es nur auf La Réunion gibt und die Debré ebenfalls 1963 erfand: das Nationale Aufnahme- und Aktionskomitee für mobile Réunioner (Cnarm). Es wird zum Teil vom Département finanziert und bietet Aus- und Weiterbildungen für gering oder nicht qualifizierte Arbeitskräfte in Gastronomie, Baugewerbe und Verkehrswesen in Frankreich. Zwischen 2015 und 2019 nahmen 11 084 Arbeitssuchende am Cnarm-Programm teil, das sich rühmt, »bei den Eingliederungsmaßnahmen die Arbeitnehmermobilität zur obersten Priorität erhoben« zu haben.

Doch haben die Betroffenen überhaupt eine Wahl? »Meine Mutter hat in Pariser Krankenhäusern gearbeitet, mein Vater ging zur SNCF, meine Tanten zur Polizei. Sie sind über das Bumidom fortgegangen, wir nehmen das Cnarm«, erzählt Olivya Aliks mit verbittertem Unterton. »Ich habe vier Jahre in Paris studiert und hatte das Gefühl, mein Land zu verraten«, sagt sie.

Annecie Boyer ging mit 17 Jahren nach Rennes, um Germanistik zu studieren, ein Fach, das auf der Insel nicht angeboten wird: »Ich bin die Einzige aus meiner Familie, die studiert hat. Meine beiden großen Brüder wollten immer da bleiben, einer wurde Fischer und Feuerwehrmann, der andere Koch. Schon auf der weiterführenden Schule habe ich begriffen, dass ich nach Frankreich gehen muss, wenn ich Karriere machen will.« Diese Erfahrung teilen viele junge Menschen, sagt die Soziologin Florence Ihaddadene, die an der Université de Picardie Jules Verne in Amiens unterrichtet: »Von den Schulen über die Vereine bis zum Jobcenter erklären alle Institutionen den jungen Menschen aus Réunion, dass sie international mobil sein müssen.«[3]

Nicolas Brun ging nach dem Abitur 2020 ein Jahr auf die Ingenieurschule nach Angers: »Im Lycée kamen ständig Leute von außerhalb, die uns Ausbildungsgänge in Frankreich oder Québec vorgestellt haben. Man hat uns den Traum von einer anderen Welt verkauft.« Inzwischen lebt der junge Mann wieder in seiner Heimatgemeinde Tampon und erzählt, dass heutzutage viele junge Leute zurückkommen, »um sich mit ihrer Kultur zu versöhnen«.

In der Gemeinde Port, 20 Kilometer von Saint-Denis entfernt, steht Stéphane Marcy mit seiner Grundschulklasse vor einem blühenden Flammenbaum. »Als ich jung war, hat man mir Geschichten von Weihnachten im Schnee und Schneemännern erzählt«, erinnert er sich. »Diese Dinge wurden als allgemeingültig hingestellt, dabei hatte das überhaupt nichts mit unserer Lebensrealität zu tun. Wie kann man ein Bild von sich selbst entwerfen, wenn einem nur das westliche Modell zur Verfügung steht?« Seit 2014 gehört der 38-Jährige zu den 5 Prozent ausgebildeter Lehrkräfte, die Kreol unterrichten dürfen. Als Sekretär des Vereins Lantant LKR (La Lang la kiltir kréol dann lékol) setzt sich Marcy dafür ein, dass seine kreolsprechenden Schüler:innen nicht benachteiligt werden: »Heute schlägt man ein Kind zwar nicht mehr, wenn es in der Schule Kreol spricht, aber eine Lehrkraft ohne Fachqualifikation wird es auffordern, ›richtig zu sprechen‹. Ich habe das selbst erlebt.«

Seit der Revolution habe Frankreich die sprachliche Einheit zum Grundpfeiler der nationalen Einheit erhoben, erklärt Véronique Bertile, Wilfrid Bertiles Tochter, die an der Universität Bordeaux Öffentliches Recht lehrt und über Regionalsprachen in Frankreich, Spanien und Italien promoviert hat: »Dieses engstirnige Jakobinertum betrachtete regionale Sprachen und Identitäten lediglich als separatistische Bedrohungen.«

Guillaume Aribaud kennt das Problem. Sein Vater kam aus Okzitanien, seine Mutter war eine Pied-noir aus Tunesien, er selbst wurde in Saint-André an der Ostküste von Réunion geboren, in einer der ärmsten Kommunen Frankreichs. Heute ist der 30-Jährige selbst Grundschullehrer – eine Art Revanche: »Auf dem Collège erklärten uns die Lehrer, Kreol sei ein nicht ausgereiftes Französisch. Das ist doch absurd. Unsere Sprache existiert und in dem Viertel, in dem ich unterrichte, können wir mithilfe des Kreol die vielen Kinder integrieren, die von den Komoren oder Mayotte hierher kommen«, erzählt er.

Das Kreol, das im 18. Jahrhundert seine Wurzeln hat, erfährt immer mehr Akzeptanz als Unterrichtsfach, von den Eltern wird das teilweise sogar eingefordert: In einer aktuellen Umfrage sprachen sich 81 Prozent »für Kreol in der Schule« aus, 2009 waren es noch 61 Prozent. 85 Prozent meinten, Kreol sei eine Sprache, genauso wie Französisch; das glaubten 2009 erst 74 Prozent.[4] 2000 wurde Kreol als »offizielle Regionalsprache« anerkannt und seit Einführung der Lehramtsprüfung für die Sekundarstufe (Capes) 2001 an den Collèges immer häufiger als Zusatzfach angeboten. In der Primarstufe sind derzeit jedoch nur 450 der 8000 Lehrkräfte als Kreol-Lehrer:innen ausgebildet.

Francky Lauret begann als Dichter, wurde dann Journalist und mit 42 Jahren erster staatlich geprüfter Lehrer für Kreol: »Die Klischees gibt es immer noch, aber die sogenannte Diglossie, also die Ausdifferenzierung in Hoch- und Volkssprache, entwickelt sich weiter. Wenn die Bürgermeisterin von Saint-Denis ihre Reden auf Kreol hält, ich meine Dissertation auf Kreol verteidigen durfte und an der Rathaustür ein Schild hängt: ›Mi koz creol‹ [‚Hier wird Kreol gesprochen‹], dann merkt man, dass wir heute wirklich frei sprechen können.«

In den Bildungseinrichtungen sieht man das genauso. Die neue Schulsenatorin Chantal Manès-Bonisseau hat seit August 2020 das Lehrangebot für Landesgeschichte an den Collèges und Lycées erheblich erweitert und unterstützt die Auffassung, dass die Sprachen sich gegenseitig befruchten. Wer gut Kreol kann, lernt auch leichter Französisch. Paradoxerweise profitiert die Anerkennung der Sprache von der Entpolitisierung des Themas.

In den 1950er Jahren gehörte bei den Kommunisten der Kampf um Kultur und Sprache und der Kampf für Autonomie beziehungsweise Unabhängigkeit untrennbar zusammen, berichtet Aribaud, der auch beim Verein Lantant LKR mitmacht. Doch diese Zeiten sind lange vorbei. Die seit 2021 amtierende Regionalpräsidentin, Ex-Kommunistin Huguette Bello, arbeitet einvernehmlich mit der eher konservativen Département-Verwaltung zusammen. Auf dem Forum der Mehrsprachigkeit (États généraux du multilinguisme), das im Oktober 2021 auf der Insel stattfand, einigten sich beide Körperschaften auf ein Abkommen, das auch die gesellschaftliche Bedeutung des Kreol anerkennt.

Als es Ende 2021 in den Übersee-Départements Guadeloupe und Martinique zu wochenlangen Protesten gegen die französische Zentralregierung kam, schlug der junge Minister für die Überseegebiete Sébastien Lecornu (La République en Marche) eine öffentliche Debatte über die Autonomie der Gebiete vor. In Réunion steht dieses Thema gar nicht mehr auf der Tagesordnung – dazu fühlt man sich trotz der erheblichen sozialen Probleme immer noch zu sehr mit Frankreich verbunden.

Für Erstaunen sorgten jedoch die Gelbwesten-Proteste auf der Insel. »Es gibt diesen tief verankerten Glaubenssatz, dass unsere Insel dem Vorbild einer Republik folgt, in der die Konflikte befriedet sind und das Volk sich nicht erhebt, weil es gelernt hat zusammenzuleben«, erklärt die Historikerin Françoise Vergès. »Diese Vorstellung beruht zu gleichen Teilen auf Mythos und Wirklichkeit«, fährt sie fort und verweist auf die Besiedlungsgeschichte der Insel, die bis 1646 unbewohnt war. Über die Jahrhunderte haben sich hier Menschen aus verschiedenen europäischen und afrikanischen Ländern sowie Indien und China niedergelassen.

Der für die Karibik prägende Gegensatz zwischen Schwarzen und Weißen sei auf La Réunion nicht anwendbar, erklärt der Soziologe Philippe Vitale. Auf den Antillen hat die Spaltung zwischen den Békés, den reichen Großgrundbesitzern mit weißen Vorfahren, und der schwarzen Mehrheitsbevölkerung zu heftigen Auseinandersetzungen geführt. Und während der karibische Autor Aimé Césaire (1913–2008) weltberühmt ist,[5] kennen nur Eingeweihte den Dichter, Sprachwissenschaftler und réunionischen Aktivisten Boris Gamaleya. »Die einheimische Mittelklasse, die nicht nur aus Kontinentalfranzosen, sondern auch aus Réunionern bestand, hat dazu beigetragen, das Kreol zu unterdrücken und die Forderungen nach gesellschaftlicher und kultureller Unabhängigkeit auszulöschen«, erklärt Françoise Vergès.

»Willkommen in Zoreyland«, witzeln die Leute in Anspielung auf die »Zoreilles« genannten Französinnen und Franzosen aus Europa, die in den Hotels von Saint-Gilles absteigen. In den Ferien tummeln sich in dem Hauptbadeort der Insel, 35 Kilometer südwestlich von Saint-Denis, doppelt so viele Kontinentalfranzosen wie in Saint-André im Osten und fünfmal mehr als in Salazie im Landesinneren. Die Insel ist attraktiv. Während zwischen 2012 und 2016 durchschnittlich 11 400 Menschen pro Jahr La Réunion Richtung Frankreich verlassen haben, nahmen in demselben Zeitraum 10 300 Menschen – darunter 3000 Rückkehrer – den umgekehrten Weg: Beamtinnen, Unternehmer, Freiberuflerinnen und leitende Angestellte großer französischer Firmen.

Gegen den Zuzug aus der Métropole gibt es regelmäßig Proteste, weil die meisten Einrichtungen der öffentlichen Daseinsvorsorge nach wie vor von Kontinentalfranzosen geleitet werden. Das verändert sich langsam: Ende 2020 kamen von insgesamt 31 000 leitenden Angestellten 47 Prozent von der Insel, 1990 waren es noch 33 Prozent. Bei den Selbstständigen stellen Kreol:innen allerdings nur ein Drittel (19 Prozent der Mediziner und Zahnärztinnen stammen von der Insel) und besetzen lediglich 34 Prozent der Führungspositionen.

Nicolas Brun fürchtet sich davor, beim Vorstellungsgespräch einem »Métro« gegenüberzusitzen: »Ich kenne so viele Beispiele aus meinem Umfeld, wo bei gleicher Qualifikation nie der Réunioner die Stelle bekommen hat«. Der 19-Jährige wusste schon immer, dass er nach dem Studium zurückkehren wollte. Auch wenn nach wie vor viele die Insel verlassen, berufen sich immer mehr auf ihr Recht, »im Land zu leben und zu arbeiten«. Die Rückkehroption wurde in der Mobilitätspolitik lange nicht berücksichtigt, doch auch das ändert sich gerade. »Mobilität ist ein Lebensmodell, aber auch das beste Mittel sich zu bilden, Erfahrungen zu sammeln und seine Kompetenzen zu erweitern, um selbstbewusst und stark zurückzukehren«, verkündete der Département-Präsident Cyrille Melchior im September 2018.

Mit der Rückkehroption stelle sich aber auch die schwierige Frage nach der regionalen Bevorzugung, der *préférence régionale,* meint Véronique Bertile. »Dieser Begriff ist allerdings heikel, deshalb spreche ich lieber von einer Priorisierung des lokalen Arbeitsmarkts«, erklärt die Juristin und meint damit natürlich trotzdem, dass Einheimische bevorzugt werden, wenn auf der Insel eine Stelle neu besetzt wird. »Das ist ein konkretes Werkzeug zur Bekämpfung der Arbeitslosigkeit«, sagt Bertile. Nach EU-Recht erlaube die isolierte Lage und das relativ kleine Territorium solche Sondermaßnahmen, die in Neukaledonien oder Französisch-Polynesien bereits umgesetzt werden.

Da es lange nur eingeschränkt akademische Ausbildungsangebote auf der Insel gab, mussten entweder Französ:innen eingestellt oder die Leute nach Frankreich geschickt werden. »Man setzt immer noch mehr Gelder dafür ein, die Réunioner aufs Festland zu holen, als hier vor Ort ein echtes Angebot zu schaffen«, klagt die Abgeordnete Karine Lebon. Seit einem Jahr kämpft die ehemalige Grundschullehrerin für die Einrichtung von Studiengängen, deren Absolvent:innen auf der Insel besonders gefragt sind: Nachhaltige Landwirtschaft, Agrarwissenschaften, Biodiversität und Tropische Ökologie.

»Das Problem ist nicht die Mobilität an sich«, meint Aribaud. »Unsere gesamte Entwicklung war immer vollständig auf den europäischen Kontinent ausgerichtet. Warum schauen wir nie auf die Länder, die auch am Indischen Ozean liegen?« Ein Parlamentsbericht empfahl 2020 eine größere wirtschaftliche Integration der Überseegebiete in die umliegenden Märkte und die Stärkung der Wettbewerbsfähigkeit der Häfen.[6]

Von der Straße, die durch den Park Tampon-Bel Air am Fluss Abord entlangführt, hat man ein atemberaubendes Rundum-Panorama bis hinauf zur Hochebene von Cafres: Auf der einen Seite Berggipfel über üppiger Vegetation, auf der anderen Seite nichts als der Ozean. La Réunion war nie eine nur auf sich selbst bezogene, abgeschirmte Insel. Das haben die Aktivistinnen und Literaten der Kreolität in den 1970er Jahren immer wieder erklärt, und es schwingt auch in den Worten von Boris Gamaleya mit – »ein wunderbarer Gesang, der die schwarze Nacht vergessen lässt. Es ist dein Volk, das spricht. Halt dir nicht länger die Ohren zu.«

Aus dem Französischen von Sabine Jainski

1 Axel Gauvin, *Du créole opprimé au créole libéré – Défense de la langue réunionnaise,* Paris (L'Harmattan) 1977.

2 Lucette Labache, »La mobilité des jeunes réunionnais«, *Agora Débat/Jeunesses,* Nr. 50, Paris 2008.

3 Florence Ihaddadene, »Les pratiques des professionnels face aux freins à la mobilité des jeunes ultramarins: l'exemple de La Réunion«, *Cahiers de l'action,* Nr. 49, Paris 2017/2.

4 Umfrage des Instituts Sagis (im Auftrag von Lofis) vom 25. März bis 13. April 2021.

5 Aimé Césaires berühmter »Discours sur le colonialisme« von 1950 erschien 2021 in einer kommentierten Neuausgabe auf Deutsch, siehe *Über den Kolonialismus,* Berlin (Alexander Verlag Berlin) 2021.

6 »Rapport d'information n° 3638 sur le coût de la vie dans les Outre-mer« (Bericht über die Lebenshaltungskosten in Übersee), Delegation der französischen Nationalversammlung für die Überseegebiete, Paris, 3. Dezember 2020.

Erstmals erschienen in *Le Monde diplomatique* vom März 2022. Leicht gekürzt.

Sie bilden die größte Gruppe der algerischen Einwanderer in Frankreich. Streifzüge durch das 20. Pariser Arrondissement

Die Kabylen von Ménilmontant

Von Arezki Metref

Der Place Jean-Ferrat nahe der Metrostation Ménilmontant im 20. Pariser Arrondissement ist ein beliebter Treffpunkt der kabylischen Community. Als während des Lockdowns die Restaurants geschlossen waren, saßen kleine Grüppchen alter kabylischer Männer auf den Parkbänken oder beim McDonald's an der Ecke. Selbst das Le Soleil, eine Mischung aus Pariser Brasserie und maurischem Café, hatte geschlossen.[1]

Für die Letzten aus der alten Generation der kabylischen Einwanderer war das fast, als hätte man ihnen ein Heiligtum genommen. Denn viele der algerischen Cafés und Bistros im Viertel haben sich in hippe Bars oder Lounges verwandelt und sind mittlerweile viel zu teuer für die »Chibanis« (Maghrebinisch-Arabisch für »die Alten«). Dabei sprechen die meisten der alten Kabylen nicht einmal Arabisch, verstehen es zum Teil auch nicht.

Die meisten Kabylen in Frankreich leben in Paris und der Region Île-de-France, im Norden und in der Region um Lyon oder in Marseille. Abdallah B.[2] stammt aus Beni Ourtilane in der Kleinen Kabylei und arbeitet in einem Bekleidungsgeschäft am Boulevard de Ménilmontant. Er macht sich Sorgen: »Viele der Alten leben unter sehr prekären Bedingungen in Heimen oder Notunterkünften. Sie haben schon viele Krisen mitgemacht, die Pandemie ist sehr belastend für sie.« Er zeigt auf einen alten, gebeugten Mann mit abwesendem Blick, dem die Maske schief im Gesicht hängt: »Er lebt seit 60 Jahren in Frankreich, und seit dem Ende des Algerienkriegs war er jedes Jahr in der Kabylei. Doch dann mussten er und alle anderen wegen Corona in Frankreich bleiben. Für ihn wäre es das Schlimmste, hier zu sterben und nicht in der Heimat begraben zu werden.«

Von März 2020 bis Juni 2021 waren die Grenzen Algeriens für alle geschlossen, auch für im Ausland lebende Staatsbürger. Es gab nur wenige organisierte Flüge dorthin, und die Chibanis kämpfen unter Mühen um einen Platz in einem Flugzeug. Täglich bildeten sich Schlangen vor dem Konsulat nahe der Place de la Nation.

Diese Situation empörte die jungen Aktivisten des »Hirak«, der jüngsten algerischen Protestbewegung. Meziane Abane, 37, früher Journalist bei der französischsprachigen Tageszeitung *El Watan,* musste Algerien im Juni 2019 überstürzt verlassen, um einer drohenden Verhaftung zu entgehen. Seit seiner Ankunft in Frankreich engagiert er sich in der kabylischen Gemeinschaft. »Für die Einwanderer hier ist Hirak nicht nur eine Jugendbewegung«, erklärt er. »Auch alte Kabylen sind dabei. Sie sind mit dem politischen Kampf vertraut und kommen regelmäßig zu den Kundgebungen auf der Place de la République.«

Bei diesen Versammlungen fällt die große Zahl von Kabylen sofort auf. Wie ihre arabischsprachigen Landsleute fordern sie Demokratie für Algerien, aber auch die Anerkennung ihrer Berberidentität. Einige rufen sogar nach Autonomie oder Unabhängigkeit für die Kabylei, ohne sich um die vorwurfsvollen Blicke zu scheren.

In Frankreich leben etwa 2,5 Millionen Menschen mit algerischen Wurzeln, rund 1,7 Millionen davon wurden in Frankreich geboren. 750 000 von ihnen besitzen nur einen algerischen Pass, die anderen sind Franzosen oder haben beide Staatsangehörigkeiten. Der Soziologe Mohand Khellil schätzte bereits 1994, dass ungefähr die Hälfte der algerischen Einwanderer in Frankreich Kabylen waren, obwohl sie in Algerien nur knapp 10 Prozent der Bevölkerung ausmachen.[3]

Dass der Anteil unter den Migranten so groß war, hat historische Gründe. Unter Scheich Mohammed El-Mokrani kam es 1871 zu einem Kabylenaufstand, der blutig niedergeschlagen wurde. »Die Repression ging mit der Beschlagnahmung von hunderttausenden Hektar Land durch die Kolonialbehörden einher«, erklärt der Historiker Benjamin Stora. Unter den Aufständischen, die den Massenexekutionen entgingen, wurden einige nach Neukaledonien im Südpazifik deportiert. Für die anderen hieß Überleben Exil.

Der Soziologe Abdelkader Belkhodja leitete früher das Nationale Amt für Arbeitskräfte in Algerien (Onamo), das zwischen 1963 und 1973 die Anwerbung und den Transport von Arbeitern nach Frankreich organisierte. In seiner Doktorarbeit über die algerische Auswanderung beschreibt er, wie sich die Kabylen zunächst in ganz Algerien verteilten, »als Landarbeiter, fliegende Händler und später als Ladeninhaber in den Städten«.[4] 1905 lockte der wirtschaftliche Aufschwung der Belle Époque die ersten algerischen Arbeiter nach Frankreich, die meisten stammten aus der Großen Kabylei. Danach waren es vor allem aus dem Dienst entlassene Soldaten kabylischer Herkunft, die nach dem Ende des Ersten Weltkriegs in Frankreich blieben.

Hocine C., 84 Jahre, ist kurz nach der Unabhängigkeit Algeriens im Juli 1962 aus seinem Dorf direkt nach Ménilmontant gekommen. Wenn man ihn fragt, warum die Kabylen die größte Gruppe der algerischen Einwanderer in Frankreich ausmachen, muss er nicht lange überlegen: »Ich komme aus den Bibans-Bergen. Dort wirft die Erde nichts ab. Es gibt keine Arbeit. Wir sind ärmer als die Armen. Wir hatten keine Wahl.«

Im Mai 2016 entbrannte in Algerien eine scharfe Polemik, nachdem die dortige Presse berichtet hatte, der französische Botschafter habe bei einem privaten Empfang in der kabylischen Stadt Tizi-Ouzou erklärt, 60 Prozent der Visa, die sein Konsulat ausstelle, gingen an Bewohner der Kabylei und 50 Prozent der algerischen Studenten in Frankreich kämen aus dieser Region.[5] Das reichte aus, um Paris Günstlingswirtschaft und eine »Kabylenquote« vorzuwerfen. Die französische Regierung musste die Äußerungen dementieren.

Vielerorts haben sich Kabylen als Eigentümer von Cafés, Restaurants oder Hotels etabliert. Abdelkrim Bouseksou, ein Informatikingenieur und Ökonom, der Anfang der 1980er Jahre nach Frankreich kam, um sein Studium zu beenden, bestätigt diese Vermutung: Ihm gehören heute mehrere Cafés, darunter La Cantine in der Rue des Maronites im 20. Arrondissement. Er versichert uns, bis zum Ende des letzten Jahrhunderts seien mehr als 50 Prozent der Bars der Île-de-France von Kabylen geführt worden.

Sie wechselten zwar den Besitzer, blieben aber in der Community. »Seit 1941 hat La Cantine immer einem Kabylen gehört«, erzählt Bouseksou. »Mein Onkel hat es zwischen 1950 und 1954 geführt, 2003 haben wir es zurückgekauft. So ist das immer gelaufen. Ein Kabyle verkauft lieber an einen anderen Kabylen.«

Dafür dass Kabylen so stark im Gastgewerbe und der Hotellerie vertreten sind, gibt es eine historische Erklärung. Anfangs eröffneten sie kleine Cafés sozusagen als Erweiterung des Dorfs, als Gemeindezentrum zur gegenseitigen Unterstützung. Während des Algerienkriegs wurden diese Orte dann auch von der Unabhängigkeits-

Rue Ménilmontant im 20. Arrondissement von Paris, November 2012.
JOHN HESELTINE | ALAMY

bewegung genutzt; für Spendensammlungen, Unterstützertreffen und sogar für Verhöre von Personen, die man beschuldigte, die gemeinsame Sache verraten zu haben.

Ende der 1950er Jahre überließen Auvergnats (Zugewanderte aus der Auvergne), denen bisher die meisten Pariser Bars, Restaurant und Hotels gehört hatten, einige Lokale im Osten der Stadt Kabylen. Nach der Unabhängigkeit 1962 profitierten die Algerier dann von einem Paragrafen in den Verträgen von Évian, der ihnen als einzigen Ausländern erlaubte, Lokale mit Alkoholausschank zu führen. Deshalb wurden viele Pariser Bistros und Cafés in den 1960er und 1970er Jahren von Kabylen übernommen.

Der Historiker Mohamed Harbi erinnert daran, dass die Inhaber anfangs als Elite der algerischen Einwanderer galten. »Die Zugehörigkeit zur Arbeiterklasse war wie ein Fluch, den man so schnell wie möglich abschütteln wollte.« Auch heute noch gilt das Gastgewerbe als gute Alternative, selbst für Leute, die ein Studium absolviert haben.

Amine, 33, der Sohn von Abdelkrim Bouseksou, hat einen Masterabschluss in Wirtschaft und Immobilienrecht gemacht, aber dann ist er der Familientradition gefolgt und hat ein Café gekauft. »Ich bin im 20. Arrondissement geboren und in Les Lilas und Romainville aufgewachsen. Ich habe die Bistros immer geliebt. Sie sind ein so wichtiger Ort für alle möglichen zwischenmenschlichen Beziehungen. Ich trage die Berberkultur und die Pariser Kultur in mir. Und auch die Bistrokultur wird vererbt, mein Bruder ist nach dem Studium auch dahin zurückgekehrt.«

Viele aus der Community sagen, dass die Franzosen nicht imstande seien, zwischen Kabylen und Arabern zu unterscheiden. »Wenn ich sage, ich bin Algerier, antwortet man mir: ›Also bist du Araber?‹ Ich bin stolz, Algerier zu sein, aber ich bin kein Araber«, betont Mancer M., Philosophiestudent aus Bouira. Karima Dirèche, Autorin eines Buchs über die Geschichte der kabylischen Einwanderung im 20. Jahrhundert[6], spricht von einem »gewaltigen soziologischen Missverständnis«, weil man in Frankreich auch auf offizieller Ebene die Kabylen den Arabern zuordne.

»Als in den 1980er und 1990er Jahren das staatliche Bildungswesen Einwandererkindern anbot, ihre Muttersprache als Unterrichtsfach zu belegen, dachte man nur an Arabisch, obwohl viele dieser Kindern nur Berbersprachen sprachen«, erklärt Dirèche. Eine Untersuchung des Beirats für die Förderung regionaler Sprachen und linguistischer Vielfalt ergab, dass 1999 etwa 1,5 bis 2 Millionen Menschen in Frankreich lebten, die Kabylisch, Schlöh, Tarifit oder Chaoui sprachen.

Die ersten Einwanderer konnten im neuen Umfeld mit ihrer Muttersprache gut überleben. Bouseksou erinnert sich: »Die Neuankömmlinge waren meistens Analphabeten. Sie wurden von der Gemeinschaft in Empfang genommen, untergebracht und versorgt. Man gab ihnen Geld, erklärte ihnen, wie man sich in Paris bewegt. Man begleitete sie zur Arbeit, bis sie den Weg kannten. Sie lernten kein Französisch, weil sie weiter in ihrer Gemeinschaft, in gewisser Weise also in ihrem Dorf lebten.«

Die Gruppe der Arbeitsmigranten, zu der die Alten auf dem Place Jean-Ferrat gehören, wird immer kleiner. Der Psychotherapeut Hamid Salmi sieht an ihrer Stelle eine junge Generation gebildeter Kabylen, Unternehmerinnen, Beamte, Abgeordnete, Lehrerinnen, Sozialarbeiter. »Das sind die Kinder der dritten Generation und po-

Académie berbère und Radio Tiwizi

Schon in den 1920er Jahren bildeten kabylische Einwanderer die Basis der ersten großen Partei, die für die Unabhängigkeit Algeriens eintrat: die ENA (Étoile nord-africaine, Nordafrikanischer Stern), gegründet 1926 in Paris. 1937 folgte die PPA (Parti du peuple algérien), die 1946 aufgelöst wurde, und als ihr Nachfolger die MTLD (Mouvement pour le triomphe des libertés démocratiques). Die kabylischen Migranten unterstützten also einen antikolonialen, zentralistischen Nationalismus in Algerien, obwohl dieser die kabylische Minderheit unterdrückte.

Nach der Wahl des Kabylen Rachid Ali Yahia zum Vorsitzenden der Föderation PPA-MTLD in Frankreich 1949 fand die kabylische Sache mehr Beachtung. Innerhalb der FLN (Front de libération nationale), die ab November 1954 versuchte, Algerien mit Waffengewalt zu befreien, trat der Anspruch der Berber vor dem Hauptziel der Unabhängigkeit wieder in den Hintergrund. Während des Algerienkriegs wurde die kabylische Gemeinschaft in Frankreich von den Rivalitäten zwischen der FLN und des MNA (Mouvement national algérien) zerrissen.

Nach der Unabhängigkeit versuchte die algerische Regierung, politische Kontrolle über die Einwanderer in Frankreich auszuüben, vor allem durch die Organisation Amicale des Algériens en Europe. Die kabylischen Einwanderer spielten dennoch eine wichtige Rolle in algerischen Oppositionsparteien wie der FFS (Front des forces socialistes) und der PRS (Parti de la révolution socialiste).

1967 wurde in Opposition zum Einfluss der Organisation Amicale des Algériens en Europe in Paris die Académie berbère gegründet, die sich für die Anerkennung der Berberidentität und der Berbersprachen in Algerien, aber auch in Marokko und Libyen einsetzte. 1978 gab Frankreich dem Druck der algerischen Regierung nach und verbot die Académie berbère. Ihr wichtigster Vertreter, Mohand-Arab Bessaoud, ein ehemaliger Offizier der Befreiungsarmee, des bewaffneten Arms der FLN, wurde verhaftet und nach Großbritannien ausgewiesen. Andere Strukturen, die nach der Académie berbère entstanden, wie die Genossenschaft Imedyazen, Radio Tiwizi und die Groupe d'études berbères an der Universität Paris VIII, setzten ihre Arbeit fort.

1980 protestierten die Kabylinnen und Kabylen in Frankreich gegen die Unterdrückung der Demonstrationen des »Berberfrühlings«, einer Bewegung, die in der Kabylei als Reaktion auf ein Auftrittsverbot des Schriftstellers Mouloud Mammeri entstanden war. Obwohl Algerien den Protestierenden Ethnisierung, Separatismus und Verbindung zum Ausland vorwarf, entwickelten tausende junger Kabylen in Frankreich ein Bewusstsein ihrer kulturellen Identität. Eine ähnliche Mobilisierung gab es 1988, 2001 und 2019, da Frankreich sehr schnell von den Schockwellen der Aufstände in Algerien erfasst wurde.

Arezki Metref

litische oder kulturelle Exilanten und Studierende, die aus der Kabylei und anderen Regionen Algeriens nach Frankreich kommen.«

Die Neuankömmlinge sprechen natürlich ihre Muttersprache. Bei denen, die in Frankreich geboren sind, ist das nicht mehr selbstverständlich. In den Familien sprechen die Eltern oft Kabylisch und die Kinder antworten auf Französisch. »Ich verstehe es, aber ich spreche es viel schlechter als meine Eltern«, bestätigt die Ärztin Rachida Dabi. »Früher war ich im Sommer immer in Algerien, da konnte ich es etwas auffrischen, zumindest für eine Weile.« Ähnliches erzählt der Journalist und Autor Nadir Dendoune: »Meine Eltern wollten, dass ich ein Franzose wie alle anderen bin, deswegen haben sie nur ihr verbeultes Französisch mit mir gesprochen. Ich verstehe Kabylisch halbwegs, aber ich spreche es nicht gut. Jedes Jahr nehme ich mir vor, Unterricht zu nehmen …« In Paris und Umgebung bieten Vereine Sprachunterricht an, aber Rachida Dabi wünscht sich, dass auch der Staat entsprechende Angebote macht.

Über die kabylischen Einwanderer in Frankreich ist eine weitere Vorstellung verbreitet: Sie würden sich besser integrieren als ihre Landsleute aus den arabischsprachigen Gebieten Algeriens. Kabylen gelten als offener für Modernität und sogar Laizismus, weil in ihren traditionellen Dorfgesellschaften die Führung der Gemeinschaft – durch die Ältesten – und die religiösen Fragen – in der Zuständigkeit der Moschee – voneinander getrennt sind.

Diese Vorstellung ist ein Relikt des »kabylischen Mythos«, der einst von Militärstrategen und Vordenkern der Kolonisierung gepflegt wurde. Die ersten anthropologischen Studien vom Ende des 19. Jahrhunderts, vor allem die Arbeiten des Arztes und Anthropologen Paul Topinard, unterschieden zwischen Arabern und Kabylen und sprachen Letzteren Eigenschaften zu, die sie als mögliche Verbündete Frankreichs und der Kolonisierung geeignet erscheinen ließen. Dabei standen die Kabylen, wie auch die Chaoui, eine andere Berbergruppe, später an der Spitze des Unabhängigkeitskampfs.

Der Sprachwissenschaftler Hacène Hireche, ein engagierter Verteidiger der Berberidentität, lebt seit Ende der 1970er Jahre in Frankreich. Für ihn kommt diese Wahrnehmung vor allem daher, dass die Kabylen »die berberische Identität durch eine Betonung der Gemeinschaft hervorheben«, um sich von den Etiketten »arabisch« oder »muslimisch« zu distanzieren. Es gehe um die Betonung einer eigenen Kultur, deren Wurzeln älter sind als der Islam. Dazu gehöre auch die Berufung auf historische Gestalten wie Augustinus, König Jughurta und der Berberkönigin Kahina sowie auf heutige Persönlichkeiten wie den Fußballer Zinedine Zidane oder die Sänger Mouloudji und Idir.

Die kabylische Community in Frankreich und vor allem in Paris und den Banlieues erscheint tatsächlich toleranter, vor allem was ihrem Umgang mit islamischen Verboten angeht. »In unseren Cafés ist Alkohol kein Frevel«, sagt Bouseksou. »Damit ein kabylischer Arbeiter in ein Café oder Restaurant geht, muss es zwei eigentlich unvereinbare Bedingungen erfüllen: Das Fleisch muss halal sein und er muss in Ruhe seinen Rotwein trinken können.«

Hocine C. reagiert verärgert auf die Frage, ob man in Frankreich als Kabyle Vorteile gegenüber den Arabern hat. »Ich bin am 13. Oktober 1963 in Ménilmontant angekommen. Kabylen oder nicht, die Franzosen haben uns verachtet. Sie ignorierten uns. Wir existierten nicht. Wir waren ungebildet. Wir konnten kein Französisch. Für sie waren wir alle Araber, ohne Unterschied.« Rachida Dabi hingegen meint: »Es ist nicht dasselbe, ob ich sage, dass ich aus Algerien komme oder dass ich Kabylin bin. Im zweiten Fall ist die Reaktion freundlicher.« »Immer mehr Mitglieder unserer Gemeinschaft sind in die französische Gesellschaft integriert, ihre Bindung an das Herkunftsland löst sich«, sagt der Journalist Mohand Bakir, der sich in Paris für den Hirak engagiert. Für ihn beruhen die kabylischen Gemeinschaften vor allem auf Verwandtschaft und der geografischen Herkunft. Sie hätten sich in Frankreich nie »zu einer breiteren, politischen, die Identität fördernden Bewegung entwickelt«. Auch was eine potenziell einigende Wirkung des Hirak angeht, ist er skeptisch. »Die Kabylen sind sehr aktiv, aber ihre Beteiligung ist individuell und unabhängig von der traditionellen Zugehörigkeit. Die Dorfgemeinschaft auf der einen Seite und der staatliche Raum Algeriens oder der öffentliche Raum in Frankreich auf der anderen werden als Paralleluniversen wahrgenommen.« Für Bakir ist es eine Schwäche des Hirak, dass er die große Mehrheit der Diaspora nicht erreicht, weil sie sich nicht angesprochen fühle.

Aktuell stehen die Kabylen in Frankreich vor einer neuen Herausforderung. Seit der blutigen Unterdrückung des »Schwarzen Frühlings« 2001 in Algerien[7] hat der Rückzug der traditionellen algerischen Oppositionsparteien wie des Rassemblement pour la culture et la démocratie (RCD) oder des Front des Forces Socialistes (FFS) eine kabylisch-nationalistische Bewegung erstarken lassen: das Mouvement pour l'autodetermination de la Kabylie (MAK). Die 2001 vom Sänger und Politiker Ferhat Mehenni gegründete Bewegung fordert seit 2013 die Unabhängigkeit der Region. Es ist schwer, ihre Wirkung und ihren Einfluss unter den Eingewanderten und ihren Kindern in Frankreich abzuschätzen, aber ihre Sichtbarkeit wächst.

Der Berber-Aktivist Hend Sadi, der seit Anfang der 1970er Jahre in Frankreich lebt, meint, dass viele Kabylen die arabisch-islamische Ideologie ablehnten, die von der diskreditierten algerischen Regierung weiter vertreten wird. »Dadurch sinken die Hemmschwellen, und viele haben keine Angst mehr, die Unabhängigkeit der Kabylei zu verlangen. Noch vor wenigen Jahren wäre eine solche Forderung am Imperativ der ›nationalen Einheit‹ zerbrochen.«

Aus dem Französischen von Claudia Steinitz

1 Die Geschichte des Cafés erzählt der Dokumentarfilm »Une journée au Soleil« (2017) von Arezki Metref und Marie-Joëlle Rupp.
2 Einige der erwähnten Personen wollten anonym bleiben.
3 Mohand Khellil, »Kabyles en France, un aperçu historique«, in: *Hommes & migrations,* Nr. 1179, Paris, September 1994.
4 Abdelkader Belkhodja, »L'émigration algérienne et ses problèmes«, Université Paris I, 1975.
5 »Le ›quota kabyle‹ de Bernard Émié«, *Le Jeune Indépendant,* 13. Mai 2016.
6 *Histoire de l'émigration kabyle en France au XXe siècle,* Paris (L'Harmattan) 1997.
7 Bei den Protesten in der Kabylei für kulturelle Selbstbestimmung kamen Dutzende Menschen durch Polizeigewalt ums Leben. Die Bezeichnung nimmt Bezug auf den »Berberfrühling« vom März/April 1980, bei dem bereits die Forderung nach Anerkennung der Berbersprache Tamazight im Mittelpunkt stand und die erst 2001 erfüllt wurde.

Erstmals erschienen in *Le Monde diplomatique* vom März 2021. Leicht gekürzt und aktualisiert.

Die Stadtmacher von Grand Paris

Die Metropolregion Paris trägt 30 Prozent zum nationalen BIP bei – ihr Ausbau ist vor allem eine Goldgrube für Bauunternehmen und Investoren

Von Hacène Belmessous

Anlässlich der Einweihung des weltweit größten Architekturmuseums Cité de l'architecture et du patrimoine im Palais de Chaillot lud Staatspräsident Nicolas Sarkozy am 17. November 2007 die Elite der französischen Städteplaner zu einem Beratungsgespräch über »die Zukunft von Paris und Umgebung« ein. Wie London seit 1965 als Greater London oder New York mit der New York Metropolitan Area müsse auch die französische Hauptstadt über ihre Stadtgrenzen hinaus gedacht werden. Das sei unverzichtbar, um im internationalen Wettbewerb der Städte mithalten zu können.

Auf dem Papier klangen die Argumente vernünftig. Der Großraum Paris, so der Präsident, sei »der einzige Ballungsraum Frankreichs ohne Städteverbund«.[1] Außerdem habe es in der Hauptstadt und der umliegenden Region Île-de-France seit der Errichtung neuer Städte und dem Bau der Vorortbahnen (Réseau Express Régional, RER) in den 1970er Jahren zwar zahlreiche Investitionen (Sanierung von Stadtvierteln, Modernisierung der RER-Züge, Verlängerung von Metrolinien) gegeben, jedoch keine gemeinsamen Projekte auf regionaler Ebene. Um die Kluft zwischen Paris und der Peripherie zu überwinden, müsse man »nicht nur für die nächsten sechs Monate, sondern für das neue Jahrhundert« planen und »die in der Vergangenheit begangenen Fehler korrigieren. In unseren Vororten müssen richtige Städte mit öffentlichen Räumen, Dienstleistungsangeboten und Orten des sozialen Lebens entstehen.« Ein Jahr später wurden die ersten Ergebnisse aus den Beratungsgesprächen veröffentlicht und zehn interdisziplinäre Teams gebildet. Sie sollten »strategische Vorschläge« für das Hauptstadtprojekt entwickeln. Die Leitung der Teams übernahmen wie so oft Stararchitekten, von Richard Rogers über Christian de Portzamparc bis zu Jean Nouvel und Yves Lion.

Von einem Groß-Paris träumte allerdings schon Napoleon III. während des Zweiten Kaiserreichs (1852–1870). Die Hauptstadt sollte sich von Saint-Germain-en-Laye im Westen bis zum heutigen Gemeindeverbund Marne-la-Vallée im Osten erstrecken. Auch wenn er dieses Projekt nicht umsetzen konnte, kam es 1860 zumindest zur Eingemeindung von etwa 20 Kommunen und Teilkommunen.

Ein neuer Erweiterungsplan von 1907 stammt aus der Feder des Juristen und Journalisten Georges Benoit-Lévy, der vorschlug, mit der flächendeckenden Errichtung von Gartenstädten die Region Paris zu vereinheitlichen. 25 Jahre später rief der Sozialist André Morizet, Bürgermeister von Boulogne-Billancourt und Senator des damaligen Departements Seine, dazu auf, Grand Paris in einem basisdemokratisch organisierten Prozess umzusetzen und nicht von oben zu diktieren.[2]

Im April 1988 veröffentlichte ein Kollektiv von fünfzehn Architekten – unter ihnen Yves Lion und Christian de Portzamparc – einen »Aufruf für eine Metropole namens Paris«, in dem sie eine Neugestaltung des urbanen Territoriums forderten. Sie appellierten an die Politik, »nicht nur dem Anspruch von Paris als internationaler Metropole Rechnung zu tragen, sondern auch der Idee einer lebenswerten Stadt für die Bevölkerung«.[3]

Das von Nicolas Sarkozy lancierte und von seinen Nachfolgern konkretisierte Projekt setzt diese lange Geschichte fort. Die Métropole du Grand Paris (MGP) existiert offiziell seit dem 1. Januar 2016 unter der Rechtsform einer öffentlichen Anstalt für interkommunale Zusammenarbeit. Dahinter verbirgt sich eine unübersichtliche Verwaltungsstruktur: Sie zerfällt in eine Ratsversammlung lokaler Abgeordneter (mit 209 Räten, die die Gemeinden vertreten), einen Bürgermeisterrat, einer Konferenz der Territorialpräsidenten, einer Konferenz des öffentlichen Dienstes von Grand Paris und weiterer Körperschaften. Im Juli 2017 versprach Präsident Emmanuel Macron, die Strukturen zu vereinfachen. Doch danach geschah erst mal – nichts.

Die Métropole du Grand Paris umfasst 6 Départements, 131 Gemeinden und mehr als 7,2 Millionen Einwohner. Sie trägt 30 Prozent zum französischen Bruttoinlandsprodukt (BIP) bei und ist derzeit das größte und wichtigste Städtebauprojekt Westeuropas. Die veranschlagten Kosten lagen 2010 bei 19 Milliarden Euro und werden kontinuierlich nach oben korrigiert. Nach dem letzten Bericht des französischen Rechnungshofs sollen sie bis 2030 auf 42 Milliarden Euro steigen. Eine schwindelerregende Summe für ein von oben durchgesetztes Bauvorhaben, das nie öffentlich diskutiert wurde, geschweige denn, dass die Bürgerinnen und Bürger irgendeinen Einfluss darauf nehmen konnten.

Der größte Teil dieses Geldes fließt in den Grand Paris Express (GPE), ein öffentliches Nahverkehrsnetz, das im Großraum Paris entstehen soll *(siehe Karte auf Seite 108)*. Mit der Planung und Durchführung des Baus ist das staatlich finanzierte Industrie- und Handelsunternehmen Société du Grand Paris beauftragt. Macron hatte kurz vor seiner Wahl 2017 erklärt: »Das Projekt hat eine große nationale Bedeutung. Es verdient vom Staat unterstützt und vom Präsidenten der Republik gefördert zu werden. Also werde ich mich persönlich darum kümmern.«[4]

Der GPE soll mit vier neuen fahrerlosen Metrolinien und der Erweiterung von zwei bestehenden Linien ein Streckennetz von 200 Kilometern umfassen – und wäre damit so lang wie das gegenwärtige Metronetz. Zur Steigerung der Wettbewerbsfähigkeit sollen – je nach Jargon ihrer Erfinder – sogenannte Pôles oder Cluster entstehen. Verbunden durch den GPE, sollen sie zur Spezialisierung der einzelnen Regionen beitragen. So ist zum Beispiel in Saint-Denis im Norden ein Zentrum für die Kreativwirtschaft und in Saclay im Südwesten ein Innovations- und Forschungszentrum geplant *(siehe Kasten auf Seite 106)*. Dank der neuen Linien gewinnen die Wissenschaftlerinnen und Wissenschaftler auf dem Plateau de Saclay fast 40 Minuten auf dem Weg zum Flughafen Orly (18 statt 56 Minuten) und sind eine Viertelstunde schneller im Finanzviertel La Défense (40 statt 56 Minuten). Von dort wird man wiederum dank einer direkten Linie in knapp 30 Minuten zum Flughafen Charles de Gaulle in Roissy gelangen.

Mehr als 60 neue Bahnhöfe müssen für den GPE aus dem Boden gestampft werden, manche an bisher noch recht unwirtlichen Orten – bei einigen der vorgesehenen U-Bahn-Stationen lebt heute im Umkreis von 800 Metern kein einziger Mensch. Doch das Angebot soll Nachfrage schaffen; man erhofft sich einen regelrechten Immobilienboom. Ganze Viertel mit eigener Infrastruktur (Schulen, Krippen etc.) und Ladenstraßen sollen um die neuen Bahnhöfe herum entstehen, und damit auch neue Arbeitsplätze. Nach den Entwicklungen, die man in den letzten Jahren in London und New York be-

Paris, Juli 2019.
HADY KHANDANI | JOKER/PICTURE ALLIANCE

obachten konnte, wird diese Neu- und Umgestaltung des urbanen Raums größere soziale Veränderungen in der Region Île-de-France nach sich ziehen.

Das lassen schon die ersten Immobilienprojekte erahnen, mit deren Bau rund um die neuen Bahnhöfe der verlängerten Linien 11 und 14 begonnen wurde. Anstatt den offiziellen Zielen zu dienen, die vorsehen, den Zugang zu bezahlbarem Wohnraum zu verbessern und das Wohlstandsgefälle zwischen dem reichen Westen und dem armen Nordosten zu minimieren, erweist sich Grand Paris bisher vor allem als Goldgrube für Bauunternehmen und Finanzinvestoren. Der Baukonzern Bouygues zum Beispiel hat 2017 die ersten Aufträge für den südlichen Teil der neuen Linie 15 mit einem Volumen von 800 Millionen Euro an Land gezogen. Der zweite Abschnitt ging für 926 Millionen Euro an das Unternehmen Vinci und der dritte für 795 Millionen Euro an Eiffage. Die Züge für die autonomen Linien 15, 16, 17 und 18 wird allesamt der Bahntechnikkonzern Alstom liefern.

Der Generaldirektor von Vinci, Xavier Huillard, jubelte im Januar 2017 in seiner Neujahrsbotschaft: »Nun beginnt die Umsetzung des Projekts, das es bisher nur auf dem Papier gab. Es wird gigantisch!« Als wenige Monate später die französische Hauptstadt den Zuschlag für die Olympischen Spiele 2024 erhielt, konnte sich Huillard erneut freuen, denn die Spiele werden die Entwicklung von Grand Paris noch beschleunigen. »Vinci und Eiffage sind die beiden großen Pro-

Ein französisches Silicon Valley

Emmanuel Vandamme bewirtschaftet 244 Hektar auf dem Plateau de Saclay: »Das hier ist einer der fruchtbarsten Böden Europas! Es gibt fast keine Steine, und die Erde hält das Wasser wie ein Schwamm. Wir brauchen keine Wasserschläuche, nicht mal im Hochsommer.« Doch der Staat schert sich nicht um die Bodenqualität; um Bauland zu gewinnen, werden die Äcker verstaatlicht und versiegelt. Der erste Schandfleck war 2002 das Forschungszentrum von Danone, erzählt der Landwirt. Dann kamen Thales, Électricité de France (EDF), Kraft Foods, Total und diverse andere Forschungs- und Bildungseinrichtungen.

Auf dem Plateau zwischen den Départements Essonne und Yvelines soll ein französisches Silicon Valley entstehen. 2006 ging es los. Damals wurde das Gebiet zum »Urbanisierungsprojekt von nationalem Interesse« (Opération d'intérêt national, OIN) erklärt, das heißt, der Staat hatte fortan die Entscheidungsgewalt über das riesige, 27 Gemeinden umfassende Territorium von 7700 Hektar.

2008 kam die Idee mit dem Wissenschaftscluster auf. In dem aus den USA importierten Konzept werden Unternehmen und Institute derselben Branche konzentriert, weil man sich von dem direkten Wettbewerb mehr Kreativität und Innovationen verspricht. Drei Universitäten, vier Grandes Écoles und weitere Institutionen fusionierten im Januar 2020 zur Université Paris-Saclay mit 65 000 Studierenden, 275 Forschungslabors und 9000 Wissenschaftler:innen.

Viele zweifeln am Effekt der Zusammenlegung für die Wissenschaft und stehen dem Projekt, das 20 Prozent der französischen Forschung konzentriert, skeptisch gegenüber. »Alles soll zentralisiert werden, aber die Folgen für die anderen Regionen, die ihre Forschungszentren und damit auch Arbeitsplätze verlieren, sind katastrophal«, meint Claudine Parayre von der Bürgerinitiative Collectif Saclay Citoyen.

Die geplante Hightech-Klinik Paris-Saclay, in der die Krankenhäuser von Longjumeau, Juvisy und Orsay zusammengelegt werden sollen, folgt derselben Logik. Für die meisten Angestellten und Patienten ist Saclay weit entfernt. Im Februar 2018 protestierten sie gegen die Schließung der drei Krankenhäuser, bei der ursprünglich auch 600 Betten und 1000 Stellen gestrichen werden sollten. Mittlerweile ist die Eröffnung der neuen Klinik auf 2024 verschoben, die Coronakrise hat die Verantwortlichen zumindest dazu bewegt, eine zusätzliche Etage einzuplanen – Betten wegfallen werden trotzdem.

Was die Anbindung der neuen Klinik anbelangt, hatte selbst der französische Rechnungshof ernsthafte Bedenken und veröffentlichte schon im Februar 2017 folgende Erklärung: »Der Staat hat sich in das sehr ehrgeizige Projekt Paris-Saclay gestürzt, ohne vorher klar die Mittel zu seiner Umsetzung festzulegen.« Diese Kritik gilt vor allem der heiklen Frage, ob die Anbindung an den öffentlichen Nahverkehr gewährleistet ist.

Die neue Metrolinie 18 soll Nanterre im Nordwesten mit dem Flughafen Orly verbinden, mit Halt in Versailles und auf dem Plateau de Saclay. Doch nach dem Verzicht auf eine französische Kandidatur für die Weltausstellung 2025 wurde die ursprünglich für 2024 geplante Fertigstellung der Linie auf 2027 verschoben. Claudine Parayre gibt außerdem zu bedenken: »Wenn die Linie 18 kommt, müssen auch viele neue Wohnungen gebaut werden. So wie bisher geplant, ist die Metro gar nicht rentabel, kaum 100 000 Fahrgäste pro Tag. Man bräuchte Millionen, damit sie sich lohnt.«

Cyril Girardin, Forschungsingenieur am Institut national de la recherche agronomique (Inra), engagiert sich ebenfalls im Collectif Saclay Citoyen und empört sich darüber, dass die Entscheidung unter Ausschluss der Öffentlichkeit getroffen wurde. »Warum wurde bei einer Baustelle von dieser Größe die Nationale Kommission für Bürgerbeteiligung nicht miteinbezogen, obwohl die Investitionen weit mehr als 300 Millionen Euro betragen? Ab dieser Höhe ist die Bürgerbeteiligung zwingend vorgeschrieben.«

Für Girardin ist der Fall klar. Das von der Regierung so hochgelobte Forschungszentrum soll den Weg ebnen für die Urbanisierung dieser ländlichen Gegend. »Es ist einfach, sich gegen ein Einkaufszentrum zusammenzuschließen. Doch bei einem Projekt, das angeblich der Wissenschaft dient, ist es viel schwerer, die Leute zu mobilisieren.« Das Argument von der »weltweiten Strahlkraft« des innovativen Projekts täuscht über die zahlreichen Risiken für Umwelt und Landwirtschaft hinweg.

Um die Gegner zu beruhigen, hat der Staat 2010 eine Zone für Umwelt-, Landwirtschafts- und Waldschutz (ZPNAF) eingerichtet. Sie umfasst jedoch nur einen kleinen Teil des Plateaus und ihre Grenzen sind umstritten. »Die ZPNAF soll den Flächenfraß verhindern«, erklärt Landwirt Vandamme. »Aber außerhalb dieser Zone ist alles erlaubt. Seit es die gibt, wird hier ohne Ende gebaut. Sie haben das begrenzte Gebiet exakt so ausgesucht, dass es ihre Pläne nicht behindert.«

Sabrina Belbachir und Raphaël Godechot

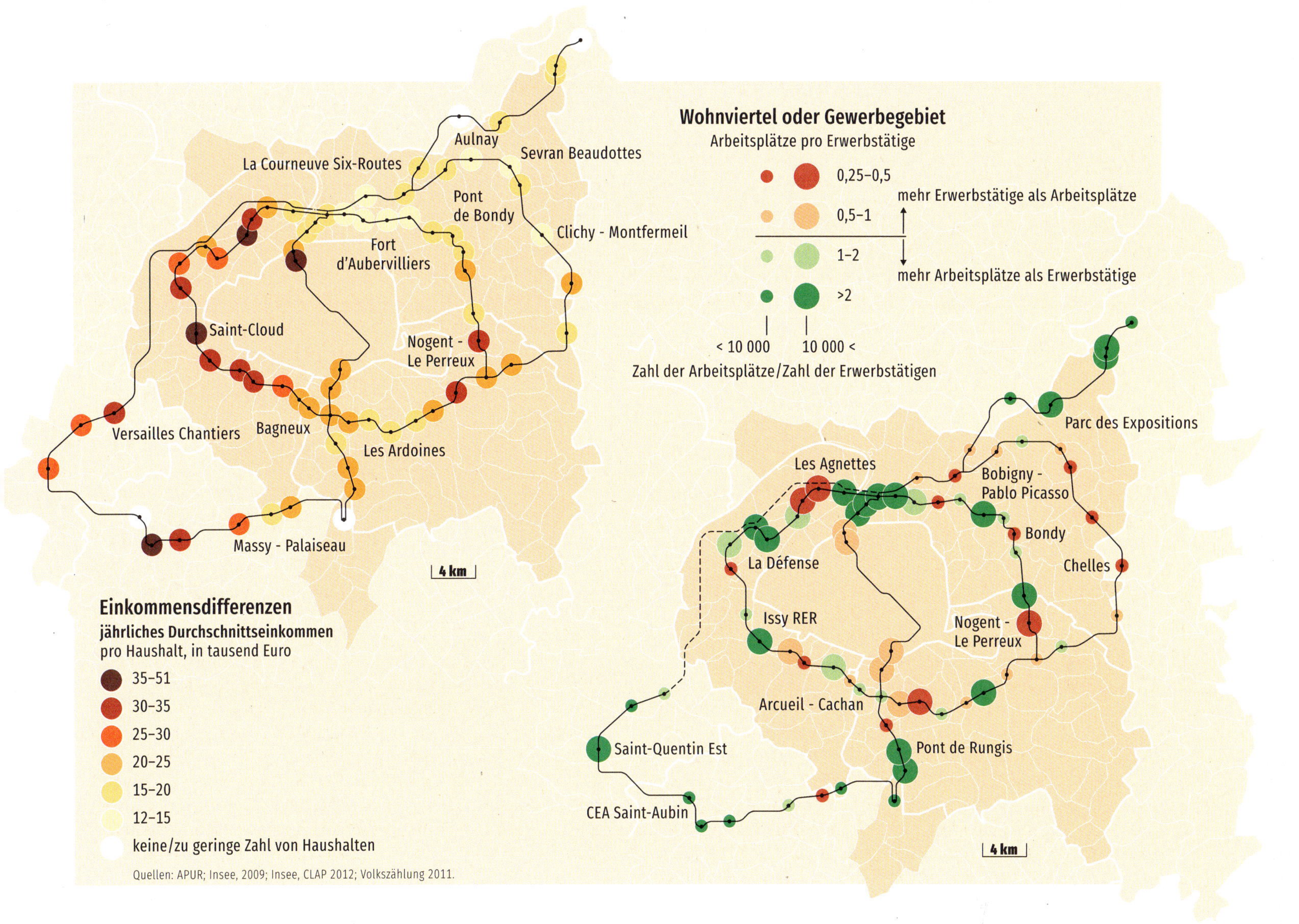

Quellen: APUR; Insee, 2009; Insee, CLAP 2012; Volkszählung 2011.

fiteure dieses Projekts mit 3 Milliarden Euro Infrastrukturausgaben und einem Gesamtbudget von mehr als 6 Milliarden Euro«, urteilte die Barclays Bank.

Die großen Bau- und Immobilienkonzerne haben an öffentlichen Großbauprojekten wie Autobahnen, Flughäfen und Sportanlagen stets gut verdient. Mit Grand Paris, und der damit einhergehenden Erschließung neuer Siedlungsflächen, den Konzessionsverträgen und Landkäufen, übernehmen sie jetzt die Rolle von »Stadtmachern«. Jacques Godron ist Direktor des »Club des Entreprises du Grand Paris«, in dem sich Unternehmen »als potenzielle Partner für künftige Projekte von Grand Paris präsentieren können« und zu dem unter anderem die Konzerne Thales, Siemens und Engie gehören. Godron fasst die Philosophie des Clubs so zusammen: »Die Metropole ist keine Stadt zum Leben, sie ist ein ›Pôle‹, ein Zentrum, in dem es anspruchsvolle Arbeitsplätze gibt und wo sich die berühmte Klasse der Kreativen konzentriert«, erklärte er im April 2014 in einem Interview mit der Wirtschafts- und Finanzzeitung *La Tribune*.

Um die städtebaulichen Projekte in ihre Richtung zu lenken, haben verschiedene Bauunternehmer in den letzten Jahren in Denkfabriken investiert, die die Politik beeinflussen sollen. Phosphore, ein 2007 von Eiffage gegründetes Zukunftslabor, soll nach eigenen Angaben Kreative mit Ingenieuren, Architektinnen und Stadtplanern zusammenbringen. Gemeinsam sollen sie »ihren Ideen freien Lauf lassen und ihre klassischen Expertenstandpunkte über den Haufen werfen, um gemeinsam die nachhaltige Stadt des Jahres 2030 zu entwerfen«. Vinci wiederum hat 2010 die Fabrique de la Cité gegründet, um »zur urbanen Innovation beizutragen und Pionierprojekte zu fördern«. Auch der Bauträger Nexity gründete im Mai 2017 eine eigene Stiftung und gab als Motivation an, die Stadt »als Ort des Zusammenlebens gestalten zu wollen«.

All diese Strukturen stützen sich auf bekannte Fürsprecher. So schrieb zum Beispiel Alain Juppé, der langjährige Bürgermeister von Bordeaux, für eine Publikation von Phosphore; neben ihm in der Autorenliste standen außerdem die Vizepräsidentin des Städteverbunds Strasbourg, Catherine Trautmann, der Astrophysiker Hubert Reeves und der Soziologe Jean Viard. Bei den jährlichen, von der Fabrique de la Cité organisierten Seminaren treffen sich Abgeordnete, Wissenschaftlerinnen, Journalisten, Architektinnen und Geschäftsleute. Schwer vorstellbar, dass die politische Entscheidungsfindung von solchen Zusammenkünften unbeeinflusst bleibt.

Der Staat ist ein wertvoller Verbündeter für alle Unternehmen, die an der Planung und am Bau von Grand Paris beteiligt sind. Im Juni 2016 entschied die Regierung per Dekret, dass alle Verfahren über Entschädigungszahlungen bei Enteignungen durch die Socié-

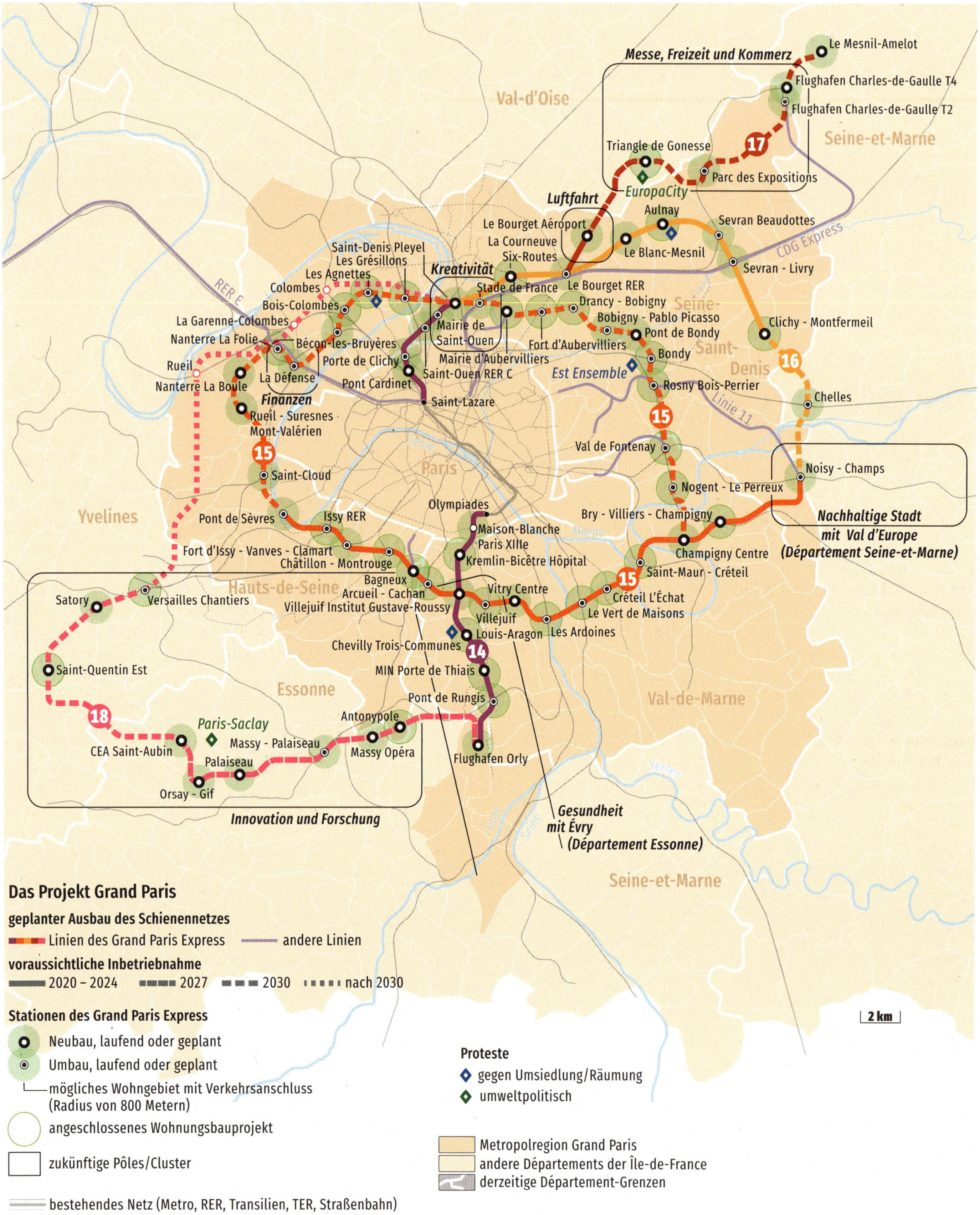

Quellen: www.societedugrandparis.fr; www.iledefrance-mobilites.fr; www.metropolegrandparis.fr; APUR, Observatoire des quartiers de gare du Grand Paris.

té du Grand Paris in Paris zentralisiert werden sollen. Die Regierung von Manuel Valls rechtfertigte diesen Schritt mit der Begründung, sie wolle »die Abwicklung der Verfahren beschleunigen«.[5] Die Anwalts- und Beratungskanzlei Hélians räumt ein, dass »der Enteignungsrichter von Paris nicht über diese Fälle hätte entscheiden dürfen, da keine der neuen Linien des Grand Paris Express das Territorium der Stadt Paris durchquert«. Die Juristen halten der Regierung allerdings zugute, sie hätte damit vor allem »die Enteignungsgerichte von Créteil, Nanterre, Bobigny und Évry entlasten wollen«. Es drängt sich allerdings noch eine andere Hypothese auf.

Der Staat hat aus den Erfahrungen in Notre-Dame-des-Landes, wo Aktivisten den Bau eines Flughafens verhinderten, oder Sivens, wo der Bau eines Staudamms gestoppt werden musste, gelernt. Um jeden Preis möchte er vermeiden, dass sich ein ähnlicher Widerstand in der Île-de-France formiert – etwa gegen das Projekt EuropaCity, ein riesiges Einkaufszentrum im Triangle de Gonesse, oder gegen die massive Bebauung des Plateau de Saclay. Deshalb hat er für die Société du Grand Paris und ihre Geschäftspartner die Möglichkeit geschaffen, schnell zu handeln und sich Unannehmlichkeiten zu ersparen. Denn die Beschleunigung der Enteignungsverfahren, so erklärt ein Schreiben der Fabrique de la Cité, bedeute, »schnell auf sich anbahnende Proteste reagieren zu können und die negativen Auswirkungen auf die Akzeptanz des Projekts als Ganzem gering zu halten«.[6]

Ein vom Staat ausgestellter Freifahrtschein also, der umso entscheidender wird, als die Société du Grand Paris massenhaft enteignet. Vor allem um die Bahnhöfe zu errichten und in ihrer Umgebung neue »Bio-Bobo-Viertel« und Wohnungen für die obere Mittelschicht zu bauen, müssen andere, meist Ärmere, weichen. In Saint-Ouen-sur-Seine, einer Arbeitergemeinde im Département Seine-Saint-Denis, die seit Dezember 2020 durch die Verlängerung der Linie 14 mit dem Gare Saint-Lazare verbunden ist, hat der Immobilienableger der Großbank BNP Paribas das Carré Garibaldi gebaut und wirbt mit »guter Anbindung« und einem Leben »in ruhiger Lage«. Und die Wohnanlage Belle Allure, die ebenfalls BNP Paribas gehört, bietet laut Eigenwerbung »den Genuss der Lebensqualität von Saint-Ouen«, anspruchsvolle Architektur und hohe Sicherheitsstandards: »Die Haustür ist mit Digicode und Videokamera gesichert, die Eingangshalle mit einer Gegensprechanlage, die Türöffnung erfolgt direkt über Ihr Telefon«, wirbt BNP Paribas.

Ähnliches ist in Romainville geschehen, ebenfalls in Seine-Saint-Denis, wo der Bauträger Fiminco »die Stadt intelligenter, einladender und geselliger« machen wollte. Auf 9 Hektar Brachland sind ein Einkaufszentrum, Büros und eine Stiftung für zeitgenössische Kunst entstanden. Das im November 2019 eröffnete »Paddock Paris« ist laut Fiminco »das erste City-Outlet im Herzen von Grand Paris«. Infrastrukturen wie diese heizen die Immobilienpreise weiter an und verschärfen den Mangel an bezahlbarem Wohnraum in der Region.

In Paris, wo die Quadratmeterpreise nicht selten bei 10 000 Euro liegen, fehlt es massiv an Sozialwohnungen. 2018 erhielten nur knapp 7,5 Prozent der 135 169 Haushalte, die einen Antrag auf eine Sozialwohnung (HLM) gestellt hatten, einen positiven Bescheid. Ein weiterer Indikator dafür, wie knapp bezahlbarer Wohnraum ist: Mehr als 13 655 Haushalten wurde im Januar 2019 das »Einklagbare Recht auf Wohnraum« (Dalo) zuerkannt. Nach dem 2007 vom Parlament verabschiedeten Dalo können Antragsteller den Staat verklagen, wenn ihr Recht auf Wohnraum über einen gewissen Zeitraum hinaus nicht berücksichtigt wurde. Die Frist liegt in den Départements Seine-Saint-Denis, Val-de-Marne oder Yvelines bei drei Jahren, in Hauts-de-Seine bei vier Jahren. In Paris muss man auf das Dalo für eine Einzimmerwohnung ganze sechs Jahre, für eine Wohnung mit zwei oder drei Zimmern neun Jahre und für vier Zimmer und mehr sogar mindestens zehn Jahre gewartet haben.

Jedes Jahr ziehen tausende Familien mit geringem Einkommen aus Paris und den angrenzenden Départements weg und in weiter entfernte Gemeinden – teilweise sogar außerhalb der Île-de-France. Nach Angaben des Nationalen Amts für Statistik und Wirtschaftsstudien (Insee) sind zwischen 2003 und 2007 15 952 Personen aus der Region Paris in die Region Centre-Val de Loire gezogen, arbeiten aber weiterhin in der Île-de-France. Seit dem Baubeginn für Grand Paris hat sich dieser Prozess noch beschleunigt: 2012 und 2013 gingen weitere 4474 Haushalte diesen Weg. Es zeichnet sich ab, dass die Metropole der Oberschicht vorbehalten sein wird – daran hat auch die zeitweilige pandemiebedingte Stadtflucht nichts geändert – in der Menschen mit geringerem Einkommen keine andere Wahl haben, als in einer Sozialwohnung zu wohnen oder immer längere Wege zu ihrem Arbeitsplatz auf sich zu nehmen.

In Paris ist diese Polarisierung besonders sichtbar. Dort beträgt das Einkommen der reichsten 10 Prozent mehr als das Sechsfache des Einkommens der ärmsten 10 Prozent, fast eine Verdoppelung des Landesdurchschnitts.[7] Die Kluft zwischen dem großbürgerlichen Pariser Westen und dem ärmeren Osten wird zunehmend von einem Nebeneinander reicher und armer Straßen in ein und demselben Viertel abgelöst. So gehört zum 13. Arrondissement sowohl der schicke Butte-aux-Cailles als auch das »Problemviertel« Jeanne d'Arc-Clisson.

Grand Paris wird diese Ungleichheit weiter verstärken. Dafür spricht auch das jüngste Maßnahmenpaket, das die Räte der Métropole du Grand Paris nach dem ersten Coronalockdown am 15. Mai 2020 beschlossen haben. 110 Millionen Euro sollen in 50 Projekte fließen. So wird etwa in Montfermeil die energetische Sanierung von Einfamilienhäusern gefördert. Und in ganz Grand Paris soll die »umweltschonende Mobilität« (mobilité douce) mit mehr Leihrädern, mehr E-Bike-Tankstellen und mehr Fahrradwerkstätten ausgebaut werden.[8]

Aus dem Französischen von Claudia Steinitz

1 Die ersten sogenannten Communautés urbaines wurden 1966 in Bordeaux, Lille, Lyon und Strasbourg gegründet. Es folgten ein Reihe weiterer, 2016 bildete sich mit Grand Paris Seine et Oise die erste Communauté urbaine im Großraum Paris. Die ersten Städteverbände in Bordeaux, Lille, Lyon und Strasbourg wurden 2015 in die Rechtsform einer Métropole überführt, die eine noch engere Verknüpfung als die Communauté urbaine vorsieht.

2 André Morizet, *Du vieux Paris au Paris moderne. Haussmann et ses prédécesseurs,* Sammlung Archigraphy, Gollion (Infolio) 2014 (Erstauflage 1932).

3 »Appel pour une Métropole nommée Paris«, 75 021, *Urbanisme,* Nr. 226-227, Paris, September 1988.

4 »Grand entretien – Emmanuel Macron«, *Grand Paris Développement,* Nr. 18, Saint-Mandé, Frühjahr 2017.

5 *Journal officiel de la République française,* Nr. 0142, Paris, 19. Juni 2016.

6 »Vers l'adhésion citoyenne aux grands projets urbains«, La Fabrique de la Cité, Anmerkung 2, Internationales Seminar, Amsterdam, 29. bis 31. August 2012.

7 »Métropole du Grand Paris: des écarts de revenus encore élevés malgré la redistribution«, Atelier parisien d'urbanisme, Anmerkung 114, Februar 2017; »Les niveaux de vie 2015«, *Insee Première,* Nr. 1665, Paris, 12. September 2017.

8 Siehe Métropole du Grand Paris, »Plan de relance du Métropole du Grand Paris: pour un territoire durable, équilibré et résilient«, Mai 2020.

Erstmals erschienen in *Le Monde diplomatique* vom Oktober 2018. Leicht gekürzt und aktualisiert.

Greenwashing in Grenoble

Grenoble, November 2021. ■ GAËL FONTAINE | ZOONAR/PICTURE ALLIANCE

Von Philippe Descamps

Hoch über Grenoble liegt die Festung La Bastille. Von dort hat man einen wunderbaren Blick auf die Alpen und das Isère-Tal. Hier wurde Grenoble am 18. Oktober 2021 bei strahlendem Sonnenschein zur »Grünen Hauptstadt Europas 2022« gekürt. Bürgermeister Éric Piolle war mit der Seilbahn heraufgekommen, in Begleitung von Barbara Pompili, Frankreichs Ministerin für ökologischen Umbau, und einer Vertreterin der EU-Kommission, die Piolle zum »Botschafter der grünen Städte« ernannte.

»Hier treffen sich die, die niemals klein beigeben«, verkündete Piolle, der seinen neuen Titel als Anerkennung für die verschiedenen Maßnahmen betrachtet, die er seit 2014 als Bürgermeister umgesetzt hat. Tatsächlich gibt es heute mehr Radwege und Tempo-30-Zonen als früher, eine innerstädtische Umweltzone für schadstoffarme Fahrzeuge und der Gasnetzbetreiber Gaz Électricité de Grenoble investiert in erneuerbare Energien.

Der Grüne Piolle (Europe Écologie – Les Verts) regierte in seiner ersten Amtszeit (2014–2020) in einer Koalition mit La France insoumise (vormals Parti de Gauche) und dem lokalen Umweltverein Association démocratique écologie solidarité (Ades). Bei den Kommunalwahlen 2020 trat er mit einem erweiterten linken Bündnis an. Zu diesem gehörten unter anderem Abgeordnete der Parti socialiste (die daraufhin aus der Partei ausgeschlossen wurden), die Nachwuchspartei Génération.s, die Benoît Hamon nach seinem Scheitern als sozialistischer Präsidentschaftskandidat 2017 gegründet hatte, und die ebenfalls erst vor 3 Jahren entstandene proeuropäische Place publique, die mit Raphaël Glucksmann und der Ex-Grünen Aurore Lalucq 2019 ins EU-Parlament eingezogen ist.

Mit diesem großen links-ökologischen Bündnis lag Piolle schon im ersten Wahlgang mit fast 47 Prozent der Stimmen weit vorn und gewann am 28. Juni 2020 den zweiten mit 53 Prozent. Seither häufen sich jedoch die Rückschläge. Nach seinen oft konfusen Äußerungen in Fernsehdebatten erreichte er bei den Vorwahlen der Grünen zur Präsidentschaftswahl nur den vierten Platz; gewählt wurde der Europapolitiker Yannick Jadot. Und im zweiten Halbjahr 2022 soll Piolle wegen mutmaßlicher Begünstigung vor dem Landgericht Valence vernommen werden.

Anlässlich des von Piolle initiierten »Fête des Tuiles« (Fest der Ziegel), einem Straßenfest zur Erinnerung an einen Aufstand im Vorfeld der Französischen Revolution, wurden 2015 und 2016 Aufträge in einer Gesamthöhe von rund 250 000 Euro ohne Ausschreibung an einen Verein vergeben, der der neuen Stadtverwaltung nahestand.

Außerdem ist Piolle mit seinem Versuch gescheitert, neben der Stadt Grenoble (157 000 Einwohner) auch die Kontrolle über den Gemeindeverband Grenoble-Alpes Métropole (445 000 Einwohner) zu übernehmen, zu dessen Präsidenten er seinen Schützling Yann Mongaburu wählen lassen wollte. Im Juli 2020 gewann dann aber Christophe Ferrari, bis 2018 Mitglied der Sozialisten, im dritten Wahlgang mit den Stimmen der Rechten.

Inzwischen hat sich Ferrari mit seinen früheren Verbündeten von den Grünen zwar wieder versöhnt. Der Umweltchemiker arbeitet am Laboratorium für Glaziologie und Umweltgeophysik, in Klimafragen kennt er sich also aus. Doch während der Präsentation der »grünen Hauptstadt« auf der Bastille versäumte er es nicht, darauf hinzuweisen, dass die wichtigen Fragen, wie die Wasser- und Energieversorgung, Mobilität oder die energetische Gebäudesanierung, in seinen Zuständigkeitsbereich fallen.

Die lokalen Umweltverbände ziehen indes eine deutlich differenziertere Bilanz des Tandems Piolle/Ferrari als die EU-Kommission. Natürlich »sieht man den Unterschied«, schreibt Francis Odier, Präsident der lokalen Sektion von France nature environnement. Seinem Verein waren nach der erfolgreichen Mobilisierung gegen einen Ferienpark in Roybon von Département und Region, wo die Konservativen von Les Républicains (LR) das Sagen haben, 200 000 Euro Subventionen gestrichen worden. »Wenn es um den Schutz der Atmosphäre geht, sind die Abgeordneten aus Grenoble die Einzigen, die ein bisschen Druck machen.« Andererseits kritisiert er, dass sein Verein nicht – wie im neuen interkommunalen Stadtentwicklungsplan vorgesehen – bei der Bebauung neuer Flächen angehört wurde.

Für Ärger sorgt auch eine riesige Baustelle, die wie eine Wunde die Ufer des Drac spaltet: die Erweiterung der Autobahn A480, die Grenoble von Nord nach Süd durchquert. Der Ausbau auf sechs Spuren war Teil des Autobahn-Erneuerungsplans, den Emmanuel Macron 2015, damals noch Wirtschaftsminister, ausgearbeitet hatte. Dem Autobahnbetreiber Area, der die 2019 begonnenen Bauarbeiten finanziert, wird im Gegenzug die Konzession für das alpine Autobahnnetz verlängert.

»Die Metropole setzt immer noch aufs Auto und schließt wackelige Kompromisse«, beklagt Odier. Sein Verein hatte gegen die Genehmigung des Projekts Einspruch erhoben und verloren. Im Januar 2019 warnten 100 Wissenschaftler:innen aus der Region: »Das Projekt steht im absoluten Gegensatz zum Anspruch, national und weltweit Treibhausgase zu reduzieren, und dem kommunalen Bemühen um eine bessere Luftqualität und Lärmschutz.«

Nur um 6 Prozent wollen Piolle und seine linken Verbündeten die in motorisierten Fahrzeugen zurückgelegten Kilometer von 2015 bis 2030 reduzieren. Zum Vergleich: Der Pariser Straßenverkehr hat zwischen 2004 und 2019 um 37 Prozent abgenommen.[1] »Wir bedauern es sehr, dass in dieser Legislaturperiode keine neue Tramlinie eingerichtet wurde, sie hätten zumindest die Linie E nach Pont-de-Claix verlängern können«, moniert Emmanuel Colin de Verdière, Präsident des Vereins für öffentlichen Nahverkehr, Rad- und Fußwege (ADTC). »Es gibt zwar einen Plan für eine städtische Seilbahn, aber die ist gar nicht so wichtig, weil sie viel weniger Fahrgäste transportiert.«

Das Stadtgebiet von Grenoble ist durch eiszeitliche Prägung flach und eignet sich hervorragend zum Fahrradfahren. Der ADTC-Geschäftsführer Mehdi Tadjine freut sich auch über den Zuwachs in den letzten Jahren. »Das ist ein Erfolg«, stellt er fest, um dann gleich zu relativieren: »Wir sind vielleicht der nationale Champion, aber wenn wir uns mit Städten wie Kopenhagen vergleichen, machen wir uns nur lächerlich. Bei uns werden 17 Prozent der Arbeitswege auf dem Rad zurückgelegt, in Kopenhagen sind es 49 Prozent.«[2]

Ein gutes Zeichen wäre es zum Beispiel, wenn die Mehrheit der Eltern sich trauen würde, ihre Kinder mit dem Rad zur Schule fahren zu lassen, meint Verdière. »Doch davon sind wir heute weit entfernt, sogar im Collège.« Chronovélo, die neue bunte Fahrradstraße durch Grenoble, bedient nur eine nach Effizienz ausgerichtete Verkehrslogik, aber nicht das Bedürfnis nach sicheren Wegen, die miteinander verbunden sind und den Gewohnheiten entsprechen. An den Fahrradspuren auf Bürgersteigen, entgegen der Fahrtrichtung und direkt neben den Parkbuchten für Autos hat sich nichts geändert, auch nicht auf den ehemaligen Straßenbahntrassen, die schon von den vorangegangenen Kommunalregierungen zu Radwegen umgebaut worden sind. So führt die Zunahme des Radverkehrs zu zahlreichen Konflikten und verunsichert vor allem Fußgänger:innen.

Ein weiterer Verstoß gegen die Wahlversprechen, der viele wütend macht: »Die Werbung im öffentlichen Raum wurde abgeschafft, was zum Wandel der Stadt beigetragen hat«, behauptet Piolle in seinem Buch, das er für die Vorwahlen geschrieben hat.[3] Tatsächlich hatte die neue Stadtregierung nach ihrem ersten Wahlsieg beschlossen, einen Vertrag mit dem globalen Konzern für Außenwerbung JCDecaux nicht zu verlängern. Hunderte Werbetafeln wurden abmontiert. Der Verein Paysages de France jubelte. Endlich sollte ein Bürgermeister »unsere Losung ›Bäume statt Werbung‹ in die Tat umsetzen«, erinnert sich der Vereinssprecher Pierre-Jean Delahousse.

Doch dann unterschrieb Anfang 2019 der Verkehrsbetrieb unter Leitung von Yann Mongaburu einen neuen Zwölfjahresvertrag mit JCDecaux für 1100 Wartehäuschen. Hinzu kam die Bewilligung von Leuchttafeln und 30 Digitalbildschirmen im öffentlichen Raum, und das Werbeverbot im denkmalgeschützten Stadtzentrum wurde teilweise aufgehoben.

»Vorerst kann ein Verkehrsunternehmen nicht auf die Werbeeinnahmen verzichten, wenn diese 5 Prozent seiner Betriebsausgaben decken«, bedauert Piolle, während Delahousse schimpft: »Damit gibt er der Werbung seinen Segen, um öffentliche Dienstleistungen zu finanzieren. Das ist eine Katastrophe! Wie soll man von den Leuten Umweltbewusstsein verlangen, wenn die Metropole mehr als 1000 Leuchttafeln auf die Bürgersteige stellt. Für JCDecaux war das ein unerwartetes Geschenk. Ihren Anzeigenkunden können sie jetzt sagen: Sogar in Grenoble dürfen wir.«

Die Grünen haben den Typus »allmächtiger Bürgermeister« immer abgelehnt. Das widersprach ihren demokratischen Leitlinien. Und so setzte sich nach Piolles erstem Wahlsieg in Grenoble schnell ein neuer Stil durch: Abgeordnete kamen ohne Krawatte und mit dem Fahrrad zur Arbeit, Dienstwagen und Ämterhäufung wurden abgeschafft, und die großzügige Abrechnung von Spesen galt als verpönt. Dafür wurde die Bürgerbeteiligung großgeschrieben.

Auf der Place Saint-Bruno toben Kinder in einem riesigen Holzdrachen, der auf Vorschlag der Nachbarschaft über den Bürgerhaushalt finanziert wurde. »Eine interessante Idee«, meint die sozialistische Abgeordnete Cécile Cénatiempo. »Doch wenn etwas über den Bürgerhaushalt finanziert wird, entscheidet darüber nicht der Bezirk, sondern die Stadt, und da setzen sich die Wohlhabenden durch, die wissen, wie man sich effektiv engagiert.«

Auch der 2014 geschlossene Pakt mit den Quartiersvereinen droht zu scheitern. Deren Vertreter haben dem Bürgermeister im Mai einen Brief geschrieben: Sie seien überaus »verblüfft« darüber, dass die »Charta der lokalen Demokratie« schon seit Oktober 2020 im Rathaus überarbeitet werde, ohne die Quartiersvereine einzubinden oder zumindest vorher informiert zu haben.

In seiner ersten Wahlkampagne im Januar 2014 hatte Piolle noch lauthals über die Immobilienspekulation in Grenoble geschimpft und mit dem Finger auf die »Rue BNP Paribas« gezeigt, wie er die Straße nannte, in der die Immobiliensparte der Bank besonders viele Hochhäuser hinsetzen ließ. Doch kaum war er Bürgermeister, weihte Piolle das Central Plaza ein. Ein Wohnturm mit Shopping Mall im Erdgeschoss, erbaut von BNP Paribas.

Die Bank ist übrigens auch ein wichtiger Förderer von Raise Partner, einem Softwareentwickler für Risikoanlagen, an dessen Gründung Piolle 2001 beteiligt war und bei dem seine Frau bis heute angestellt ist. Die Bank hat auch das Geld aufgebracht, um das Unternehmen in Grenoble durch die in Singapur registrierte gleichnamige Firma Raise Partner Pte. Ltd. wieder flottzumachen.

Die Tätigkeit dieses Unternehmens hat Fragen aufgeworfen: »Ich kann Ihnen versichern, dass keiner unserer Kunden unsere Anwendungen zur Steueroptimierung nutzt«, behauptet Sophie Echenim, CEO von Raise Partner. »Das ist nicht der Zweck unserer Werkzeuge. Kein Aktionär hat einen Euro Steuern gespart oder auch nur eine Dividende erhalten. Wir haben eine Holding in Singapur gegründet, weil der Mehrheitsaktionär Gilbert Gagnaire dort wohnte. Aber das französische Unternehmen besitzt alle Verträge und alle Patente. Unsere 30 Angestellten arbeiten in Grenoble und Paris.« Erst im Juli 2019 hat Piolle, der stets gegen den Freihandel wettert, seine Raise-Aktien an seine Frau überschrieben.

Es fragt sich auch, warum unter Piolle noch mehr Überwachungskameras im öffentlichen Raum installiert wurden, was so gar nicht zu seinem Image als Befürworter von Bürgerbegehren passt. Noch während der Kampagne für seine Präsidentschaftskandidatur hat sich Piolle für Volksentscheide starkgemacht. Doch bisher war keiner der drei Anläufe in der Stadt erfolgreich. Deren Annullierung durch das Verwaltungsgericht bot dem Bürgermeister immerhin die Gelegenheit, dessen »engstirniges und gestriges Demokratieverständnis« anzuprangern. Dabei läge es in seiner Verantwortung, eine solide rechtliche Grundlage für diese Abstimmungen zu schaffen.

Der dramatischste Moment am Ende seiner ersten Amtszeit ereignete sich im Juli 2017, als Piolle die Schließung mehrere Bibliotheken durchsetzte, ohne im Stadtrat darüber abstimmen zu lassen. Dabei hatte die Stadt schon im Juni 2016 einen »Plan zur Rettung öffentlicher Dienstleistungen« entworfen. Heute rechtfertigt sich Piolle damit, dass »die sozialliberale Logik« der französischen Zentralregierung Grenoble schon 2014 mit voller Härte getroffen hätte: »Ab 2017 kippte sie in etwas Ultraliberales.« Die Handlungsspielräume auf kommunaler Ebene wären ohnehin »beschränkt gewesen«.

Damals haben die Grünen beschlossen, vor allem beim städtischen Personal zu sparen, im Bereich Schulgesundheit und bei den Stadtteilbibliotheken. Die Gewerkschaften waren entsetzt, dass diese wichtigen Errungenschaften geschleift werden sollten. Auch Theater, Museen und die Musikszene traf es – die Presse hat das Versagen der Kulturpolitik in Grenoble und die Arroganz, mit der sich die Kunstschaffenden behandelt fühlen, ausführlich beschrieben.[4] In diesen Kreisen, in denen viele für die Grünen gestimmt haben, sitzt das Misstrauen inzwischen tief. Und in den Bibliotheken befürchtet man schon wieder das Schlimmste, seit das Gesetz über die Umgestaltung im öffentlichen Dienst eingeführt wurde und der *pass sanitaire* (Gesundheitspass) verpflichtend ist. Während Piolle einen landesweiten Protestbrief gegen den »antisozialen«[5] Covid-Pass unterzeichnete, bestellte die Personalabteilung von Grenoble schon in der ersten Woche die Bibliotheksangestellten ein, die sich geweigert hatten, die Nutzer:innen zu kontrollieren.

Der Konflikt mit den Angestellten im öffentlichen Dienst ist aber nur eine Seite der sozialen Bilanz. Auf der anderen Seite hat die Metropolregion eine bedarfsabhängige Gebührenordnung für Wasser eingeführt. Im öffentlichen Nahverkehr gibt es für die Ärmsten deutlich reduzierte Monatskarten, auch wenn sie nicht wie versprochen für alle Jugendlichen unter 25 Jahren gratis sind. Für Kinder aus armen Familien übernimmt die Stadt bis zu 93 Prozent der Kosten fürs Schulessen. Überhaupt wurde viel in die Schulen investiert. Und mehrere Arbeiterviertel wurden komplett saniert.

2019 wurde in einem Referendum, das die Anwohner:innen initiiert hatten, über den Abriss von mehr als 300 Sozialwohnungen im Viertel Arlequin/La Villeneuve abgestimmt. 73 Prozent lehnten den Abriss ab. Die Stadt hat sich jedoch weder an der Organisation der Abstimmung beteiligt noch die Ergebnisse berücksichtigt, obwohl die Wahlbeteiligung im Viertel mit 23 Prozent genauso hoch war wie bei den Kommunalwahlen kurz danach. Die Grünen wollten offensichtlich die Nationale Agentur für Stadtentwicklung (Anru), die der größte Einzelgeldgeber des Abriss- und Wiederaufbauprojekts ist, nicht verärgern, obwohl die meisten Mittel von Trägern des sozialen Wohnungsbaus gestellt werden.

»Man kann immer sagen, wir hätten nicht genug gekämpft, aber wir haben das Kräfteverhältnis so ausgereizt, dass unser erstes Projekt abgelehnt wurde«, beklagt Piolle. In Pantin (Region Île-de-France) haben die Anwohner 2017 auch gegen den Abriss in ihrem Viertel Îlot 27 gestimmt, trotzdem hat die Anru ein Alternativprojekt finanziert und wird sogar ihren Hauptsitz nach Pantin verlegen.

»In Wirklichkeit kümmern sich die Grünen nicht um die Armen, die entweder zum Umzug gezwungen werden oder nach Sanierungen höhere Mieten zahlen müssen«, schimpft Bruno de Lescure, der wegen Abweichlertum aus dem Umweltverein Ades ausgeschlossen wurde und 2020 die linke Liste La commune est à nous (Die Stadt gehört uns) angeführt hat. »Schon in den Vierteln Mistral oder Abbaye haben sie den Abriss genutzt, um die Bevölkerung zu verdrängen. 677 Wohnungen wurden abgerissen und nach 10 Jahren nur 522 neue gebaut.« Dabei hatten schon 2010 die Architekten Anne Lacaton und Jean-Philippe Vassal eine Sanierung des Viertels ohne Abriss empfohlen, woraufhin die sozialistische Regierung ihnen den Vertrag kündigte. 11 Jahre später wurde das Architektenduo für sein originelles Konzept, das stets auf funktionale Erweiterung und ökologische Sanierung statt auf Abriss setzt, mit dem renommierten Pritzker-Preis ausgezeichnet.

In seinem neuen Buch »Der Fall Grenoble« kritisiert der Journalist Vincent Peyret eine »Kultur der Macht«, die »keine Schwäche kennt, nichts wirklich ändern will und vor allem von dem Wunsch gelenkt ist, um jeden Preis an der Macht zu bleiben«.[6] Jean-Marc Cantèle, der von 2001 bis 2008 stellvertretender Bürgermeister und von 2010 bis 2014 Ades-Vorsitzender war, hält Piolle für »einen Hochstapler, nichts als Luft. Er verschaukelt uns.«

Aus dem Französischen von Claudia Steinitz

1 »Le bilan déplacements en 2019 à Paris«, Beobachtungsstelle für Verkehrsbewegungen in Paris.
2 Siehe »Kopenhagen radelt«, *Le Monde diplomatique,* Februar 2020.
3 Éric Piolle, *De l'espoir! Pour une République écologique,* Paris (Les liens qui libèrent) 2021.
4 Siehe etwa Frédéric Martel, »La révolution culturelle de l'écologie politique à Grenoble«, France culture, Paris, 26. Februar 2021.
5 *Libération,* Paris, 22. Juli 2021.
6 Le Postillon (Hg.), *Le vide à moitié vert, la gauche rouge-vert au pouvoir: le cas de Grenoble,* Grenoble (Éditions Le Monde à l'envers) 2021.

Erstmals erschienen in *Le Monde diplomatique* vom Dezember 2021. Leicht gekürzt und aktualisiert.